U0568495

全面依法治国研究丛书

丛书主编·黄进

全球治理与国际法治

黄进·主编

霍政欣·副主编

中国政法大学出版社

2023·北京

声　明　1. 版权所有，侵权必究。
　　　　2. 如有缺页、倒装问题，由出版社负责退换。

图书在版编目（CIP）数据

全球治理与国际法治/黄进主编.—北京：中国政法大学出版社，2023.10
ISBN 978-7-5764-1140-9

Ⅰ.①全… Ⅱ.①黄… Ⅲ.①国际政治－研究②国际法－研究 Ⅳ.①D5②D99

中国国家版本馆CIP数据核字(2023)第194070号

书　名	全球治理与国际法治 QUANQIU ZHILI YU GUOJI FAZHI
出版者	中国政法大学出版社
地　址	北京市海淀区西土城路 25 号
邮　箱	fadapress@163.com
网　址	http://www.cuplpress.com（网络实名：中国政法大学出版社）
电　话	010-58908466(第七编辑部) 010-58908334(邮购部)
承　印	固安华明印业有限公司
开　本	720mm×960mm　1/16
印　张	17.75
字　数	288 千字
版　次	2023 年 10 月第 1 版
印　次	2023 年 10 月第 1 次印刷
定　价	68.00 元

编委会

主　编：黄　进　中国政法大学全面依法治国研究院　教授
副主编：霍政欣　中国政法大学国际法学院　教授
编　委（按姓氏笔划排序）
　　　　孔庆江　中国政法大学国际法学院　教授
　　　　兰　花　中国政法大学国际法学院　副教授
　　　　朱利江　中国政法大学国际法学院　教授
　　　　何志鹏　吉林大学法学院　教授
　　　　吴盈盈　中国政法大学国际法学院　讲师
　　　　张　辉　武汉大学法学院　教授
　　　　张　伟　中国政法大学人权研究院　教授
　　　　武文扬　中国政法大学人权研究院　讲师
　　　　赵　骏　浙江大学光华法学院　教授
　　　　郭红岩　中国政法大学国际法学院　教授
　　　　黄　伟　武汉大学中国边界与海洋研究院　副教授
　　　　黄志雄　武汉大学法学院　教授
　　　　蔡从燕　复旦大学法学院　教授

目 录

导 论   001

第一章
全球治理与国际法治的基本问题   003

第一节　全球治理的概念和体系   003
第二节　国际法治的概念和要素   011
第三节　全球治理与国际法治的辩证关系   016
第四节　世界亟需全球治理与国际法治   020

第二章
全球治理与国际法治的历史演进   025

第一节　全球治理与国际法治的起源与早期发展   025
第二节　"二战"后全球治理与国际法治的演进与发展   034

第三章
国外全球治理与国际法治的主要理论及其贡献与局限   050

第一节　国外全球治理与国际法治主要理论   050
第二节　国外全球治理与国际法治主要理论的贡献与局限   063

第四章
中国参与全球治理与国际法治的理论与实践　　066

第一节　中华人民共和国成立后至党的十八大召开前的理论与实践　　067
第二节　党的十八大以来习近平总书记关于全球治理与国际法治的
　　　　论述及其思想研究　　070

第五章
新时代中国参与全球治理与国际法治的意义、原则与方法　　086

第一节　新时代中国参与全球治理与国际法治的伟大意义　　086
第二节　新时代中国参与全球治理与国际法治的理念、原则与战略构想　　109
第三节　新时代中国参与全球治理与国际法治的具体方法　　127

第六章
积极参与全球治理与国际法治的中国方案（传统领域）　　139

第一节　国际和平与安全治理　　139
第二节　国际人权议题　　149
第三节　国际经济治理　　168
第四节　国际法治人才培养　　179

第七章
参与全球治理与国际法治的中国方案（新兴领域）　　185

第一节　网络空间治理　　185
第二节　外层空间治理　　194
第三节　国际法治视域下的全球深海治理　　210
第四节　极地治理　　243
第五节　全球气候治理　　260

导　论

全球治理是一个起源于20世纪80年代的概念，在西方有过一系列的研究，20世纪末开始进入中国学术界的理论视野。21世纪之初，全球治理的观念成为中国学术界关注的一个热点，很多学者撰写文章和著作对全球治理的各个方面进行了较为深入和细致的研讨。21世纪的第二个十年，这一概念进入了中国政府的话语体系。我国通过一系列的文件和活动表达了对于全球治理的高度关注和积极参与，由此形成了关于全球治理问题的初步立场。

与此相关，国际法治的学术概念出现得比较早，在20世纪50年代就已经初露端倪。但是，这一概念为国际社会所讨论，并进入联合国的议题则是21世纪以后的事情。恰好这一时期，中国学术界也正热烈地进行着国际法治的讨论，所以这两股潮流相互生发，使得中国在国际法治领域所进行的学术研究颇为深入和细致。这些研究不仅比较好地支持了中国政府在联合国参与国际法治的讨论，促进了国家相关立场的表述，而且在学术上也进行了很多坚实的努力，对形成"中国特色""中国风格""中国气派"的国际法理论具有重要的支撑作用。与此同时，对中国面对国内外公众表述一系列与国际法治相关的立场也有促进作用。

进入中国特色社会主义新时代之后，法治国家全面推进，国际法治的理念和实践在全球治理的大框架之下也有着良好的前景和巨大的发展空间。此时，如何认识全球治理与国际法治的思想，如何厘清这两个概念的学术脉络，如何判定国际法治的领域和标准，特别是中国在参与全球治理、倡导国际法治、建设法治国家和推进建设"人类命运共同体"的道路上可以进行哪些努力等，都是学术界和实践界广泛关注和深入思考的问题。本书试图对上述问题展开研讨，并给出初步的解答和建议。

本书不仅涉及全球治理与国际法治的学术内涵与实践指向，而且分析了全球治理与国际法治的历史演进，回顾了中国参与全球治理与国际法治的理论与实践，总结和归纳了新时代中国参与全球治理与国际法治的意义与原则，并由此归纳出积极参与全球治理与国际法治的中国方案。

通过研究，本书试图展示中国与全球治理、国际法治的互动关系，并且对未来中国积极主动地参与全球治理、建设国际法治提出建议和观点。

第一章
全球治理与国际法治的基本问题

全球治理被广泛地认为是解决当前全球性问题的基本手段,国际法治则是以公平、有效的方式推进全球治理的根本方式。[1]一方面,全球治理与国际法治形影相随,两者理念共融、定位相向,服务于共识的凝聚和行动的协同;另一方面,全球治理和国际法治互为表里,两者功能互助、作用相益,共同助力于国际秩序的稳定与和谐。现实表明,传统治理方式在解决全球性问题过程中疲乏无力,当今国际社会所面临的议题深度与时空广度并非集中、孤立、粗放的治理模态能够应对。客观上讲,唯有将全球治理和国际法治结合起来,全球性问题才有可能得到妥善解决。

第一节 全球治理的概念和体系

一、全球治理的概念

全球化趋势伴随着全球性问题:新冠疫情肆虐全球,其在全球层面造成的后果十分严重,世界各国遭受了巨大的生命财产损失。[2]国际金融和经济秩序处于尚待完善的状态,周期性金融危机频频出现,全球性环境问题日益严重,国际恐怖主义逐渐抬头,传统的由主权国家垄断的治理模态在应对上述危机时捉襟见肘。[3]孤立国家或国家间的有限协调难以妥善应对全球性问题,这对国际社会的协调与多方合作提出了要求。[4]为顺应全球化和世界多

---

[1] 参见黄进:"习近平全球治理与国际法治思想研究",载《中国检察官》2018年第3期。
[2] 参见林利民:"后疫情时代的大国变局、全球治理与中国对外战略",载《当代世界》2021年第2期。
[3] 参见俞可平:"全球治理引论",载《马克思主义与现实》2002年第1期。
[4] 参见俞正梁等:《全球化时代的国际关系》,复旦大学出版社2000年版,第205页。

极化趋势，希冀对全球性政治事务进行共同管理，全球治理理论（Global Governance）应运而生。[1]

（一）全球治理的本质

全球治理本质上是一个持续调整利益关系和规范国际秩序的过程。全球治理理论最初由德国社会党前主席和国际发展委员会主席维利·勃兰特（Willy Brandt）于1990年提出。[2]在勃兰特等人的倡议和影响下，联合国于1992年专门成立了"全球治理委员会"（Commission on Global Governance），随后，该委员会于1995年发表了《天涯成比邻——全球治理委员会的报告》（Our Global Neighborhood），系统描述了全球治理的概念和价值。迄今为止，该委员会对治理所作的定义已经被学术界广泛引证，相关表述为："治理是各种各样的个人、团体——公共的或个人的——处理其共同事务的总和，这是一个持续的过程，通过合作的方式，各种不同且冲突的利益可望得到调和，同时，在这个过程中，人民、团体达成符合其利益的协议，将强制执行的权力授予公认团体或权力机关。"[3]

（二）全球治理的介质

全球治理以特定治理场域的规则之治为具体介质。作为治理理论的创始人之一的詹姆斯·罗西瑙（James Rosenau）认为，"全球治理可以被设想为一种规则体系，用于规范从家庭到国际组织的社会关系，通过施加和追求跨越国界从而影响到各个层面的人类活动。甚至包括大量规则系统，这些规则系统涉及相互依赖和快速增长的世界网络"。[4]托尼·麦格劳（Tony McGraw）将全球治理定义为全球层面多层次的治理："全球层面多层次的治理是指公共当局与私人机构之间（从地方到全球）多方面的（正式和非正式）政治合作的逐步演变。其目的是通过制定和实施全球或跨国原则、规范、计划和政策

---

[1] See Held D., "Elements of a theory of global governance", *Philosophy & Social Criticism*, Vol. 42, No. 9, 2016, pp. 837-846.

[2] 参见雷达、杨连星："现行国际经济秩序改革困境与全球治理理念的完善"，载《中国人民大学学报》2017年第4期。

[3] [瑞典]英瓦尔·卡尔松、[圭]什里达特·兰法尔主编：《天涯成比邻——全球治理委员会的报告》，中国对外翻译出版公司1995年版，第2页。

[4] 参见俞可平主编：《全球化：全球治理》，社会科学文献出版社2003年版，第63页。

来实现共同目标并解决共同问题。"[1]

(三) 全球治理的核心要素

全球治理的核心要素可以归纳为五个方面：一是全球治理的价值，即包括生命、自由、正义、公平；二是全球治理依赖的规范，包括所有国际原则、规则、政策、标准等；三是全球治理的主体，包括政府、正式国际组织、国际社会的非国家行为团体等；四是全球治理的对象，主要是影响所有人的跨国性公共问题，如环境污染、跨国犯罪和人权保护等；五是全球治理的效果，对全球治理绩效的评估主要反映在国际监管的有效性方面，包括透明度、适应性、政府能力、权力分配、相互依赖和知识基础等。[2]这五个方面的核心要素可以转化成五个问题：为什么治理、如何治理、谁治理、治理什么、治理得怎样。[3]

(四) 全球治理的基本特征

全球治理的基本特征是治理权力的下移与重组。根据全球治理委员会的定义，治理是个人和机构、公共和私营部门管理其共同事务方式的组合。[4]而作为调整和协调国际性冲突或多重利益的持续进程，全球治理既包括正式性制度设计，也包括非正式性机制安排。在参与全球治理的过程中，各种治理实体在国际体系中具有不同的特点和地位，从而映现出三种不同的全球治理模式：一是政府主导的治理模式，即以主权国家为中心展开的治理；二是政府间网络治理模式，即以非政府组织为主导的治理；三是超国家治理模式，即以国际组织为主导的治理。[5]在这三种不同的治理模式中，超国家模式被认为是解决这类冲突的理想模式。[6]

(五) 全球治理的基本要义

全球治理反映了治理观念和治理结构的革命性变化。其一，治理主体范

---

[1] 参见俞可平主编：《全球化：全球治理》，社会科学文献出版社2003年版，第151页。
[2] 参见俞可平："全球治理引论"，载《马克思主义与现实》2002年第1期。
[3] 参见俞可平："全球治理引论"，载《马克思主义与现实》2002年第1期。
[4] 参见[瑞典]英瓦尔·卡尔松、[圭]什里达特·兰法尔主编：《天涯成比邻——全球治理委员会的报告》，中国对外翻译出版公司1995年版，第2页。
[5] 参见[英]戴维·赫尔德："重构全球治理"，杨娜译，载《南京大学学报（哲学人文社会科学版）》2011年第2期。
[6] 参见张胜军："全球深度治理的目标与前景"，载《世界经济与政治》2013年第4期。

围从政府转向非政府,如国际非政府组织、跨国公司等以各种方式参与公共事务的管理;其二,治理重心从国家转向社会,国际非政府组织、全球公民网络、全球公共领域等都是区别于国家的社会力量;其三,治理空间从领土政治转向非领土政治,为顺应跨国性活动剧增的趋势,非国家行为体大量出现;其四,治理方式从强制性、等级化管理到平等、自愿、网络化管理,参与全球治理的多元主体之间并无上下尊卑之分,依靠协商、合作来实现对公共事务的共同管理;其五,治理结构从自上而下,逐步转变为上下结合,作为一种特殊的政治权威,全球治理是多种主体协调、对话、合作的结果。[1]

二、全球治理的体系

在政策实践与理论层面,全球治理的概念均引起了广泛关注。虽然全球治理的内涵尚存争议,但在国际组织与各国政府的改革日程中,推动全球治理体系的构建已经成为关键议题。全球治理的议程非常广泛,全球治理体系应当是由治理目标、治理议题、治理主体、治理程序以及全球行动所构成的治理系统。当前,全球性问题呈现复杂多样的态势,全球治理体系应当遵照国际民主和公正平等的原则,以国际法为导向来实现治理目标。进入21世纪以来,政治多极化、经济全球化、法律趋同化、文化多样化持续向纵深发展,国际关系增速重组,全球秩序深刻转型。与此同时,"黑天鹅"与"灰犀牛"交替出现,单边保护主义、霸权主义大行其道,不断冲击国际秩序的稳定格局。[2]此时,传统的西方治理理念与模式已经陷于平庸与困境,呈现出各类弊端,西方国家供给公共产品的动力和能力明显不足,引领全球治理的意愿与能力下降。[3]各国赖以生存发展的国际秩序和国际体系面临变革重任,全球治理体系的变革已经箭在弦上。[4]

---

[1] 参见蔡拓:"全球治理的中国视角与实践",载《中国社会科学》2004年第1期。

[2] 参见刘清才、周金宁:"国际新秩序与全球治理体系建设——中国智慧与方案",载《吉林大学社会科学学报》2017年第3期。

[3] 参见阎德学、华桂萍:"新时代中国外交理论的创新性发展",载《国际问题研究》2020年第2期。

[4] 黄进:"习近平法治思想中的国际法治观",载《武大国际法评论》2021年第1期。

（一）全球经济治理

全球化首先是经济一体化，[1]经济全球化在人类政治、文化、经济等方面的深刻影响显而易见。[2]经济全球化是人类社会从统治向治理转变的最重要原因之一。经济全球化对人类社会的统治和治理主体、构造和模式，对传统的主权国家的政治活动和国内法治都带来了新的挑战。[3]在经济全球化的浪潮下，主要国家的国内法所调整的经济事务不断延伸至国际法层面，逐渐造成了复杂的"全球经济问题"。[4]因此，"全球经济治理体系变革紧迫性越来越突出，国际社会呼声越来越高。全球治理体系只有适应国际经济格局新要求，才能为全球经济提供有力保障"。[5]这对国际社会继续完善国际经济的纠纷解决和危机处理等领域的国际法治提出了更高的要求。2020年，突如其来的新冠疫情肆虐全球，世界经济面临重创，人类遭受了第二次世界大战结束以来最严重的经济衰退。为推动世界经济早日走出危机阴影，各国更要放眼未来，下决心推动世界经济动力转换、方式转变、结构调整，使世界经济走上长期健康稳定发展的轨道。[6]

（二）全球气候治理

在当前需要人类社会采用集体行动模式处理的危机中，环境问题显得尤为紧迫。[7]以气候变化为例，全球气候治理是国际社会应对气候变化的基本过程，当前，除了联合国框架下的全球多边气候制度，还有大量的由各国政府主导的双边或"小型多边"气候制度，以及各类公私合作和民间气候合作系统。[8]在

---

[1] 参见俞可平："全球治理引论"，载《马克思主义与现实》2002年第1期。
[2] 参见俞可平："经济全球化与治理的变迁"，载《哲学研究》2000年第10期。
[3] 参见盛宏寿："趋势与启示：经济全球化视野下的政府治理变迁"，载《社科纵横》2005年第5期。
[4] 参见廖凡："经济全球化与国际经济法的新趋势——兼论我国的回应与对策"，载《清华法学》2009年第6期。
[5] 习近平："共担时代责任，共促全球发展"，载《求是》2020年第24期。
[6] 习近平："让多边主义的火炬照亮人类前行之路——在世界经济论坛'达沃斯议程'对话会上的特别致辞"，载《人民日报》2021年1月26日，第2版。
[7] Pelayo, G. (ed.) (2008, "Environmental Governance and Managing the Earth" Archived 2011-10-04 at the Wayback Machine.
[8] 参见卢静："当前全球治理的制度困境及其改革"，载《外交评论（外交学院学报）》2014年第1期。

联合国框架下,诸如政府间气候变化专门委员会、联合国贸易和发展会议、联合国开发计划署、世界银行、联合国环境规划署等国际组织和联合国相关机构都在全球气候治理体系的建立、运行和延续中起着重要作用。这使得气候治理体系表现出参与者众多,但相互之间并不矛盾的突出特征。气候变化关系到能源、粮食、人口、贸易等众多领域,气候变化治理是一个系统工程,〔1〕这也意味着,如果忽视协调各个体制下的政策和行为,那么其他领域也可能会对全球气候治理产生消极影响。例如,国际货币基金组织的投资行为可能致使产业结构的变化,并对自然环境产生难以预估的重要影响,这有可能不利于减排目标的实现。研究表明,当前有超过两百件双多边环境协定正处在无政府主义者的低效率的窘境之中。"地球是我们的共同家园。要秉持'人类命运共同体'理念,携手应对气候环境领域挑战,守护好这颗蓝色星球。"〔2〕

(三) 全球安全治理

打击恐怖主义、维护全球和平是全球安全治理的首要目标。在当前的全球安全治理体系构建过程中,出现了以西方国家的全球反恐行动为主要表征的新型治理形式,也被称为"霸权治理"形式。有学者认为,"霸权治理"的目的在于推广西方意识形态与价值,节约治理成本。〔3〕从长远的角度看,霸权模式忽视了恐怖主义和武装冲突的根源,幻想以武力根除冲突,忽略了目标区域的经济、政治、地理、宗教、人文等背景,因而对维护国际和平与安全的作用极为有限。

除国际恐怖主义外,经济发展不平等、宗教纷争、西方帝国主义与殖民主义遗留、领土争端、自然资源争夺而导致的冲突与战争持续不断。同时,随着安全问题的多样化,非传统安全问题更为凸显,网络安全更成为数字时代的第一安全问题。面对这些繁杂的全球安全问题,有必要完善全球性的沟通和应对机制,最大程度降低冲突的损害,避免其朝着全球性危机的方向发

---

〔1〕 胡锦涛:"统一思想明确任务坚定信念扎实工作进一步做好应对气候变化各项工作",载《人民日报》2010年2月24日,第1版。

〔2〕 "习近平在二十国集团领导人利雅得峰会'守护地球'主题边会上的致辞",载《人民日报》2020年11月23日,第1版。

〔3〕 Beyer, Anna Cornelia (2010), Counterterrorism and International Power Relations, IB Tauris, London.

展。现实表明，全球安全机制的构建仍旧任重道远。

三、全球治理的中国立场

全球性问题对中国而言既是机遇也是挑战。我国应当以国际秩序变革为目标，充分发扬国际民主精神，着眼关键领域，积极参与全球治理体系的构建。

第一，对于我国而言，参与并推动全球治理体系变革适逢其时，全球治理应当以构建公正合理的国际秩序为首要目标。两次世界大战的深刻教训，使各国开始反思旧的世界秩序，最终建立了以联合国为主体的全球治理框架，为全球经济治理、环境治理和安全治理等提供了规则基础，在过去几十年里，以联合国为核心的多边治理体系对世界和平与发展发挥了不可替代的作用。然而，"当今世界正在经历百年未有之大变局，世界多极化、经济全球化、社会信息化、文化多样化深入发展，各国人民的命运从未像今天这样紧密相连。同时，世界面临的不稳定不确定因素正在增加，全球经济低迷，单边主义、保护主义抬头，网络安全、重大传染性疾病、气候变化等非传统安全威胁持续蔓延，国际秩序和全球治理体系受到冲击"。[1]"我们要解决好这个时代面临的四大课题。第一，加强宏观经济政策协调，共同推动世界经济强劲、可持续、平衡、包容增长……第二，摒弃意识形态偏见，共同走和平共处、互利共赢之路……第三，克服发达国家和发展中国家发展鸿沟，共同推动各国发展繁荣……第四，携手应对全球性挑战，共同缔造人类美好未来。"[2]中国始终坚信，秉持共商共建共享理念，不断完善国际法治，不断推动全球治理体系的变革，才能扩展发展空间，强化相互了解，开拓增长源泉，促进人类福祉。倘若放任霸权主义和强权政治，忽视并践踏国际法，则相关行径必然扰乱国际秩序，损害全球治理体系，侵蚀广大发展中国家的正当权益。

第二，参与全球治理应当秉持国际民主精神，保证各个国际主体在规则

---

[1] 习近平："在第十七届中国—东盟博览会和中国—东盟商务与投资峰会开幕式上致辞"，载《人民日报》2020年11月28日，第2版。

[2] 参见习近平："让多边主义的火炬照亮人类前行之路——在世界经济论坛'达沃斯议程'对话会上的特别致辞"，载《人民日报》2021年1月26日，第2版。

制定、适用和结果等方面的平等参与和共同享有。[1]习近平总书记在党的十九大报告中指出:"中国秉持共商共建共享的全球治理观,倡导国际关系民主化,坚持国家不分大小、强弱、贫富一律平等,支持联合国发挥积极作用,支持扩大发展中国家在国际事务中的代表性和发言权。中国将继续发挥负责任大国作用,积极参与全球治理体系改革和建设,不断贡献中国智慧和力量。"践行多边主义,不能坐而论道,而要起而行之,不能只开药方,不见疗效。[2]作为全球治理的重要支柱,中国以实际行动助力多边主义发展,主张以国际法为导向完善全球治理,反对霸权主义、单边主义等阻碍全球治理体系发展的恶劣行径。

中国是践行国际民主原则,推动平等公平合理的全球治理体系的重要力量。中国正在统筹推进"五位一体"总体布局,协调推进"四个全面"战略布局,"……坚持对话而不对抗、包容而不排他,构建相互尊重、公平正义、合作共赢的新型国际关系,扩大利益汇合点,画出最大同心圆"。[3]当前"新发展理念"以及"坚持和平发展道路,坚持互利共赢开放战略"等已经写入中国宪法,对中国"实现什么样的发展以及怎样发展"的问题作出了科学回答,即通过法治进行规范、引导和保护。

第三,全球治理应当聚焦关键领域,重视大国担当。[4]当前,世界百年未有之大变局加速演变,我国不断走近世界舞台中央,必须"要加快涉外法治工作战略布局,协调推进国内治理和国际治理,更好维护国家主权、安全、发展利益"。[5]在此背景下,中国明确将"推动构建人类命运共同体"写入宪法,这不仅意味着中国宪法的视野已经延伸至贯彻全人类价值层面,向全世界宣告反对霸权主义、寻求互利共赢的坚定意愿,这意味着中国已从根本大法的顶层设计和实践层面为我国参与全球治理和国际法治提供了有力保障。在人类共同发展的国际环境中,我国将继续以负责任大国的身份,参与全球

---

[1] 参见林庆平:"全球治理的原则:民主治理",载《国际论坛》2004年第2期。
[2] 习近平:"在联合国成立75周年纪念峰会上的讲话(2020年9月21日,北京)",载《人民日报》2020年9月22日,第2版。
[3] 参见习近平:"坚定信心 共克时艰 共建更加美好的世界——在第七十六届联合国大会一般性辩论上的讲话",载《人民日报》2021年9月22日,第2版。
[4] 参见赵骏:"全球治理视野下的国际法治与国内法治",载《中国社会科学》2014年第10期。
[5] 习近平:"坚定不移走中国特色社会主义法治道路 为全面建设社会主义现代化国家提供有力法治保障",载《求是》2021年第5期。

治理体制改革，推动全球治理体系的改善。与此同时，"我们要乘势而上、顺势而为，坚定维护以联合国宪章宗旨和原则为核心的国际秩序和国际体系，为全球治理体系改革和建设贡献中国智慧和中国方案"。[1]

第二节 国际法治的概念和要素

国际法治是与法律全球化、全球治理等概念紧密相关的概念。[2]国际法治的核心要素与本质体现是国际良法与善治。国际良法是国际法治的基础与前提，在缺乏符合各国共同利益以及全人类根本利益的国际规则的情况下，国际法治无从谈起；全球层面的善治，即全球性的有效治理，是实现国际法治的条件和保障。在不同的领域与层面实现"良法"和"善治"是国际法治的基本要求，即设定内容与目标良好，国际事务普遍遵循的完善的规范。[3]

一、国际法治的概念

法治概念最早可追溯到柏拉图的《理想国》和亚里士多德的《政治学》，近代意义上的法治实践始于主权国家的建立。[4]国际法治概念源于一些国际组织的官方文件，它意味着在当前无政府但有秩序的转型世界中追求和建设法治。20世纪70年代联合国通过的《关于各国依联合国宪章建立友好关系及合作之国际法原则之宣言》在序言中谈到，复念及《联合国宪章》在促进国际法治上至为重要。[5]自此，国际法治从一种隐含的诉求上升为一种明示的价值，国际社会追求法治的风潮也越来越盛。[6]

和平与发展是人类追求的目标。随着第二次世界大战结束后，国际社会中国际法与国际组织作用的不断强化，推动国际社会实现像国内社会那样的法治状态获得一种普遍的期待。不同于国内社会，当前的国际社会具有无世

---

[1] 习近平："推进全面依法治国，发挥法治在国家治理体系和治理能力现代化中的积极作用"，载《求是》2020年第22期。

[2] 参见林泰："国际行政法之论——全球化与全球治理视野中的国际法治"，载《太平洋学报》2014年第10期。

[3] 参见何志鹏："国际法治：一个概念的界定"，载《政法论坛》2009年第4期。

[4] 参见曾令良："国际法治与中国法治建设"，载《中国社会科学》2015年第10期。

[5] 参见何志鹏："国际法治：良法善治还是强权政治"，载《当代法学》2008年第2期。

[6] 参见何志鹏："国际法治：良法善治还是强权政治"，载《当代法学》2008年第2期。

界政府、有国际秩序、面临转型、处于全球化等特征。[1]在此背景下,在环境、能源、反恐等重要问题上,人类需要在国际层面加以解决,而这离不开在全球范围内推动国际法治。[2]

二、国际法治的基本要素

作为国际法治的领导者、服从者和推动者,多元的国际法治的主体大致可以分为以下几类。

(1)国家。国家在全球事务管理中占据绝对主导地位。[3]国家享有比较全面的权利和义务,可以通过民主机制拟定国际规范、接受国际规范的调整和监督、自觉履行和监督国际规范的实施。对于国际法治而言,国家间以条约形式构建起来的国际法律规范体系具有基础性的奠基功能,因而可以认为,国家是国际法治的主要参与者。[4]

(2)国际组织。"冷战"后,国际组织在国际社会中的地位逐渐上升,并开始在国际法治中发挥越来越积极和广泛的作用。国际组织在政治、经济、军事、教育、科技、文化、卫生等方面发挥重要作用,对国家军备、人权、贸易、关税、投资、环境保护、知识产权等产生重要影响。[5]通过提供交流平台、倡导决策方向、组织国际立法等方式,国际组织可以推动国际法治逐步向有序化、制度化的方向发展。

(3)非政府组织(Non-Governmental Organizations,NGOs)。非政府组织在推动国际法治的道路上正发挥着不可忽视的作用。[6]1952年,联合国经济及社会理事会将NGOs定义为"任何未根据政府间协定设立的国际组织都可被视为非政府组织"。[7]非政府组织通过研究特定领域问题、监督政府和国际

---

[1] 参见何志鹏:"国际法治:一个概念的界定",载《政法论坛》2009年第4期。

[2] 参见车丕照:"我们可以期待怎样的国际法治?",载《吉林大学社会科学学报》2009年第4期。

[3] 参见赵骏:"全球治理视野下的国际法治与国内法治",载《中国社会科学》2014年第10期。

[4] Antonio Cassese, International Law, 2nd ed., Oxford University Press, 2005, p. 3.

[5] 参见杨泽伟:"当代国际法的新发展与价值追求",载《法学研究》2010年第3期。

[6] 参见程虎:"国家主权及其当代命运——一种全球化的分析范式",载《清华法治论衡》2001年第0期。

[7] 参见赵晓芳:"非政府组织的界定及其参与扶贫的战略分析",载《兰州学刊》2010年第4期。

组织行为、鼓励全球范围内的政治和法治参与等，打破了长期以来由主权国家政府掌控国际法治的局面。[1]

（4）个人。个人在国际法治中具有突出地位，一是在国际人道法、国际人权法等国际法律体系中，个人往往作为被保护的对象，如何对个人提供良好的保护，一直是国际法治的重点问题；二是在国际刑法中，个人责任日益受到重视，自国际刑事法庭设立之后，个人应当为国际罪行承担法律责任已经成为世界各国的共识。[2]"二战"后的国际法在关注个人权利保护的同时，也加强了对个人行为的约束，特别是加强了对个人国际罪行的惩罚。[3]

国际法治的客体是指国际法治需要解决的具体问题，主要可分为以下类型。

（1）传统安全问题。在军事安全问题中，尤为突出的是非国际性武装冲突，以及从该问题中衍生出的国际人权问题和国际刑事责任问题。与此同时，与国际争端相关的使用武力问题在国际社会仍然非常敏感。[4]

（2）全球经济问题。世界贸易组织、世界银行集团为国际经济治理提供了制度平台，但是，当前世界贸易组织面临空前危机，现行规范和争端解决机制存在诸多不完善之处，亟需通过制度改革提升解决国家间经贸纠纷的效率。

（3）科技和文化问题。科技、文化有可能在价值和理念层面上通过解决意识形态、宗教等问题间接改变国际关系。同时，国际法体系需要通过规则创制和解释，以应对科技进步带来的网络安全、对人工智能发展带来的问题。

（4）环境问题。通过国际协议，国际社会在气候变化、海洋环境保护、生物多样性等方面达成了一系列国际条约，例如1997年《联合国气候变化框架公约的京都议定书》（以下简称《京都议定书》）、2016年《巴黎气候变化协定》（以下简称《巴黎协定》）等，因此形成了当今国际社会环境治理的法律体系。为保证国际环境法律体系的实效性，需要改善国家间的遵守和监督状况。

（5）人权问题。国际社会日益重视对公民权利、政治权利、经济和社会

---

〔1〕 Hirley V. Scott, International Law in World Politics, Lynne Rienner Publishers, 2004, pp. 73-78；聂洪涛："国际法治建构中的主体问题初探"，载《社会科学家》2008年第8期。

〔2〕 参见曾令良："国际法发展的历史性突破——《国际刑事法院规约》述评"，载《中国社会科学》1999年第2期。

〔3〕 参见张军旗："个人的国际法主体地位辨析"，载《东方法学》2017年第6期。

〔4〕 Christine Gray, International Law and the Use of Force (3rd ed.), Oxford University Press, 2008, pp. 25-29.

权利等个人权利的保障。以全球性人权公约体系为基础,需要探索将国际人权法治成果落实为人权行动的有效路径,尤其是人权法领域国际法与国内法的关系问题,应当得到足够重视。目前,由于政治、意识形态等因素的影响,各国在人权保护领域存在一定分歧,这严重影响了人权保护法律化的进程,各国需要通过多边国际组织等途径进一步加强认同和合作。

三、国际法治的规范基础

国际法治所依据的规则应当是"国际良法",也就是所有预期得以遵行的国际规范都是好的规范。[1]这是国际规则能够被普遍认可、接受与遵从的前提。为了达到良法的目标,国际法治的规则基础至少应当同时从实质与形式两个方面满足以下评价指标。[2]

(1) 实质方面,以正确的价值目标引领国际法治,从而使其体现出法治的核心理念和价值。无论国际法治还是国内法治,法律至上、权利平等和社会自治都构成法治理念的核心。[3]国际法治的规范体系应当体现人本主义,坚持权利本位,表达对人的终极关怀;满足可持续发展的要求,妥善处理经济、社会、文化等方面持续发展的要求;[4]体现和谐共进的理念,反对霸权体制,在求同存异的基础上构建新的结构和秩序。[5]

(2) 形式方面,形式正义对国际法治提出了基本要求,国际法治的治理规则体系不仅应当具有可预期性,并在实践中被国际法治的主体普遍适用,且法律纠纷能够在该体系中被有效解决。[6]

具体而言,国际法治应当满足以下几点形式要求:首先,应当做到有法可依。缺乏规范是国际社会长期存在的问题,[7]各国必须在国际合作基础上

---

[1] 参见何志鹏:"从《残疾人权利公约》反思国际人权机制",载《北方法学》2008年第5期。

[2] 参见何志鹏:"国际法治:现实与理想",载《清华法治论衡》2004年第0期。

[3] 参见郑成良:"论法治理念与法律思维",载《吉林大学社会科学学报》2000年第4期;宋迎军:"法治与中国当代法理学",载《河北法学》2001年第2期。

[4] 参见曾令良:"国际法治与中国法治建设",载《中国社会科学》2015年第10期。

[5] 参见何志鹏:"国际法治:一个概念的界定",载《政法论坛》2009年第4期。

[6] 参见黄文艺:"全球化时代的国际法治——以形式法治概念为基准的考察",载《吉林大学社会科学学报》2009年第4期。

[7] 参见林永亮:"全球治理的规范缺失与规范建构",载《世界经济与政治论坛》2011年第1期。

创制完备的治理规则。形式法治要求国际法治所依据的法律规则应当逻辑严谨、体系完善,明确权利义务配置、法律责任的归责原则和方式,具有可预期性和可裁断性。[1]其次,国际民主是国际法治规范体系合法性的重要标准,规则的制定必须以民主的方式进行,最重要的是国际立法机构必须具有充分的代表性。[2]国际立法机制必须公开透明,以确保国际社会成员的有序参与。[3]最后,国际法体系应当从权力导向型逐步向规范导向型过渡,促进治理规则的普遍适用和法律纠纷的解决。[4]

四、国际法治与国内法治的互动

在全球化进程中,法律全球化趋势不可忽视,其可以推动国际法治理念的形成以及相关国际法体系的逐步完善。法律全球化的演进过程中,最重要的特征之一是国内法与国际法的相互渗透与不断整合,国际法内化为国内法是最基本的发展趋势。有学者认为,经济全球化的过程中,国内法与国际法的调整对象其实是一致的。[5]作为对全球化、全球治理的有效回应,一方面,国际规则大量形成,并内化成为国内法律体系的一部分,对国内法体系产生重要影响;另一方面,国际组织或机构开始直接以私主体为行使职权的对象。例如,联合国安理会、国际刑事法庭、世界贸易组织等国际组织或机构的职权,对许多领域的私营实体或个人都产生了直接的影响。[6]

国际法治的建设将是一个渐进的演变过程。[7]在全球治理过程中,国际法治和国内法治相互依存,互为支撑,借由一定方式进行衔接。国际法治和

---

[1] 参见[美]富勒:《法律的道德性》,郑戈译,商务印书馆2005年版,第40-107页。何志鹏:"国际法治:现实与理想",载《清华法治论衡》2004年第0期。

[2] 参见[美]艾伦·布坎南等:"全球治理机制的合法性",载《南京大学学报(哲学·人文科学·社会科学)》2011年第2期。

[3] 参见古祖雪:"国际造法:基本原则及其对国际法的意义",载《中国社会科学》2012年第2期。

[4] 参见何志鹏:"全球制度的完善与国际法治的可能",载《吉林大学社会科学学报》2010年第5期。

[5] 参见车丕照:"法律全球化与国际法治",载《清华法治论衡》2002年第0期;倪正茂等:《国际规则:入世后的中国法律对策》,上海社会科学院出版社、高等教育出版社2001年版,第105页。

[6] 参见[美]本尼迪克特·金斯伯里等:"全球行政法的产生(上)",载《环球法律评论》2008年第5期。

[7] 参见车丕照:"我们可以期待怎样的国际法治?",载《吉林大学社会科学学报》2009年第4期。

国内法治相互贯通，相互渗透，相互影响，在现实中表现出明显的互动状态，并在国际和国内广泛的互动中处于基础性地位，而日益广泛的内外沟通又呈现出强烈的法治互动需求。[1]国际法治和国内法治在治理对象、发展路径、表现形式等方面存有差异，但两者又通过"良法"和"善治"两大要素有机衔接。国际法治与国内法治的统一性进一步体现为两者的互动。一方面，国际法治的发展不断影响着各国的国内法治，比如，各国通过修订相关法律法规以符合国际法治的要求；另一方面，各国也通过正向（加入、遵守、非自愿违约等）与反向（游离、有意违约、退出等）等方式参与国际制度，将自身的诉求、经验和成果，输往国际法治。

以国际投资法为例，国际法治在此场域的载体为大量的双边投资协定和习惯国际法。一方面，为了遵循国际法治的要求，各国需要对国内的立法、执法、司法进行相应的调整与完善；另一方面，国内法治中的优秀成果也不断被移植至国际法治的规范载体中，比如，公平公正待遇原则核心要素（正当程序、保障合理期待、稳定且可预期的法律与商业环境、透明度、善意）的凝练即源自国内法治的具体实践和规范总结。当然，法治互动并非简单的直线往返，而是通过一定的沟通机制，周而复始形成循环，呈现出螺旋式的上升趋势，互动的水平不断提高，互动的空间不断拓展。[2]

第三节　全球治理与国际法治的辩证关系

全球治理与国际法治这两个议题紧密关联且高度相关。从实践层面来看，完善的全球治理体系以国际法治为"魂"，依靠国际法治内涵的法治观念、规则体系以及法治程序运行；与此同时，全球治理是国际法治的绝佳试验场，依托法治需求度及可行性的至高场域，国际法治可以臻于完善并发挥典范作用。简言之，全球治理与国际法治认同"良法"与"善治"在国际秩序构建中的根本作用，在实现治理功能及构筑现实秩序的过程中交相呼应，辩证相存。

---

[1] 参见赵骏："全球治理视野下的国际法治与国内法治"，载《中国社会科学》2014年第10期。
[2] 参见赵骏："全球治理视野下的国际法治与国内法治"，载《中国社会科学》2014年第10期。

一、全球治理与国际法治的基本架构高度耦合

主权国家、国际组织和非政府组织参与并推动全球治理和国际法治的进程。从基本形态上讲，全球治理与国际法治都渴求基于国际法之治形成秩序，强调相关主体通过规则与程序实现其所期状态；从基本理念上讲，成功的全球治理与繁荣的国际法治一定都牢固根植于机会平等、程序民主、结果公允等基本法治原则；从机制上看，治理与法治始于国家间基于协调沟通、友好合作达成共识，二者开启的节点常常是规范性文件的缔结以及立法、执行、遵约体制的确立，而良好治理和法治愿景都须落实到主体，即多样国际法主体自发参与并遵守国际规则。综述之，全球治理与国际法治的建立必须是以合作、规则、执行与遵守为基础，两者俨然如一，成败休戚，荣辱与共。

二、国际法治是全球治理行稳致远的根本方式

全球治理一定要依托国际合作以及依之而形成的国际规范体系，[1]多元主体在跨国层面明确权利、义务与责任，依凭一定机制与程序共同处理和解决全球性事务。全球治理致力于解决全球性问题，而国际法治则为全球治理"铺路架桥"，使得全球治理能够平稳地触及并高效地应对全球性问题。在构建全球治理体系历程中，国际法治至少提供着两个全球治理的"基础设施"：第一，以有效国际条约为基础，针对一定治理事项的国际规则；第二，已然形成国际共识的、保证规范体系足以有效实施的遵约机制。[2]此外，国际法治还容纳和宣传着平等、民主、公允等价值理念，这是全球治理得以可持续方式从而有效推进的主观条件。

（一）经济治理与国际法治

在完善现行国际经济秩序的过程中，全球性经济组织以民主协议、国际规范等形式发挥着无法替代的作用。同时，北美自由贸易协定、欧盟等区域性经济组织的蓬勃发展也意味着，以区域安排的方式构建一个全球性的经济

---

[1] 参见中国社科院财经战略课题组："推动完善全球治理机制"，载《经济日报》2013年11月22日，第15版。

[2] 参见黄文艺："全球化时代的国际法治——以形式法治概念为基准的考察"，载《吉林大学社会科学学报》2009年第4期。

命运共同体是可以探索的治理路径。国际法治的基础由主权国家以及国际组织之间的条约组成，在实现经济全球化以及对经济问题进行全球治理的过程中，必须依靠国际法治所构筑的经济秩序，在此之上通过民主协商等途径进一步完善信息沟通、纠纷解决、危机预警等机制，最终促成一个高效、民主、平等的全球经济治理体系。

（二）安全问题与国际法治

世界上部分地区的武装冲突仍然没有彻底消除，这背后存在宗教极端主义抬头、难民规模大、人口压力大、资源争夺严峻等原因。武装冲突造成的后果不仅涉及平民伤亡等问题，同时也引发国际社会对武器贩卖、资源配置、国际干预等问题的重视与沉思。由于武装冲突涉及各国的国家主权等敏感问题，到目前为止，全球在国际安全治理领域建立有效机制的愿景还未实现。国际社会一贯致力于通过落实国际法治来促进国际安全治理。自1787年《英法条约》签订以来，国际社会业已通过多项军备控制或裁军相关方面的国际性法律，在武装冲突法领域，国际人道法体系已经形成，并通过国际刑事法庭等国际机构开始发挥强制力。

（三）环境问题与国际法治

当前，依靠国际法对具有广泛且普遍影响的环境问题进行全球治理的理念已然深入人心。环境保护与经济发展存在潜在冲突，全球环境治理问题愈显复杂。这主要是因为全球性环境保护不仅是一国内务，其还涉及国家间的权利义务的妥善配置以及资源共享等诸多问题。在全球环境治理的过程中，如何有效地实现国家间的合作、促进国际社会的可持续发展成为世界各国共同面对的问题，而国际法治及其完善为环境问题的解决提供了重要路径。现实中，国际社会在环境保护领域已经促成了一整套虽然脆弱复杂但却有效的全球性法律规范体系，诸如预防原则等已然被国际社会普遍接受的法律原则与规则，在全球环境治理的问题上发挥着显著作用。[1]

（四）社会问题与国际法治

全球正在进入具有高度不确定性的"风险社会"时代，风险社会作为全球

---

[1] 参见陈维春："国际法上的风险预防原则"，载《现代法学》2007年第5期。

社会的一般范畴，具有多元化、系统性、风险平等性的特征。[1]国际层面的社会问题主要源于现代化过程中一些过度且不合理的实践活动、部分人的心理与人性的扭曲以及没有节制的社会发展方式。借助国际法治破解社会问题，一方面需要培育共同价值体系，加强有效的制度供给；另一方面需要实现多边协同治理，构建有效的风险预警机制，提高预见能力。[2]显然，国际法治可以为上述路径的开展提供制度化的保障和支撑。鉴于社会问题的多元化和复杂性，社会问题的治理过程容易形成"同一类治理问题中多种治理机制并存"的现象，[3]这是国际法治实践过程中值得重视的一个问题。

三、全球治理是国际法治深广践行的最佳场域

全球治理视野下，为应对严峻的全球风险以及回应由此而催生的"风险话语"，国际合作的迫切程度逐渐显现，国际关系的法治需求和认可度趋于增长，与此同时，治理权力分离下移，利益主体呈现多元化，利益关系交织庞杂，治理话语及实践背景的复杂程度更高。在以主权国家为主、政治导向特征鲜明的国际社会，全球治理为国际法治供给了绝佳的试验场和延伸区。它意味着，在不能或缺的治理过程中，国际法治将在更广空间、更深层面被采纳和贯彻，国际法治与国内法治的互动将更为频仍和深切。[4]全球治理对国际法治的牵引和推进作用既表现在观念的推陈出新，也体现为制度的更迭换代。

第一，全球治理要求国际法治模式能够容纳更为复合型的利益格局。国家在全球化的趋势下放弃针锋相对，追求互助与合作，而为了应对这一过程中可能面临的窘境，规范的制度又被国际社会所需。国际法体系可以保证国际社会主体仅在特定范围内追求利益，如果打破该边界，起码在道德层面上会受到谴责。国际社会对规范化体系的需要为国际法治规范体系的创建提供

---

[1] 参见范如国："'全球风险社会'治理：复杂性范式与中国参与"，载《中国社会科学》2017年第2期。

[2] 参见范如国："'全球风险社会'治理：复杂性范式与中国参与"，载《中国社会科学》2017年第2期。

[3] 参见薛澜、俞晗之："迈向公共管理范式的全球治理基于——'问题—主体—机制'框架的分析"，载《中国社会科学》2015年第11期。

[4] 参见赵骏："国际法治与国内法治的互动及启示"，载《光明日报》2015年5月13日，第14版。

了前置条件。

第二，全球治理引导国家确立更具包容性的、符合国际民主原则的制度及行为规范。新自由主义主张，制度是国家间通过不停试错而形成的相对稳定的关系框架，全球化浪潮中涌现的各种全球性国际组织和非政府组织，在国家以外形成了一种力量，为国家之间的决策、合作提供了一个相对稳定的平台，这同时也为国际法治的完善提供了一个稳定、平等的环境。

第三，全球治理促使国家从整体、互动与合作的维度参与国际法治进程。在全球治理的理念之下，国家被国际社会所社会化，传统主权国家开始从相互毫无关联的个体逐渐成为彼此影响的共同体。不仅如此，国际社会的整体动态、价值取向将对每一个国家的行为都造成潜移默化的影响。全球治理需要不断地改进自身体制，以通过国际社会网络调节国家行为，引导国家向善，而这个过程必然与国际秩序的法治化存在密切关联。[1]

第四，全球治理强化以国际法治思维统筹国家政策与国家行为的需求。首先，在国际法治的构建中，要坚持法治精神，体现公正平等、和谐依存的法治价值，尊重各民族的文化传统、政治体制和宗教信仰。全人类共同价值是创建具体化的国际法体系的重要前提条件。其次，需要推动国际立法的民主化，增强国际法的认同性和适用度，同时国际民主也是检验治理机制是否具有合法性的主要标准。再次，重视国家法治的体系化创建，避免孤立地看待某个全球性问题，进而导致条约之间出现相互冲突等问题。最后，在国际法治的实施层面上，各国须更加严格地遵循国际法，国际组织更加积极介入并提供有效的监督。[2]

第四节　世界亟需全球治理与国际法治

一、全球性问题亟需全球治理

在全球化的时代，商品化、不平等和不安全一同构成了国际社会所面临

---

[1] 参见何志鹏："全球制度的完善与国际法治的可能"，载《吉林大学社会科学学报》2010年第5期。

[2] 参见何志鹏："全球制度的完善与国际法治的可能"，载《吉林大学社会科学学报》2010年第5期。

的现代挑战。[1]经济全球化在客观上增加全球物质财富和提高全球市场效率的同时,民族利益与自由竞争的矛盾不可避免地导致诸如恶性竞争和贸易战等问题,财富集中、地区发展不平衡、贫富差距扩大等问题愈发严重。因此,习近平总书记指出:"过去数十年,国际经济力量对比深刻演变,而全球治理体系未能反映新格局,代表性和包容性很不够。"[2]

全球治理是传统治理模式批判式与回应式的变革和发展。当今国际社会的治理实践已经由乌托邦式的"世界政府治理",逐渐嬗变为由"政府治理""没有政府治理"和"超国家治理"所组成的多元治理模式。现实中,传统治理理论与应对全球性问题的制度需求相距甚远。多元治理模式几乎囊括了人类社会所面临的方方面面的问题,它虽然具有灵活性和特定阶段的适应性,但几乎完全等同于外部和替代治理机制,从而在应对全球性问题时极其乏力,导致单边主义与霸权主义频频抬头,治理过程碎片化,所取得的效果有限,利益冲突不断。

国际社会亟需依托全球治理扭转治理困局,提供应对和化解全球性问题的制度方案。[3]当前,全球治理模式缺乏提供全球公共物品的充足能力,既有国际组织囿于职权和制度原因无法有效解决全球性危机,加之部分大国参与治理的意愿有所下降,全球公共利益往往被局部利益的博弈绑架,辖域与职权有限且碎片化明显的治理体系无法应对日益严峻的全球性问题。全球治理能够调动最大范围内的、拥有多样利益诉求的主体的动能,依赖充分参与、民主协商、程序公正的运行机制,为国际社会提供公平且有效的全球公共品。[4]

二、国际法治助力全球治理

全球治理必须做到守正与创新,既要继承既往国际法治的遗产,又必须根据客观情况变化作出有所损益的改革。以联合国为主体的众多国际组织在国际法治中发挥了重要作用。"二战"后,世界逐渐形成了以联合国为主体,

---

[1] 参见[英]戴维·赫尔德、安东尼·格鲁曼主编:《全球化理论:研究路径与理论论争》,王生才译,社会科学文献出版社2009年版,第229页。
[2] 习近平:"共担时代责任,共促全球发展",载《求是》2020年第24期。
[3] 参见张胜军:"全球深度治理的目标与前景",载《世界经济与政治》2013年第4期。
[4] 蔡拓:"全球治理与国家治理:当代中国两大战略考量",载《中国社会科学》2016年第6期。

包括国际货币基金组织、世界银行集团、世界贸易组织等在内的国际组织，不仅为全球安全、环境、贸易等提供了交流合作的治理平台，而且形成了国际法治规范的保障。

全球治理需要依托现有公正、合理的国际法律体系及国际制度。"世界只有一个体系，就是以联合国为核心的国际体系。只有一个秩序，就是以国际法为基础的国际秩序。只有一套规则，就是以联合国宪章宗旨和原则为基础的国际关系基本准则。"[1]国际法治规范体系构成未来的全球深度治理体系和更加科学的国际法治体系的良好基础。尽管存在一些冲突，但是当前各国之间的互动已经十分频繁，基本形成了一套政府间合作网络体系，使得那些综合实力较弱的国家也拥有在国际社会发声的渠道和机会。但是，必须清醒认识全球治理目前存在的不足，尤其是百年未有之大变局下面临的治理赤字。因此，全球治理必须建立一套体系严密、内容科学、结构合理的规则体系。[2]

在实现全球深度治理的过程中，国际法内化为国内法是国际法治发展的基本趋势，也是必不可少的环节。通过将国际法内化为国内法，全球治理的基本目标和国际法治的基本内涵可以在一国内部得到认同，进而获得国内法强制力的保障，从而将全球治理模式转变为外部监督与内部强制执行相结合的强力治理体系，增强其稳定性、效率、公正性。[3]

三、全球治理与国际法治辩证关系的未来图景

第一，全球治理是国际社会深化国际法之治的试验场和典范领域。全球治理不应该是西方治理，国际法治也不等同于西方法治。在全球治理理论诞生之后的相当长时间里，发展中国家在很大程度上被认为是发达国家所制定的国际规则的被动接受者，国际组织的管理层以及国际法治规范体系的构建一直都被西方发达国家牢牢把持。西方发达国家自身面临或关注的问题更容

---

[1] 习近平："坚定信心 共克时艰 共建更加美好的世界——在第七十六届联合国大会一般性辩论上的讲话（2021年9月21日）"，载《人民日报》2021年9月22日，第2版。

[2] 参见林泰："国际行政法之论——全球化与全球治理视野中的国际法治"，载《太平洋学报》2014年第10期。

[3] 参见赵骏："全球治理视野下的国际法治与国内法治"，载《中国社会科学》2014年第10期。

易成为国际社会关注的问题,而关系到发展中国家切身利益的问题,如不平等经济秩序的改革、战略资源的分配等,却难以成为国际会议中的主要议题,或难以达成符合发展中国家利益安排的协议。对此,一些学者认为,多行为体、多层面的全球治理体系并没有为发展中国家创造出更公平有效的参与世界治理的途径。[1]究其原因,目前的国际社会仍旧是一个权力导向型社会,因而综合实力较弱的国家难以在国际层面获得发言权。小国期望将自身利益与全球治理体系调整有机协调,以使其在平等、正义的道路上发展。因此,"各国关系和利益只能以制度和规则加以协调,不能谁的拳头大就听谁的"。[2]要做到这一点,必须依靠国际法治,建立一个以包容性发展为目标的规范体系,打破西方对话语权和规则制定权的垄断,使得有关诉求都可以通过国际法的途径上升为全球深度治理的核心议题。

第二,全球治理体系得以树立,并以充分参与、程序民主、结果公平的方式运作。习近平总书记指出,"任何国家都没有包揽国际事务、主宰他国命运、垄断发展优势的权力,更不能在世界上我行我素,搞霸权、霸凌、霸道"。[3]"世界的命运必须由各国人民共同掌握,世界上的事情应该由各国政府和人民共同商量来办。垄断国际事务的想法是落后于时代的,垄断国际事务的行动也肯定是不能成功的。"[4]因此,"一个和平发展的世界应该承载不同形态的文明,必须兼容走向现代化的多样道路。民主不是哪个国家的专利,而是各国人民的权利。近期国际形势的发展再次证明,外部军事干涉和所谓的民主改造贻害无穷。我们要大力弘扬和平、发展、公平、正义、民主、自由的全人类共同价值,摒弃小圈子和零和博弈"。[5]作为目前全球治理和国际法治的基础,国家之间权利义务的分配依赖国际组织和国际机制进行监督管

---

[1] Dani Rodrik, "Has Globalization Gone Too Far?", Washington, D.C.: Institute for International Economics, 1997.

[2] 习近平:"在联合国成立75周年纪念峰会上的讲话(2020年9月21日,北京)",载《人民日报》2020年9月22日,第2版。

[3] 习近平:"在联合国成立75周年纪念峰会上的讲话(2020年9月21日,北京)",载《人民日报》2020年9月22日,第2版。

[4] 习近平:"弘扬和平共处五项原则 建设合作共赢美好世界——在和平共处五项原则发表60周年纪念大会上的讲话(2014年6月28日)",载《人民日报》2014年6月29日,第2版。

[5] 习近平:"坚定信心 共克时艰 共建更加美好的世界——在第七十六届联合国大会一般性辩论上的讲话(2021年9月21日)",载《人民日报》2021年9月22日,第2版。

理,仍然没有脱离权力制衡的冷战思维。

将外部治理和替代治理作为国际治理的基本方式,至少会导致两个问题:其一,相关国际机制被错误地用来解决某些国际性问题,最终导致问题无法得到妥善解决,甚至走向进一步的恶化。例如,上文提到的美国通过发动战争的"霸权"式治理来应对国际恐怖主义,耗资巨大却几乎没有成效。其二,全球治理体系缺乏强制力,各国以条约为基础形成的权利义务关系存在脆弱性,无法对部分国家任性退出国际组织和公然挑战国际条约权威的行为作出有力约束。为解决上述问题,有学者提出在遵循"国家主权""互不干涉内政""国家平等"等传统理论的前提下,在国际社会中建立一个强有力的共同体,以通过共同体内部的民主、合法的决议,以深入国家内部进行治理,达到执行与监督的目的。[1]

第三,治理模式由反应型向预防型转变,治理过程活跃且高效,治理规则遵守程度高,治理结果公正可持续。国际法治的重要作用之一便是预防,但是在当前的国际法治体系中,预防作用并没有得到充分彰显。目前国际社会关注与讨论的重点往往集中于已经产生较为严重后果的议题,并且仓促地建立用以解决这些问题的国际机制。全球治理和国际法治应当以探寻问题的根源并通过建立预防机制加以治理为目标,而不应当被动地解决国际性问题。所谓的全球治理和国际法治要为了一个更加公平、和谐的国际社会而努力,这是二者共同的目标和价值追求。因此,在依赖主权国家参与和合作的基础上,全球治理体系的主体还应包括权威性的国际机构,以摆脱主权国家在面对国际问题时常常表现出的狭隘的国家利益至上主义,从而使各国将主要精力置于对全球性问题的发现与干预上。"我们要乘势而上、顺势而为,坚定维护以联合国宪章宗旨和原则为核心的国际秩序和国际体系,为全球治理体系改革和建设贡献中国智慧和中国方案。"[2]

---

[1] 参见张胜军:"全球深度治理的目标与前景",载《世界经济与政治》2013年第4期。
[2] 习近平:"推进全面依法治国,发挥法治在国家治理体系和治理能力现代化中的积极作用",载《求是》2020年第22期。

第二章
全球治理与国际法治的历史演进

第一节　全球治理与国际法治的起源与早期发展

一、威斯特伐利亚体系（1648—1815）：欧洲早期国际治理体系与国际法治的萌芽

1648年《威斯特伐利亚和约》（The Peace of Westphalia）形成的威斯特伐利亚体系对近现代国际法的发展产生了深远影响，这一体系维持了一个多世纪，虽然其范围仅限于欧洲，但却代表了全球治理与国际法治的早期形态。

（一）欧洲社会变革与威斯特伐利亚体系的确立

17世纪之前，欧洲社会经历了一系列的社会变革，特别是在思想文化领域的变革运动，为近代国际法的起源提供了社会基础。14世纪至16世纪的文艺复兴，催生了"人文主义"，弘扬人性解放思想，强调人的主体地位。在政治法律思想领域，反对神权政治，提倡政治自由和实现法制，要求政教分离，维护主权，主张建立统一的民族国家。文艺复兴促进了民族国家的形成。[1]宗教改革之后，封建制度破裂，统一的中央政府兴起，尤其是法国、英国、西班牙诸国已成为民族国家；世界主权观念消灭，宗教改革过程中，欧洲国家争得独立，国际社会成为不受共同统治者或宗主支配的国家集团。[2]由此，民族国家在欧洲社会开始逐渐发展，为近代国际法的产生提供了主体条件。

这一时期教会日渐衰弱，[3]君主们利用宗教问题不断加强国家和自己的

---

[1] 杨泽伟：《国际法史论》，高等教育出版社2011年版，第52页。
[2] 参见周鲠生：《国际法大纲》，中国方正出版社2004年版，第7页。
[3] [美]海斯、穆恩、韦兰：《世界史》，冰心、吴文藻、费孝通译，天津人民出版社2016年版，第288页。

权力。[1]在这一过程中，独立国家的出现使得欧洲内部由相对统一走向松散，产生了国家间的关系，这也为国际法的产生提供了场域。

在这一轮国家发展的过程中，由于欧洲缺少一个能够强行推行或是维系秩序的最高权威，利益引发了国家间的竞争和战争。[2]1618—1648年的30年战争给欧洲社会带来了巨大的灾难。为结束这场战争，欧洲国家于1648年先后签订了《奥斯纳布吕克条约》和《明斯特条约》，合称《威斯特伐利亚和约》，对战后的欧洲秩序进行了重建，这一新秩序被称为威斯特伐利亚体系。

（二）威斯特伐利亚体系对国际法治的影响

《威斯特伐利亚和约》的订立与威斯特伐利亚体系的形成，标志着现代意义上的国际关系体系的形成，被认为是现代国际法发展的起点，"国际宪法（international constitutional law）的第一次微弱的开端"，"通过协调行动来制定共同规则"的第一次实例。[3]和约的签订给予了众多国家以独立的地位，其结果是欧洲国际社会成员数量大大增加，其给予国际习惯规则以效力地位，也有利于国际法的发展。[4]由此，国际社会至少是欧洲社会中的国家个体，为实现对当时欧洲混乱局面的治理，开启了依据国际合作的精神来参与规则构建的实践，发展出了国际法和国际法治的雏形。

具体来说，《威斯特伐利亚和约》及威斯特伐利亚体系创造了国际法的许多基本原则和制度，深刻影响着后世国际法的发展。首先，其开创了以国际会议形式解决国际争端和结束战争的先例。[5]作为一种非战争争议解决方式，国际会议成为被广泛接受的应对国际性问题的治理模式。通过国际会议缔结国际条约，国际法开始形成并逐步发展，这一演进过程产生了国际法治的初步样态。

---

[1] [美]杰里·本特利、赫伯特·齐格勒、希瑟·斯特里兹：《简明新全球史》，魏凤莲译，北京大学出版社2009年版，第438页。

[2] [美]杰里·本特利、赫伯特·齐格勒、希瑟·斯特里兹：《简明新全球史》，魏凤莲译，北京大学出版社2009年版，第445页。

[3] See Leo Gross, "The Peace of Westphalia", 1648-1948, *The American Journal of International Law*, Vol. 42 (1), 1979, p. 26.

[4] 参见周鲠生：《国际法》（上册），武汉大学出版社2007年版，第39页。

[5] 王绳祖主编：《国际关系史》（第一卷），世界知识出版社1995年版，第61页。

其次，对国家主权进行确认，奠定了国际法的基本原则。《威斯特伐利亚和约》中不仅承认了所有参加国享有的"领土权和统治权"，而且确认了欧洲各国一律平等。[1]国际法是规范主权国家关系的，它自身又是依主权国家的明示或默示同意而形成的，国际法效力的根据就在于各国的主权意志。[2]国际社会主体之间的这种互动模式，在制定行为规范的同时，反过来规范自我的行为，形成了一种具有约束力的国际法律秩序。

再次，创立了条约必须遵守的原则，并具有对违反条约之国家，施以国际制裁之倾向。[3]和约不仅多次提到和约内容应当得到遵守，而且还为受害者提供了救济措施，对违约者进行集体制裁。其争端解决方式虽然没有进行具体化的程序性规定，但却体现出了法治的精神，而这种早期的在国际社会治理中的集体制裁方式又与后世国际法中的集体安全制度存在相似之处，这两方面为和约的实施提供了保障。法律的生命在于其实施，而条约必须遵守这一原则也正是国际法治过程中的必然要求。

最后，促进了外交关系法的发展。[4]和约签订之后，大量主权独立的民族国家出现，使得国家之间的交往成为常态，因此，常设外交使节制度开始得到发展。[5]必须注意，国际法治需要国际合作的推动，而国际合作又离不开外交关系的构建。

《威斯特伐利亚和约》最直接的目的是结束欧洲社会一度无法的状态，通过国际会议的方式，建立起国际规则，为欧洲各国提供了一般的行为规范，从而确立了威斯特伐利亚体系。这不仅标志着一个由众多主权国家组成的实际的国际社会的存在，而且标志着对国际行为产生直接约束力的国际法的产生。[6]国际社会条约被认为是国际法治的核心架构，[7]而特别是《威斯特伐利亚和约》作为欧洲第一个大的国际条约，[8]可以被认为是国际社会条约的

---

[1] 参见杨泽伟：《国际法史论》，高等教育出版社2011年版，第56页。
[2] 周鲠生：《国际法》（上册），武汉大学出版社2007年版，第150页。
[3] 参见刘达人、袁国钦：《国际法发达史》，中国方正出版社2007年版，第82页。
[4] 参见杨泽伟：《国际法史论》，高等教育出版社2011年版，第58页。
[5] 参见刘达人、袁国钦：《国际法发达史》，中国方正出版社2007年版，第81页。
[6] 梁西主编：《国际法》，武汉大学出版社2011年版，第26页。
[7] 参见何志鹏：《国际法治论》，北京大学出版社2016年版，第94页。
[8] 参见《国际关系史资料选编》编选组：《国际关系史资料选编》上册（第一分册），武汉大学出版社1983年版，第3页。

早期尝试，为国际法治的发展积累了经验。

二、欧洲协调（1815—1919）：欧洲区域国际治理与国际法治的发展

威斯特伐利亚体系之下，欧洲社会各国之间形成了一种相对平衡的势力结构，但随着欧洲内部格局的变化，威斯特伐利亚体系逐渐解体。在此时期，欧洲国家积极扩张，把世界其他地区变成了欧洲的殖民地或半殖民地，逐渐形成了欧洲的世界中心地位。[1]

（一）法国大革命、维也纳会议与欧洲协调的确立

法国大革命不仅改变了法国，而且冲击着欧洲其他国家。欧洲各国君主联合干涉法国革命，[2]同时，法国革命者也致力于将革命思想传播到全欧洲，从而形成了欧洲国家间新旧社会秩序之间的矛盾。拿破仑执政后，积极向外扩张，发动了多次战争，最终拿破仑战争以法国的失败告终。战胜国需要思考如何恢复欧洲国际社会秩序，重新构建国际体系。

在1815年的维也纳会议上，除解决战后问题外，还涉及一般性的国际问题，即禁止贩卖黑奴、国际河流航行管理以及外交人员位次和外交语文。这一变化表明，这一阶段的实在国际法规则所关注的领域逐渐拓展。

维也纳会议之后，为维持欧洲的和平，各国在必要时要举行"欧洲会议"，"旨在就欧洲所遭遇之问题凝聚共识，为多边行动解决问题找到出路"。[3]由此，确立了欧洲协调机制（the Concert of Europe）。这一机制最基本的特征是举行会议、进行协商、达成协议。[4]这种方式，实际上是对于威斯特伐利亚体系所确立的以会议方式解决国际问题的一种延续和发展，使得这种国际会议的治理模式趋于制度化。

（二）法国大革命和欧洲协调时期国际法与国际法治的发展

1789年的法国大革命，标志着近代国际法发展新阶段的开始。[5]在法国大革命中，产生了许多重要的国际法思想及国际法价值，许多国内法性质的

---

[1] 参见徐蓝主编：《世界近现代史 1500—2007》，高等教育出版社 2012 年版，第 341 页。
[2] 刘达人、袁国钦：《国际法发达史》，中国方正出版社 2007 年版，第 92 页。
[3] 参见胡中波："国际协调机制的历史实践与变迁"，载《社会主义研究》2015 年第 5 期。
[4] 参见杨泽伟：《宏观国际法史》，武汉大学出版社 2001 年版，第 85 页。
[5] 杨泽伟：《国际法史论》，高等教育出版社 2011 年版，第 59 页。

文件中含有不少国际法领域的新规定。[1]人民主权原则在法国大革命时期所产生的多项原则中占据最为重要的地位，也延伸出重要的国际法原则。人民主权原则最基本的观点就是认为主权属于国民，主权是统一的、不可分的、不可转让的和不可剥夺的，任何一部分人或任何个人皆不得擅自行使之。[2]人民主权丰富了主权原则的内涵，使得国际法从封建专制主义的国际法向资本主义的国际法转变，使得现代国际法保护的是人民的主权而非君主的主权。[3]不干涉原则也是在法国大革命中形成的，成为现代国际法中国家间交往的基本行为准则。除对国际法基本原则方面的贡献外，法国大革命在领土、国际河流、外交、引渡与庇护、人权、外国人地位、战争法等领域也进行了发展，[4]特别是在人权领域所确立的不少规则，被写进《世界人权宣言》（以下简称《人权宣言》），成为国际法治的基本价值，对后世影响极为深刻。

欧洲协调持续了一个世纪，各国在这一时期召开了一系列多边政治协商会议，以解决所面临的紧迫国际问题。这些会议虽然没有定型的常设机构，但已初步形成一种比较连续和稳定的协商制度，这种制度对国际组织的形成和发展作用颇大。[5]

首先，欧洲协调时期的定期国际会议，不再以战争为会议召开的主要推动力，各国更多地关注平时的国际法问题，并试图通过定期会议的方式共同协调。虽然尚缺乏完整的议事规则和秘书处组织，但无论规模或组织形式，均在以往国际会议之上。[6]这也说明，随着国际社会的不断发展，通过合作共同应对普遍性的国际问题已经逐渐被认同和接受，同时越来越多国家的参与也丰富着欧洲区域国际治理实践。

其次，欧洲国际社会的外交方式开始发生转变，由之前双边外交逐渐发

---

[1]［苏］费尔德曼、巴斯金：《国际法史》，黄道秀、臧乐安、肖雨潞译，法律出版社1992年版，第110页。

[2]［苏］费尔德曼、巴斯金：《国际法史》，黄道秀、臧乐安、肖雨潞译，法律出版社1992年版，第114页。

[3] See W. Michael Reisman, "Sovereignty and Human Rights in Contemporary International Law", *The American Journal of International Law*, Vol. 84 (4), 1990, p. 869.

[4] 参见杨泽伟：《国际法史论》，高等教育出版社2011年版，第60-63页。

[5] 梁西：《国际组织法》（总论），武汉大学出版社2002年版，第20页。

[6] 参见杨泽伟：《宏观国际法史》，武汉大学出版社2001年版，第88页。

展成欧洲协调下的会议外交，使多边外交成为一种较稳定的体制。[1]这种多边外交的方式更加促进了国际交往，也使得国际法体系在纵深发展的同时朝着横向不断拓展。多边会议外交的形式日臻完善，[2]使得欧洲社会国际治理在形式上增强，但实质上仍是一种大国协调。

再次，在这一时期，仲裁这一和平解决争端的方式兴起。仲裁是由政治解决进到法律解决的方法，[3]维也纳会议的仲裁方法是一种运用法律方式解决国际争端的比较成功的尝试。在欧洲协调的后期，许多国家订立了仲裁条约，也产生了一些有影响力的仲裁案例，如英美之间的"亚拉巴马号"案、"白令海峡"案，英国与委内瑞拉之间的"英属圭亚那与委内瑞拉边界争议"案，英国与巴西之间的"福特号"案，[4]使得各国看到了法律方式解决争端的可行性，并引起了国际社会对仲裁的足够重视，在一定程度上促进了国际法的有效实施。

第一次世界大战前的两次海牙和会使得仲裁这一争端解决方式得到了制度化发展。两次海牙和会通过的《和平解决国际争端公约》对国际仲裁进行了规定，特别是其中第15条强调法律作为国际争端解决中的基础。[5]同时创立了常设仲裁法院，并对仲裁庭组成、仲裁事项、仲裁程序等作了较为具体的规定，便利了各国将争端提交仲裁解决。常设仲裁法院成立之后，受理并解决了一定数量的案件，取得了积极的成果，加强了国际社会对于以法律方式解决国际争端的信心。

最后，就这一时期而言，世界范围内的国际法制度也同样呈现出其他的显著特点。一方面，多边条约数量增加，许多涉及一般性的公共事务，如通商、航海等，这些多边条约规范的勃兴，发展了国际法，也为国际法治提供了依据。另一方面，多边条约的增多促使国际组织出现。各国为技术和人道的目的需要进行国际合作，特别是河流、铁路运输、电报邮电等方面，各国

---

[1] 梁西：《国际组织法》（总论），武汉大学出版社2002年版，第20页。

[2] 参见杨泽伟：《国际法史论》，高等教育出版社2011年版，第70页。

[3] 周鲠生：《国际法》（下册），武汉大学出版社2007年版，第659页。

[4] [美]阿瑟·努斯鲍姆：《简明国际法史》，张小平译，法律出版社2011年版，第167-168页。

[5] 《和平解决国际争端公约》第15条规定："国际仲裁之义，系由各国自行选定之仲裁员，以尊重法律为本，解决各国争议。"另参见陶樾：《现代国际法史论》，北京大学出版社2012年版，第68页。

间达成行政协议，从而成立国际行政联盟，以求通过国际化促进行政。[1]这些国际行政联盟的产生和发展，促进了国际组织的产生。

欧洲协调是以欧洲秩序为基础的欧洲区域国际治理，在这一过程中国际法体系逐渐建立和丰富，尽管这一体系尚未完善，存在诸多的先天缺陷，但这种制度化的初步尝试展现了共同治理的有效性，法律方法至少逐渐成为一种选项。

三、国际联盟（1919—1945）：从欧洲区域国际治理迈向世界范围国际治理的初次尝试

第一次世界大战给人类社会带来巨大的灾难，也使得国际社会开始思考如何构建稳定的世界秩序，欧洲区域国际治理开始向世界范围的国际治理转变。

（一）国际联盟的产生

战争这个恶魔，一方面将国际法破坏无遗，另一方面为国际法带来新的转机。[2]第一次世界大战交战各方于1919年在巴黎召开巴黎和会。会议最后签订《凡尔赛和约》，并建立了国际联盟。[3]国际联盟被认为是人类历史上第一个世界综合性的国际组织，[4]对国际法影响深远。

《国际联盟盟约》在序言指出"为促进国际合作，保证国际的和平与安全，承担不从事战争之义务"，这也奠定了国际联盟在国际社会活动中的最基本的价值取向，也是国际社会通过合作以寻求共同治理的主要目标。国际联盟在组织机构上，呈现出一种比较完善的组织化机构的特点，主要包括国际联盟大会、行政院、秘书处、国际常设法院以及国际联盟的辅助机构。[5]同时，国际联盟在各个机构的职能、权力、议事规则上都进行了比较具体的规定，形成了一整套完备的运行机制。特别是秘书处这一常设机构的创设，被认为是整个国际联盟体系的神经中枢，过去国际社会在组织方面不健全，即

---

[1] 参见王铁崖：《国际法引论》，北京大学出版社1998年版，第284页。
[2] 梁西主编：《国际法》，武汉大学出版社2011年版，第23页。
[3] 梁西：《国际组织法》（总论），武汉大学出版社2002年版，第47-48页。
[4] 梁西：《国际组织法》（总论），武汉大学出版社2002年版，第47页。
[5] 参见梁西：《国际组织法》（总论），武汉大学出版社2002年版，第50-53页。

因缺乏这样的神经中枢。[1]

国际联盟的性质是当时国际社会所关注的一个重要的问题。国际法中一个新的国际行为体的出现,影响着国际社会治理的方式,也改变着国际法律发展模式。19世纪以前,只承认国家是国际法上的法律人格者,[2]主权国家一直以来都是国际社会治理的核心。国际联盟的出现使这一认识开始发生动摇,国际社会对于国际联盟构成国际法上的法律人格者、有权享有其自己的国际法和私法上的权利,履行国际法和私法上的义务这一点从未有疑。[3]国际联盟的出现,对国际法来说是法治主体的丰富,对全球治理来说是治理行为体多元化的发展。

(二) 国际联盟对国际法治的影响

国际联盟不仅在国际法具体法律制度方面形成了一些新规定,而且对国际法基本原则也有进一步发展。

首先,国际联盟确立了集体安全制度。《国际联盟盟约》中虽然没有出现集体安全的字样,但却确立了集体安全的基本要素,是国家从个体安全迈向集体安全的重大步骤。[4]盟约中关于集体安全的规定,立法意旨主要在于对组织内部所有成员予以法律约束,[5]通过国际联盟这一组织形式在成员之间逐步形成制度化规则,使每个成员都承担国际法上的义务,进而维持国际和平。安全体制从"外向型"到"内向型"的转变,对第一次世界大战后的国际政治具有深远影响,从而促进了现代国际法的发展。[6]

其次,国际联盟时期对战争问题进行了相应的规制。第一次世界大战揭示了战争法的漏洞,[7]《国际联盟盟约》并未废弃战争作为国家工具,而只对国家的战争权加以一些限制。[8]《国际联盟盟约》在19世纪末20世纪初两

---

[1] 参见陶樾:《现代国际法史论》,北京大学出版社2012年版,第141页。

[2] 参见梁西:《国际组织法》(总论),武汉大学出版社2002年版,第41页。

[3] [美]阿瑟·努斯鲍姆:《简明国际法史》,张小平译,法律出版社2011年版,第167-168页。

[4] 戴轶:《联合国集体安全制度改革问题研究》,中国社会科学出版社2014年版,第4页。

[5] 参见梁西:"论现代国际法中的集体安全制度",载《法学评论》1988年第3期。

[6] 参见梁西:"论现代国际法中的集体安全制度",载《法学评论》1988年第3期。

[7] 参见[美]阿瑟·努斯鲍姆:《简明国际法史》,张小平译,法律出版社2011年版,第191页。

[8] 参见王铁崖:《国际法引论》,北京大学出版社1998年版,第284页。

次海牙和会的基础上,进一步对各国的战争权进行限制,再至《巴黎非战公约》明确主张废弃战争。在现代国际法的语境下,战争本身是非法的,[1]而国际联盟时期对国家战争权利的约束,是传统国际法向现代国际法转变的重要一步。

再次,国际联盟创设了历史上第一个国际司法机构——常设国际法院。常设国际法院开创历史之先例,从国际法上为一些国际争端的解决提供了一种选择。[2]而这种选择,严格来说应当是一种司法解决方式,从以往的仲裁经验发展而来,但却又更进一步。国际司法机制是保证国际法律规则有效执行、维护国际社会正义的最后一道防线。[3]国际司法是国际法律秩序维护的重要阶段,也是国际社会法治化的必要环节。常设国际法院成立以来,不仅使既存之国际法实地施用,且在其判例中创造许多从前未有或未尝确定的国际惯例,国际司法与国际立法并进,已促成国际法发展的新趋势。[4]

最后,国际联盟促进了国际法编纂工作的进行。在第一次世界大战之前,国际法的编纂活动已经开始,并且已经取得一定的成果。1924年国际联盟大会决定设立专门委员会从事准备工作,1930年国际法编纂会议召开。[5]与前一阶段的国际法编纂所不同的是,这次国际法编纂是国际社会共同努力的结果,虽然此次会议的成果有限,但强化了国际社会对国际法编纂工作的认识,也为之后编纂会议的召开奠定了基础。国际社会迈向法治化的前提无疑是首先法制化,这也有助于国际法克服其在形式上的弱点。

国际联盟是国际社会合作的产物,这种稳定性组织化的形式本身就蕴含着国际合作的精神。尽管国联时期的合作主要是大国之间有限的政治合作,[6]但也是国际合作走向法律化、制度化的过程,同时合作的层次也从双边、区域走向多边、世界,合作的方式也变得多样化,这些都丰富着国际合作的内涵。总之,国际联盟在历史上使国际社会从"无组织的"成为"有组织的"国际社会。[7]

---

[1] 何志鹏:《国际法治论》,北京大学出版社2016年版,第14页。
[2] 参见王铁崖:《国际法引论》,北京大学出版社1998年版,第284页。
[3] 参见钱静、肖永平:"全球治理视域下的国际法治构建",载《学习与实践》2016年第11期。
[4] 参见刘达人、袁国钦:《国际法发达史》,中国方正出版社2007年版,第188-189页。
[5] 参见王铁崖:《国际法引论》,北京大学出版社1998年版,第296页。
[6] 梁西主编:《国际法》,武汉大学出版社2011年版,第23页。
[7] 参见王铁崖:《国际法引论》,北京大学出版社1998年版,第292页。

全球治理所依赖的法治，包括国内治理所依托的国内法治和管理跨国事务或应对全球性问题的国际法治。[1]因此，国际法治应当认为是全球治理的一个层级，路径之一。同时，国际法治也随着人类社会治理模式的发展而发生变化。从威斯特伐利亚体系至欧洲协调时期，欧洲社会以国际会议为基本方式处理欧洲各国所面对的共同问题，这一阶段近代国际法体系逐步确立与完善，对全球治理来说，是国家意志阶段，可称之为国家治理阶段。[2]而国际联盟出现后，国际组织逐渐被赋予国际法主体地位，在主权国家体系中的地位日益突出，国际法进入国际组织阶段，对全球治理来说，开始进入国际机制阶段，可称之为国际治理。[3]而这一发展过程中，也存在多种不同的因素，在治理模式变化的过程中影响或推动着国际法治的发展。

第二节 "二战"后全球治理与国际法治的演进与发展

一、"冷战"时期（1945—1990）：两极体制下的全球治理与国际法治

"二战"后，国际社会在国际联盟的基础上建立起一个更具普遍意义的全球性国际组织——联合国。联合国拥有广泛的职权，同时渗透国际社会生活的各个领域，使国际组织在国际治理中的作用开始凸显。

（一）联合国的产生

国际联盟的无强制力以及第二次世界大战的爆发是促使联合国诞生的最重要的力量。联合国的成立经历了几个阶段，在第二次世界大战中期就产生了建立"广泛而永久的普遍安全制度"的愿望，之后又通过一系列宣言表达这一共识；从敦巴顿橡树园会议到雅尔塔会议，这一时期实际着手开始创立联合国；旧金山会议，各国一致通过《联合国宪章》，正式建立联合国。

《联合国宪章》对联合国的基本架构作出了全面的规定，是联合国一切活

---

[1] 参见曾令良："法治中国与国际法治紧密相连"，载《法制与社会发展》2013年第5期。
[2] 参见刘衡：《国际法之治：从国际法治到全球治理——欧洲联盟、世界贸易组织与中国》，武汉大学出版社2014年版，第35页。
[3] 参见刘衡：《国际法之治：从国际法治到全球治理——欧洲联盟、世界贸易组织与中国》，武汉大学出版社2014年版，第43页。

动的法律依据，也是一项立法性的国际公约。[1]《联合国宪章》作为一项多边条约，其缔约国数目之多，使得联合国在国际治理中具有天然的权威性，也构成国际法治的主要力量。

"联合国体系"不仅指代联合国本身，还包括在其监督之下运行的各种附属机构和专门机构。[2]在国际法治的发展过程中，联合国在国际法上和国内法上都具有相应的权利能力和行为能力，在实践上能够在其职能和权限内独立进行有效的活动，参与国际和国内的法律关系。[3]联合国等国际组织独立的法律人格被普遍承认，成为国际法治发展中的一股新兴力量。

首先，联合国的宗旨和原则构成了联合国体系最基本的行动规范。联合国的宗旨不是一种单纯的意图声明，而是对联合国（和其会员国）赋予一定的法律任务。[4]宪章不仅通过明确仍在演进和涌现的规则，也通过阐述新的原则，掀开了国际法发展的新篇章，[5]也深刻地改变着国际社会。宪章明确了联合国的基本原则，这对国际法的发展具有重要意义。国际法基本原则作为国际关系中的基本行为准则，对国际社会成员具有普遍的约束力，而宪章中所规定的基本原则处于现代国际法基本原则体系中的核心地位，是国际文件中第一次系统的规定，是现代国际法基本原则体系趋于完善的重要标志。[6]

其次，联合国会员国的普遍性为形成广泛的国际社会共识提供了可能。截至目前，联合国共有会员国193个，[7]几乎涵盖了世界上的所有国家，其成员具有极大的普遍性。虽然国际社会仍处于一种"无政府状态"，但联合国却为各国提供了一个可以凝聚共识的平台，成为当今多边外交的"协调中心"。[8]

最后，联合国较为完善的组织机构及活动程序为联合国体系的有序运行

---

[1] 参见杨泽伟：《国际法史论》，高等教育出版社2011年版，第203页。
[2] [英]亚当·罗伯茨、[新西兰]本尼迪克特·金斯伯里主编：《全球治理——分裂世界中的联合国》，吴志成等译，中央编译出版社2010年版，第5页。
[3] 参见梁西：《国际组织法》（总论），武汉大学出版社2002年版，第111页。
[4] 周鲠生：《国际法》（下册），武汉大学出版社2007年版，第599页。
[5] [英]亚当·罗伯茨、[新西兰]本尼迪克特·金斯伯里主编：《全球治理——分裂世界中的联合国》，吴志成等译，中央编译出版社2010年版，第367页。
[6] 参见梁西主编：《国际法》，武汉大学出版社2011年版，第53页。
[7] 参见联合国概述，载http://www.un.org/zh/sections/about-un/overview/index.html，最后访问日期：2019年1月14日。
[8] 参见梁西：《国际组织法》（总论），武汉大学出版社2002年版，第92页。

提供了有效的保障。联合国大会由联合国的全体会员国组成,大会实行一国一票制。大会的这一表决机制有助于激发不同国家参与国际公共事务治理的过程,为国际法治创造了良好的舆论氛围。安全理事会表决制度的核心是否决权和"大国一致"的表决原则,这一制度构成了联合国体制之下维护国际整体安全的基础,国际社会趋于稳定。国际法院是联合国的主要司法机关,建立在国际联盟时期的常设国际法院的基础之上。国际法院依《国际法院规约》和《国际法院规则》的规定进行工作,依据国际法解决各国向其提交的法律争端(争端解决职能),对获得正当授权的联合国机关和有关机构提交的法律问题发表咨询意见(咨询职能)。[1]同时《国际法院规约》中规定了国际法院在裁判案件时所应当依据的国际法规则,包括国际公约、国际习惯、为文明各国所承认的一般法律原则、司法判例、各国权威最高公法学家学说,以及"公允及善良"原则。虽然这一规定是以国际法院职能的方式表述的,而第38条一般被认为是国际法渊源的一种完整陈述。[2]从国际法治的意义来看,这使得国际法院在行使其司法职能过程中具备了基本的裁判依据,同时由于国际法规范形式上的多样性、分散性,因而更确切地说应当是确定裁判依据的基本路径。

此外,经社理事会负责协调经济和社会工作;托管理事会负责监督托管领土的行政管理。秘书处主要任务是为联合国其他机关服务,并执行这些机关制订的计划和政策。[3]另外,为实现《联合国宪章》第57条之目的,联合国还设置了涉及诸多领域的专门机构以求通过国际合作解决国际经济、社会、文化、教育、卫生等非传统国际法领域问题,这些机构成为联合国体系中一个独特的部分。[4]这些专门机构与常设机构共同为联合国体系的运行提供重要的工作支持。

(二)联合国体系对国际法治的发展与贡献

法治的概念已经载入了《联合国宪章》之中,宪章的序言指出"创造

---

[1] 参见联合国官网关于国际法院的简介,载 https://www.icj-cij.org/files/the-court-at-a-glance/the-court-at-a-glance-ch.pdf,最后访问日期:2019年1月14日。

[2] 参见[英]伊恩·布朗利:《国际公法原理》,曾令良等译,法律出版社2007年版,第4页。

[3] 参见梁西:《国际组织法》(总论),武汉大学出版社2002年版,第105页。

[4] [英]亚当·罗伯茨、[新西兰]本尼迪克特·金斯伯里主编:《全球治理——分裂世界中的联合国》,吴志成等译,中央编译出版社2010年版,第13页。

适当环境，俾克维持正义，尊重由条约与国际法其他渊源而起之义务，久而弗懈"。[1]联合国从成立之初，即旨在以权利取代强权，[2]依赖国际法以有效维护国际秩序，因此，在联合国体系的运行过程中，国际法的普遍运用极大地促进着国际法治的发展。

首先，联合国体系对国际社会产生了深刻的影响，使得国际法治的社会基础发生变化。联合国所推动的非殖民化运动使得殖民体系迅速瓦解，大量的独立国家出现，新独立国家作为现代国际法的主体积极参与了国际社会的活动，并发挥日益显著的作用。联合国的非殖民化导致了国际法律制度的结构性变化。[3]新独立国家期望重写国际法规则以适应"二战"后国际社会所发生的革命性变化。[4]

其次，国际法规范在联合国体系下获得了很大发展。联合国大会及其委员会通过促成新的国际公约、制定决议、评价相关机构的报告等多种方式影响着国际法的发展。《维也纳公约》、《联合国海洋法公约》（United Nations Convention on the Law of the Sea, UNCLOS）等重要的多边造法性条约都是在联合国主持下通过的。国际法委员会依《联合国宪章》第13条而成立，致力于提出新的文件，逐渐发展和编纂国际法。编纂工作的开展使国际法规则成文化，使国际法过于分散与不精确的现象得以改善。国际法院的判例法是联合国对国际法贡献的一个重要方面，其数量有限的判决和咨询意见，不仅通过判决本身，而且也通过判决的方法和推理影响着国际法界。[5]

再次，和平方式解决国际争端在国际社会中取得了更广泛的共识。和平是国际法的根本目的和基本理念，[6]和平解决国际争端在联合国体系之下，主要体现在两方面：一是国际社会对于战争的废弃，二是和平解决争端方式

---

[1] See What is the Rule of Law? https://www.un.org/ruleoflaw/what-is-the-rule-of-law/, 2019-01-23.

[2] 参见曾令良："联合国在推动国际法治建设中的作用"，载《法商研究》2011年第2期。

[3] 参见杨泽伟：《宏观国际法史》，武汉大学出版社2001年版，第302页。

[4] See Edward McWhinney, "The 'New' Countries and the 'New' International Law: The United Nations' Special Conference on Friendly Relations and Co-Operation Among States", *The American Journal of International Law*, Vol.60 (1), 1966, p.29.

[5] 参见［英］亚当·罗伯茨、［新西兰］本尼迪克特·金斯伯里主编：《全球治理——分裂世界中的联合国》，吴志成等译，中央编译出版社2010年版，第369-381页。

[6] 参见古祖雪："论国际法的理念"，载《法学评论》2005年第1期。

的运用,特别是国际法院对法律方法解决争端进行了有益实践。《联合国宪章》明确禁止一切非法使用武力的行为,这一进步使得国际法治进入了一个新的阶段,此时的国际法,战争与和平的问题占据主导地位。[1]其意义在于,武力作为国际争端解决的方式日益边缘化,尽管武力的使用仍然存在,但却得到了有效的抑制,为现代国际法创造了有利的国际社会环境。

最后,联合国对国际法治的贡献还在于确认了法治社会全球治理的核心价值和原则,确认所有联合国支持法治和正义活动的国际法基础,增强了国际法的实施与执行。[2]这些重要的法治理论、法治实践为国际法治在全球治理中提供了强有力的支撑,使得联合国在国际社会的依法治理中构建出更趋完善的国际法律秩序。

(三)"冷战"对国际法治的影响

"二战"后,以欧洲均势为中心的传统国际政治格局崩溃,取而代之的是美苏的两极格局。[3]这种国际格局改变的影响,不仅使得国际公共事务的范围进一步在世界范围内扩张,而且使得国际法体系开始发生结构性的变化。战争结束后不久,深刻的政治和意识形态的分裂开始发展,占据了大部分的战后时期,威胁着国际法的普遍性。[4]美苏对抗将国际社会置于一种核威胁下的恐怖平衡中,同时两国在联合国中交替使用否决权,国际法成为一个两极体系的法律。[5]

如果说从"一战"到"二战"的国际法主要是"共处的国际法"(international law of coexistence),而"二战"以后的国际法还不能说是"合作的国际法",只能说开始向"合作的国际法"过渡。[6]

共处国际法建立在主权国家社会的假设之上,这些国家可能有各异的政治和社会制度;由于它基本上是外交交往的法律,几乎完全脱离了政治和社

---

[1] 参见何志鹏:《国际法治论》,北京大学出版社2016年版,第347页。

[2] 参见曾令良:"联合国在推动国际法治建设中的作用",载《法商研究》2011年第2期。

[3] 参见徐蓝主编:《世界近现代史1500—2007》,高等教育出版社2012年版,第347页。

[4] See Wolfgang Friedmann, "Half a Century of International Law", *Virginia Law Review*, Vol. 50 (8), 1964, p. 1338.

[5] 参见[美]路易斯·亨金:《国际法:政治与价值》,张乃根等译,中国政法大学出版社2005年版,第1页。

[6] 参见王铁崖:《国际法引论》,北京大学出版社1998年版,第297页。

会制度的分歧；国家间共处法的支柱是尊重国家主权、遵守承诺和为实现国家目标而使用武力的权利。[1]俄国十月革命之后，和平共处逐渐在国际法中被接受，也成为不同社会制度国家之间进行和平合作的重要形式。在进入两极对峙时期，共处国际法仍然在这一过程中发挥着重要作用，但同时在诸如经济、社会、技术领域和人权方面逐步展开了新的合作。

合作国际法是两个或两个以上的国家在一个法律制度下为一个具体目标而采取的自愿协调行动，合作的责任意味着有义务采取这种协调行动以实现特定目的。[2]对于国家间合作需要的新认识不仅促使了旨在维持国际和平与安全（传统的国家价值）的联合国的产生，而且催生了越来越多的专门机构以促进国家间合作，实现各国共同利益。[3]在这一过程中，意识形态的差异与所追求的普遍利益相比就显得并不那么重要，使得合作在很大程度上得以实现。[4]因此，在"冷战"过程中，早先以规定各国管辖权为重点的共处国际法逐步朝着"共同协调发展"与"积极合作"的方向前进。[5]

二、"冷战"后时期（1990年至今）：全球化进程中的全球治理与国际法治

（一）全球治理理念的兴起与国际法治

苏联解体带来"冷战"结束，国际政治体系和国际社会结构发生改变，进入了真正全球化时代。全球化被普遍认为是几个历史时代的决定性现象之一，[6]各国间日益深化的政治、经济、社会和文化等领域的交往促使着国际社会对全球性事务治理需求的产生。

---

[1] See Wolfgang Friedmann, "Half a Century of International Law", *Virginia Law Review*, Vol. 50(8), 1964, pp. 1347-1348.

[2] See RüdigerWolfrum, "Cooperation, International Law of", Max Planck Encyclopedia of Public International Law, Oxford Public International Law (http://opil.ouplaw.com), Oxford University Press, 2015.

[3] 参见[美]路易斯·亨金：《国际法：政治与价值》，张乃根等译，中国政法大学出版社2005年版，第158页。

[4] See Wolfgang Friedmann, "Half a Century of International Law", *Virginia Law Review*, Vol. 50(8), 1964, p. 1349.

[5] 参见梁西主编：《国际法》，武汉大学出版社2011年版，第26页。

[6] See Frédéric Mégret, "Globalization", Max Planck Encyclopedia of Public International Law, *Oxford Public International Law* (http://opil.ouplaw.com), Oxford University Press, 2015.

全球化时代的来临，人类的政治生活正在发生重大的变革，其中最引人注目的变化之一，便是人类政治过程的重心正在从统治走向治理，从善政走向善治，从政府的统治走向没有政府的治理，从民族国家的政府统治走向全球治理。[1]全球治理理念从20世纪90年代后期开始，在世界政治领域被广泛使用，法治作为全球治理的根本方式，[2]成为应对全球问题的主要路径。从国际法角度来看，全球化的各个阶段是国际法出现、传播和加强的催化剂，尽管全球化对国际法提出了挑战，但也促使其在危机之后进行自我改造，就国际法而言，全球化既是一种挑战，也是一种希望。[3]因此，在全球治理的进路选择中，国际层面的法治与全球化问题有着本质上的联系，并互相影响。

（二）走向全球治理的国际法治

全球治理指的是通过具有约束力的国际规制解决全球性的问题，以维持正常的国际政治经济秩序，国际规制是一种具有法律责任的制度性安排，它表明国际政治生活的制度化。[4]在全球治理的目标下，作为国际社会基本规则的国际法，必然需要进行自我革新以适应国际社会出现的新挑战，以法治的方式承担起维持公正的国际秩序的责任。在这一阶段，国际法治呈现出新的发展面貌。

1. 国际法治参与主体的多元化

传统国际法主体在国际法治进程中依旧占据主导地位，但非政府组织、个人等行为体在国际法治中也越来越活跃。

（1）国家。

国家具有完全的权利能力和行为能力，这一区别于其他行为体的本质特征也决定了其势必在国际法治中占据核心位置。从国际法的制定、认可再到国际法的遵守、实施，国家都始终主导着国际法治过程。尽管"冷战"后时代的国家为谋求生存与发展，国家主权在一些领域需要适当的限制，[5]国家

---

[1] 俞可平："全球治理引论"，载《马克思主义与现实》2002年第1期。
[2] 赵骏："全球治理视野下的国际法治与国内法治"，载《中国社会科学》2014年第10期。
[3] See Frédéric Mégret, "Globalization", Max Planck Encyclopedia of Public International Law, Oxford Public International Law (http://opil.ouplaw.com), Oxford University Press, 2015.
[4] 参见俞可平："全球治理引论"，载《马克思主义与现实》2002年第1期。
[5] 参见曾令良："论冷战后时代的国家主权"，载《中国法学》1998年第1期。

在过去一直都是、现在仍然是国际关系基本、关键、常见的行为体，这一点在未来相当长时期内不会发生变化，因而也就必然是国际法治的核心主体。[1]

（2）国际组织。

国际社会组织化是"二战"以来国际社会各个领域跨越国别发展的重要表现，各种全球性与区域性国际组织的数量有了爆炸性的增长，在职能方面也不断膨胀，彼此影响的国际组织已经形成了以联合国为协调中心的国际组织网。特别是"冷战"结束后，联合国安理会的作用开始凸显，大大加强了联合国对国际法的执行能力。国际组织在众多领域参与全球治理，作为各国间交流、对话、共同倡议的平台，成为当前国际法治中的重要主体。

（3）非政府组织。

非正式的全球公民社会组织也被认为是全球治理的一类主体。[2]国际法治作为全球治理的一个重要方面，非政府组织也自然成为国际法治的行为体。非政府组织是由私人行为自由创设的个人的或社会的团体，它们致力于跨越或超越国界的事务，并且是非营利的。[3]国际法并不承认非政府组织具有国际法主体资格，但其仍然作为国际社会的重要参加者，影响着国际法的发展。从19世纪早期开始非政府组织数量逐渐增加，"一战"后出现了一些经济性的国际非政府组织，"二战"后非政府组织开始重建和产生，20世纪70年代后非政府组织在数量、规模、类型上都得到了不断增长，对国际事务产生了巨大的影响。[4]在国际法治领域，非政府组织通过大胆倡导新的法治形式，帮助国际法更好地适应国际社会的需要，特别是在人权、人道主义和环境法方面，极大地促进了国际法内容的扩展。[5]同时，非政府组织通过不同的身份介入国际法治的不同阶段也发挥着不容小觑的作用：非政府组织以丰富的专业知识、领域经验推动着国际法的制定、编纂；运用丰富的资源、手段来监督国家对国际法的遵守；以"法庭之友"的角色参与司法、准司法程序等。[6]

---

[1] 参见何志鹏：《国际法治论》，北京大学出版社2016年版，第347页。

[2] 参见俞可平："全球治理引论"，载《马克思主义与现实》2002年第1期。

[3] See Steve Charnovitz, "Nongovernmental Organizations and International Law", *The American Journal of International Law*, Vol. 100（2），2006，p. 350.

[4] 参见鄂晓梅："国际非政府组织对国际法的影响"，载《政法论坛》2001年第3期。

[5] See Steve Charnovitz, "Nongovernmental Organizations and International Law", *The American Journal of International Law*, Vol. 100（2），2006，p. 360.

[6] 参见刘超："非政府组织的勃兴与国际法律秩序的变塑"，载《现代法学》2004年第4期。

非政府组织在国际法治中的诸多优势在走向全球治理过程中更加明显，它使得"私人利益与国际社会之间的政府的墙被穿透，但并没有被推倒",[1]特别是在国家、国际组织这种权威国际行为体不能有效兼顾的领域发挥着积极作用。

(4) 个人。

个人是否具有国际法主体资格的问题，国际社会一直存在争论，并未达成普遍共识，但理论上的争议并不能否认个人的地位在国际法实践层面所发生的嬗变。在现代国际法的发展轨迹中，自从民族国家上升，"人"逐渐退场，而进入20世纪后半期以来的国际法中，人的地位又不断上升。[2]在国际法治中个人已兼具双重属性，一方面人本化成为应然国际法中一种新的理念和价值取向,[3]另一方面个人实际上已经直接承受了一些国际法上的权利、义务和责任。[4]"参与"被认为是全球治理下"善治"的基本要素之一，其要求的不仅仅是公民的政治参与，同时公民对于其他社会生活的参与也越来越重要。[5]这种要素也延伸至国际法治领域，特别是"二战"之后，在国际人权法、国际人道法、国际刑法、国际投资法等领域个人以及私人机构得以直接参与，也有助于"个人正义"的实现。

2. 国际法治客体的发展

国际法所关注的领域深受国际社会发展的影响，"冷战"后全球化给国际法带来了新的命题，国际法需要进行回应。国际社会进入新的阶段后，和平与安全、人权、发展这三个世界性议题[6]与国际法治紧密相连，指引了国际法治在全球治理中的方向。

(1) 和平与安全。

和平与安全是国际法长期以来关注的传统核心问题，也是国际法几个世纪发展过程中的驱动力量。从威斯特伐利亚时期到"二战"，国际法的每一次重大变革几乎都伴随着战争的发生，国际法对战争的逐步废弃，为世界范围

---

[1] See Steve Charnovitz, "Nongovernmental Organizations and International Law", *The American Journal of International Law*, Vol. 100 (2), 2006, p. 360.

[2] 参见何志鹏："人的回归：个人国际法上地位之审视"，载《法学评论》2006年第3期。

[3] 参见曾令良："现代国际法的人本化发展趋势"，载《中国社会科学》2007年第1期。

[4] 参见梁西主编：《国际法》，武汉大学出版社2011年版，第76页。

[5] 参见俞可平："全球治理引论"，载《马克思主义与现实》2002年第1期。

[6] See United Nations and the Rule of Law, https://www.un.org/ruleoflaw/, 2019-01-29.

内的整体和平提供了有力的保障。进入全球治理阶段,这种传统领域的国际法问题依旧构成国际法治领域的主要问题。世界一些地区依旧饱受战火的纷扰,国际社会中的不稳定因素依旧存在,20 世纪末的几场局部战争也为国际法治带来了新的思考,海湾战争揭示了"冷战"后时期新秩序的危险,战争法的不足;[1]科索沃战争提出了人道主义干涉与各国内政的问题;[2]伊拉克战争提出了预先自卫与联合国的自卫权制度的问题。[3]同时,恐怖主义也已成为国际秩序的新威胁,这些都需要国际法作出有效的回应。针对和平与安全,联合国也在试图运用法治的方式来治理,20 世纪 90 年代中期以来,采取了一系列的和平行动,如支持或取代国内法治机构、设立国际刑事法庭,都包含了法治的成分。[4]

(2) 人权。

人权问题,本来是国内管辖的问题,但两次世界大战中出现的对基本人权大规模践踏的情形,激起了国际社会用国际法保护基本人权与自由的强烈愿望。[5]2005 年,联合国秘书长在工作报告中指出,"虽然免于匮乏和恐惧是必要的,但它们还不够,所有人都有权得到尊严与尊重",这种尊严和尊重是通过人们享有所有的人权而被赋予的,并通过法治得到保护。[6]人权是人类社会中的最普遍的共同价值,从国际法层面引发对人权的关注,更将这种关注推到了一种运用国际法治的手段共同保护的高度。国际法层面,人权得以被置于一种基于共同价值的角度上被各国广泛探讨,并在这种共同价值的引领下通过国际法治的方式兼顾到国家之下的个人。法治是人权的实施机制,是人权从原则走向现实的过程,并且法治和人权已被认为属于联合国普遍和不

---

[1] See Paul W. Kahn, "Lessons for International Law from the Gulf War", *Stanford Law Review*, Vol. 45 (2), 1993, pp. 432-433.

[2] See Aaron Schwabach, Kosovo, "Virtual War and International Law", *Law and Literature*, Vol. 15 (1), 2003, p. 10.

[3] See John Yoo, "International Law and the War in Iraq", *The American Journal of International Law*, Vol. 97 (3), 2003, p. 571.

[4] See Simon Chesterman, "An International Rule of Law?" *The American Journal of Comparative Law*, Vol. 56 (2), 2008, pp. 348-350.

[5] 参见梁西主编:《国际法》,武汉大学出版社 2011 年版,第 262 页。

[6] See Rule of Law and Human Rights, https://www.un.org/ruleoflaw/rule-of-law-and-human-rights/, 2019-01-29.

可分割的核心价值观和原则。[1]从这一点来看，人权已经成为国际法治基本价值体系的重要内容。

(3) 发展。

进入21世纪，国际社会更加注重发展问题。在千年首脑会议上，各国领导人决心在国家和全球层面为发展和消除贫困创造建设性的环境，并具体制定了"千年发展目标"。[2]在《国内和国际的法治问题大会高级别会议宣言》中会员国注意到"法治与发展是密切相关和相辅相成的，在国家和国际两级推进法治对于持续和包容性的经济增长、可持续发展、消除贫穷和饥饿以及充分实现包括发展权在内的所有人权和基本自由是必不可少的，所有这些反过来又加强了法治"。[3]法治长期以来被视为促进经济发展的手段，[4]世界贸易组织法律体系的构建、解决投资争议国际中心（ICSID）的设立、世界银行和国际货币基金组织的有效运作，近年来国际经济领域法治所取得的成就，也是对发展要求的有力回应。需要强调的是，发展不仅意味着经济发展，尽管经济发展是发展的一个关键组成部分，[5]更是包括政治、文化、社会等领域。因此，关注各国社会发展的多方面问题，并通过多种途径展开国际合作，旨在通过有效的法律方式解决国际社会中出现的人类生活乃至生存领域的落后问题，是全球治理中对国际法治提出的新要求。

3. 国际法治的运作

国际法治从外部来看是一种国际社会生活的理想状态，同时其内部又包括国际造法、国际守法、国际司法等方面的具体操作，从纸面上的规则演化成"活的法律"，[6]构成国际法治的动态运作模式。

---

[1] See Rule of Law and Human Rights, https://www.un.org/ruleoflaw/rule-of-law-and-human-rights/, 2019-01-29.

[2] 参见曾令良："全球治理与国际法的时代特征"，载《中国国际法年刊》2013年第1期。

[3] See Rule of Law and Development, https://www.un.org/ruleoflaw/rule-of-law-and-development/, 2019-01-29.

[4] See Simon Chesterman, "An International Rule of Law?" *The American Journal of Comparative Law*, Vol. 56 (2), 2008, pp. 348-350.

[5] See Balakrishnan Rajagopal, "Counter-Hegemonic International Law: Rethinking Human Rights, and Development as a Third World Strategy", *Third World Quarterly*, Vol. 27 (5), 2006, p. 775.

[6] 参见何志鹏：《国际法治论》，北京大学出版社2016年版，第36页。

(1) 国际造法。

国际法规范的制定，构成了国际法治的前提。国家始终是国际造法的主体，国家的接受构成对国际法规范的最终认可。国际法规则的分散性、不成文性、碎片化发展是国际法的外观特征，国际社会也尝试予以发展。从最初以召开国际会议的简单方式缔结条约，到目前国际组织的准造法功能成为直接推动现代国际法发展的重要因素。[1]以联合国为代表的一些国际组织，其类似于国内立法形式的国际法规则制定工作，有效地促进了国际法规则的产生。同时，非政府组织在制定国际法方面的影响力越来越大，私人行为体在促成制定新国际法的进程中发挥了重大作用。[2]

国际造法的范围也有了极大的拓展。一方面，在法律文本的性质方面，"软法"规范在国际造法过程中也大量出现，不具约束力的"软法"在某些情况下与具有相同立法目的的多边条约并无根本区别，它们也可能构成多边条约制定进程的一种替代办法或最终成为条约的一部分。[3]另一方面，随着科学技术的飞速发展和社会生产力的巨大进步，国际造法的范围也从"一般国际法"管辖的事项，拓展到了诸多高度专门化的法律领域。[4]

(2) 国际守法。

国际法何以得到遵守，作为一个理论上的问题长期以来受到国际法学界的关注。以格老秀斯为代表的自然法学派认为，国际法是国家之间交往的自然法，国家必须遵从；以奥斯汀、耶利内克为代表的实证法学派认为，国际法不具有强制的约束力，所以本质上不是法律，主权国家仅仅遵从自身的许诺；以狄骥为代表的社会连带法学认为，遵从国际法是为了避免整体不遵守的社会崩溃后果；以凯尔森为代表的纯粹法学认为，国际法是国家需要遵从的更高级规范，国内法遵从国际法。[5]这一些既有传统学说在国际法历史的不同时期都发挥着相应的作用，使得国际法的遵守有了一定的理论支撑。

---

[1] 参见梁西：《国际组织法》（总论），武汉大学出版社2002年版，第333页。

[2] See Arnold N. Pronto, "Some Thoughts on the Making of International Law", *European Journal of International Law*, Vol. 19 (3), p. 604.

[3] See Alan Boyle and Christine Chinkin, *The Making of International Law*, Oxford University Press, 2007, p. 210.

[4] 参见古祖雪："国际造法：基本原则及其对国际法的意义"，载《中国社会科学》2012年第2期。

[5] 参见何志鹏："国际法的遵行机制探究"，载《东方法学》2009年第5期。

"国际法遵守"问题是在"冷战"以后开始被集中讨论的,主要体现为"为什么在没有中央政府的'无政府状态'中,以自我为中心的主权国家会遵守强制力微弱的国际法","为什么超级强国——美国(虽然有时候也会无视并违反国际法)也在大多数情况下意识到国际法并遵守国际法","为什么大部分国家在大多数情况下遵守大部分国际规范"等问题。[1]国际法学者与国际关系学者通过运用不同的理论框架形成了一系列具有价值的国际法遵守理论,[2]足见在这一时期国际社会对国际守法问题的重视。

在国际实践中,所有国家都遵循几乎所有的国际法原则和义务,[3]这一观点在当前的国际社会中仍然是适用的。国家之所以遵守国际法,原因在于国家对于利益追求的内部动机和受害国对法律实施可能产生的外部激励两方面。[4]

从客观发展层面看,国际社会中,国家"自助"(self-help)在19世纪中得到完全发展,并通过持续和相当统一的实践而确立为国际法的一项原则。[5]国际联盟时期发展出的集体安全,到联合国将其正式确立为一项国际法制度,再到"冷战"结束安理会作用提升,尽管有不足但集体安全制度的效果在大幅上升。这一发展过程促进了国家对于国际法的实施与遵守。

(3)国际司法。

国际法在国际社会中能够通过有效实施真正地发挥作用,是国际法治的必然追求,国际司法程序是国际法治的重要组成部分。国际司法制度可以在世界秩序构建中履行三项基本职能:提供合作的体制框架,促进遵守国际法,并在国家层面加强尊重权利。[6]国际司法作为国际法治的一种保障手段,为柔性的国际法规则装上了锋利的"牙齿",增强了国际法的刚性和约

---

[1] 参见韩相熙:"国际法遵守理论",载《北大国际法与比较法评论》2008年第9期。

[2] 根据学者的研究,其在文章中概括出12种国际法遵守理论。参见韩相熙:"国际法遵守理论",载《北大国际法与比较法评论》2008年第9期。

[3] 参见[美]路易斯·亨金:《国际法:政治与价值》,张乃根等译,中国政法大学出版社2005年版,第65页。

[4] 参见[美]路易斯·亨金:《国际法:政治与价值》,张乃根等译,中国政法大学出版社2005年版,第67-69页。

[5] See Albert E. Hindmarsh, "Self-Help in Time of Peace", *The American Journal of International Law*, Vol. 26 (2), 1932, p. 320.

[6] See Jenny S. Martinez, "Towards an International Judicial System", *Stanford Law Review*, Vol. 56 (2), 2003, pp. 463-464.

束力。[1]

"冷战"后，国际法院受理的案件明显增多；在国际法院进行诉讼的国家不仅数量增加，而且地区来源更为多样；案件涉及的问题更为广泛，在事实和法律方面也更加复杂。[2]各种专门化、区域化的国际法院、法庭出现，如国际海洋法法庭、国际刑事法院，国际司法机构进入全面发展期。[3]特别是国际经济领域，以世界贸易组织争端解决机制、ICSID 机制为代表的法律解决方式被大量适用，增强了国际社会通过法律方式解决国际争端的信心。国际司法制度中也出现了一些新的设计，如一些国际法庭的强制管辖、允许非国家行为体提起诉讼等。[4]

4. 国际法治结构变化

国际法治结构的变化也是全球治理过程中的一个重要特征。20 世纪后半叶，推动合作的国际法运动，令人瞩目。[5]从国际法发展的"客观"和"必要"两方面来看，各国在经济和技术方面客观上相互依存，不仅需要通过缔结数目日益增多的双边或多边条约，而且需要通过设立国际组织来确保这种合作。[6]一些学者指出，这种合作产生的一个前提是，一个共同体（community）的事实因素，即充分程度的相互依存与联系，存在于国际体系中。[7]但同时应当注意到，这种相互依赖性显著推动了合作，但并未根本动摇国家自

---

[1] 参见赵海峰："论国际司法程序的发展及其对国际法的影响"，载《当代法学》2011 年第 1 期。

[2] 参见梁西主编：《国际法》，武汉大学出版社 2011 年版，第 413 页。

[3] 在此期间建立的主要司法机构有国际海洋法法庭（1996 年 10 月设立于德国汉堡）、WTO 世界贸易组织（1995 年 1 月 1 日设立于日内瓦）和国际刑事法院（2002 年 7 月 1 日设立于海牙），除了上述三个具有特别重要意义的机构，还有前南斯拉夫国际刑事法庭（1993 年设立于海牙）、卢旺达国际刑事法庭（1995 年设立于坦桑尼亚阿鲁沙）、欧洲自由贸易联盟法院（1994 年 1 月 24 日设立于维也纳，后迁至卢森堡）、独联体经济法庭（1994 年设立于白俄罗斯的明斯克）、东南非共同体法院（1998 年设立于赞比亚的鲁萨卡）等。参见赵海峰："略论国际司法机构的现状和发展趋势"，载《人民司法》2005 年第 9 期。

[4] See Karen J. Alter, *The New Terrain of International Law*, Princeton University Press 2014, pp. 278-279.

[5] 参见 [美] 路易斯·亨金：《国际法：政治与价值》，张乃根等译，中国政法大学出版社 2005 年版，第 158 页。

[6] See Charles Leben, "The Changing Structure of International Law Revisited By Way of Introduction", *European Journal of International Law*, Vol. 8 (3), 1997, p. 401.

[7] See Bruno Simma and Andreas L. Paulus, "The 'International Community': Facing the Challenge of Globalization", *European Journal of International Law*, Vol. 9 (2), 1998, p. 269.

主和内政不可干涉,各国间的合作主要是为了其自身利益而非为了共同体利益。[1]但这种合作的国际法的发展,仍然充分反映了国际法治在"冷战"后已经从共存国际法与合作国际法过渡时期,开始走向以合作为主的新时期。有学者认为在后"冷战"时期的今天是一种"共进"时期,[2]也是对国际法治现阶段特点的一些方面的反映。

进入全球化的时代,国际公共事务治理进入一个全新的阶段,全球化在世界范围内迅速扩大其广度与深度,使得国际社会从国际治理走向了真正的全球治理。在这一过程中,国际法治作为国际社会治理模式转变的一种反映,也展现出全球化的时代特征。

国家之间关系进一步加深暗示着,国际社会团体的结构发生了转变。加强的关系和更稳定的合作使得各国必须考虑共同体利益(community interests)。[3]全球化导致的国际社会共同利益的凸显必然在国际法中得到反映,"这必然意味着国际法的整个方法从国家的中心作用转向整体国际社会。因此,整个国际体系的焦点日益集中于整个人类而非单个国家"。[4]此外,全球治理是各国政府、国际组织、各国公民为最大限度地增加共同利益而进行的民主协商和合作,其核心内容应当是健全和发展一套维护全人类安全、和平、发展、福利、平等和人权的新的国际政治经济秩序,包括处理国际政治经济问题的全球规则和制度。[5]因此,国际法领域所提出的"国际社会共同利益"、所关注的"整个人类"、所追求的国际法律秩序的构建,与全球治理的理念也是契合的,因此,国际共同利益的观念应当成为国际法治的核心。

在这一历史背景下,中国提出构建"人类命运共同体"的主张,反映了

---

[1] 参见[美]路易斯·亨金:《国际法:政治与价值》,张乃根等译,中国政法大学出版社2005年版,第159-161页。

[2] 参见易显河:"共进国际法:实然描绘、应然定位以及一些核心原则",载《法治研究》2015年第3期。

[3] See Santiago Villalpando, "The Legal Dimension of the International Community: How Community Interests Are Protected in International Law", *European Journal of International Law*, Vol. 21 (2), 2010, p. 391.

[4] 李双元、李赞:"构建国际和谐社会的法学新视野——全球化进程中的国际社会本位理念论析",载《法制与社会发展》2005年第5期。

[5] 俞可平:"全球治理引论",载《马克思主义与现实》2002年第1期。

中国对国际法社会基础的重新认识,表明对其共同体性质的认同。[1]国际法存在和发展的根基从共存和有限合作为基本特征的国际社会,应逐渐转变为国家间存在广泛而重要的共同利益从而更紧密合作的国际共同体。"人类命运共同体"思想包括"持久和平、普遍安全、共同繁荣、开放包容、清洁美丽"五大支柱,都具有丰富的国际法内涵。[2]这是对国际法长期以来的历史演变的高度概括,也是对国际法未来发展的一种美好展望,基本上涵盖了国际法治的各个层面,对国际社会的法治路径探索具有重要的理论指导意义。

就目前来看,"人类命运共同体"理念对国际法的发展意义在于如下方面。首先,其对国际法的方法论意义在于,基于国家间存在共同的重大利益,个体主义向整体主义转变。其次,对国际法的法哲学意义来说,其更有利于回应现代国际法面临的正当性追问。最后,对国际法的体系性意义来说,其为国际法等级化发展提供了必要理论前提,是解决目前由于国际法非体系性所引发的问题的重要方法。[3]

国际社会对"人类命运共同体"理念的接纳,充分说明这一理念反映国际社会的现实需要,说明这一理念是各国人民的共同向往。[4]建立在国际共同利益基础上的"人类命运共同体"理念将不断对全球治理中的国际法治产生影响。

---

[1] 张辉:"人类命运共同体:国际法社会基础理论的当代发展",载《中国社会科学》2018年第5期。

[2] 徐宏:"人类命运共同体与国际法",载《国际法研究》2018年第5期。

[3] 参见张辉:"人类命运共同体:国际法社会基础理论的当代发展",载《中国社会科学》2018年第5期。

[4] 张辉:"构建人类命运共同体:新时代的中国国际体系观",载《武大国际法评论》2018年第1期。

第三章
国外全球治理与国际法治的主要理论及其贡献与局限

理论是人们对自然、社会现象，按照已知的知识或者认知，经由一般化与演绎推理等方法，进行合乎逻辑的推论性总结，是对实践的高度抽象、概括和凝练，属于哲学层次，具有哲学的规定性，具有引领、解释、预言、沟通四大功能，一直是各个领域的学术研究的对象和源泉。国际政治学、国际关系学和国际法学作为人们认知国际社会、研究国际社会的主要科学，一直重视理论的研究和创新，是社会科学哲学理论的重要源泉和宝库，而全球治理与国际法治则是"冷战"结束以来国际政治学、国际关系学和国际法学理论的核心内容。关于全球治理与国际法治的理论引领着当代国际社会的实践变革和创新，是解释当代国际社会众多发展现象的思想法宝，同时也能帮助人们把握国际社会发展的方向和历史进程，提供正确认识国际社会和解决国际社会各种问题的方法。本章介绍国外全球治理与国际法治的主要理论，并对其理论贡献与局限进行概括，以便引申出我国的全球治理与国际法治理论。由于国际法治通常只被认为是实现全球治理的一个重要手段和路径，因此本章的研究中心是国外关于全球治理的主要理论。需要指出的是，由于"冷战"结束以来，全球治理成为国际政治学和国际关系学最热门的一个话题，因此吸引了国外许多国际政治学和国际关系学大家的关注和研究，国外关于全球治理的理论也如同雨后春笋般展现出来。本章无意穷尽国外全球治理的所有理论，只选择一些有代表性的理论。

第一节 国外全球治理与国际法治主要理论

一、交往行为理论

德国学者哈贝马斯（Jürgen Habermas）的交往行为理论是当代重要的哲

学思想，它对全球治理也有深入研究。哈贝马斯首先对国际政治核心单位的民族国家及其面对的挑战进行了研究。他认为民族国家是基于相同的话语在封建主权向人民主权转变的过程中形成的"想象的共同体"。人类社会初期通过民族精神意识形态解决了个体的团结问题，这是民族国家的主要成就，为民族成员树立了文化认同。但是，民族国家正面临着全球化的巨大冲击，因为全球化提供了一种动态的国家间交往的世界图景。"一个国家的政策只能在其领土范围内推行，这一点正好揭示了民族社会的实际命运。"[1]

哈贝马斯接下来论证了全球治理的合法性。他认为，在资本力量主导的经济全球化影响下，人类社会在政治、文化、移民、气候等许多问题上正面临紧迫的治理危机。基于民族国家的原子式的人类社会结构难以应对全球化带来的问题，使得全球治理的重要性日益凸显。而且，"在地区、国际和全球层面上分别出现了不同的管理制度，使得超越民族国家的治理成为可能"[2]。为了论证全球治理合法性的理性基础，他提出了交往行为理论。这一理论的两个核心概念是生活世界和交往行为。生活世界包含文化、社会和个性三个部分。交往行为是在生活世界中开展的，生活世界随着社会行为而变化。哈贝马斯认为，全球治理的合法性基础不仅是外在原则的一致性规约，所谓善治应该是参与主体彼此之间交互的同意的过程，与一种在跨国层面上开放和闭合的策略基础上开放协商的规范性政治共同体的建构。哈贝马斯还论证了全球政治秩序的合法化问题。他的全球治理思想中关于政治秩序合法性问题是围绕"公民"和"民主"两个相互关涉的核心范畴开展论证的。法律是连接和解释二者关系的媒介。政治秩序的合法化是通过法律和大众交往实现的，对政治秩序的合法化的探讨首先转变为对法律合法性、有效性的研究。

关于民族国家的未来，哈贝马斯既不认同新自由主义立场，因为新自由主义立场坚持资本作为社会唯一的杠杆在市场发挥作用，结果是对社会目标和政治目标的忽视，也不认同后现代主义，因为后现代主义主张对民族国家的彻底遗弃。哈贝马斯提倡建构一种"协商民主"的全球治理思想，主张民族国家的认同将被公民国家的民主认同替代，建立全球治理新的内在机制，是民族国家适应全球化的选择。他主张民主协商不能只是作为一种文化存在，

---

[1] [德] 尤尔根·哈贝马斯：《后民族结构》，曹卫东译，上海人民出版社2002年版，第82页。
[2] [德] 尤尔根·哈贝马斯：《后民族结构》，曹卫东译，上海人民出版社2002年版，第83页。

作为建立在人民主权原则和人权原则基础上的政治参与式的话语政治，民主协商是实现全球治理的路径。他还提出，建立区域性的政党体系和区域宪法，实现全球治理。[1]

二、世界主义理论

世界主义全球治理理论是由英国伦敦政治经济学院教授赫尔德（David Held）提出的。他认为，当代全球化在全球流动规模的质和量两方面都超出了历史以往时期，当代是各领域、各方面的全球化模式实现历史性汇合与集中的独特时代，这些领域包括政治、法律、军事、文化、人口迁移、经济活动和全球环境。[2] 超越"威斯特伐利亚"模式，走向全球治理，已成为人类历史继民族国家形成之后的又一次重大转折。他在他早期的民主理论和全球化理论的基础上提出了世界主义的全球治理理论，即一种以世界主义原则和世界主义制度为基础的全球多层治理的世界主义民主的全球治理模式。他认为，在全球化时代，世界主义可以理解为制定标准或划定界限的基本原则。任何行为体——无论是政府、国家或公民组织的代表——都不能违背这些原则。他认为当代世界主义原则主要有八点：平等的价值和尊严；主观能动性；个人责任和义务；同意原则；公共事务必须通过投票集体决策；包容性和兼容性原则；避免严重伤害、缓和紧急需求；可持续性。

为了实现这八项世界主义原则，他认为应当从法律、政治等各个方面构建世界主义制度。世界主义法律要求区域、国家和地方的主权服从一个重叠的法律框架，在这个框架内，各个组织可以在不同的层次进行自我管理。法律世界主义在制度上的要求包括：扩展世界主义民主法律；重新制定包括政治、社会和经济权利的更详细的关于权利和义务的公约；建立一个相互联系的全球法律体系，包括犯罪、商业和民法等；向国际刑事法院和国际法院提交案件；建立新的国际人权法庭，更深入地发展人权制度。政治世界主义提倡区域和全球治理，主张建立一套政治组织和机制。政治世界主义的制度要求包括：多层次管理和分散权威；从地方到全球的民主论坛网络；政治区域

---

[1] 关于哈贝马斯全球治理思想的介绍，参见李建芳："差异与认同：哈贝马斯全球治理思想研究——兼论哈贝马斯的后民族结构理论"，载《人民论坛·学术前沿》2017年第16期。

[2] Held D, McGrew, *A Global Transformations: Politics, Economics and Culture*, Polity Press, Cambridge, 1999, p.425.

化;维护世界主义法律,建立一支有效的、负责的国际军事力量。经济世界主义的目标是在人类行为者特定选择的背景下,为经济竞争和合作创造公正的条件。经济世界主义的制度要求包括:重构市场机制和经济权利的领导区域;建立全球税务机制;转向经济上最脆弱的资源,以保护和促进它们的效力。文化世界主义是指在民族文化、共同体的命运和自主选择的生活方式之间协调的一种能力,它依赖于日益联系的政治共同体中多数人的认同。文化世界主义的制度要求包括:承认政治共同体在社会、经济和环境等不同领域中日益增强的相互联系;在学习怎样协调传统文化的同时,发展相互重叠的"集体命运"的观点,要求集体解决地方、国家、区域和全球问题。赫尔德的世界主义民主要建立"一种全球化的权威分散体系,一个受民主法律的约束和限制的、变化多样的和重叠的权力中心体系",[1]即一种全球多层治理的模式。"多层"的含义主要指参与全球政策制定的行为体不仅局限于国家,而且包括全球、区域、区域间、国家、次国家甚至是个人层面的所有行为体。这些层次之间不是一种等级关系,而是一种协作关系,每个层次都形成一个以公民自我管理为主导的自治共同体。

三、万民法理论

全球治理中的万民法理论是由美国学者罗尔斯(John Bordley Rawls)提出的。万民法理论也是罗尔斯的《正义论》从国内正义理论拓展到国际正义的理论。罗尔斯早期的《正义论》只研究国内社会的正义,反对国际社会的分配正义。后来,随着"冷战"的结束,各种国际问题凸显,罗尔斯开始将其目光转向国际正义。1999年,罗尔斯出版了《万民法》一书,是罗尔斯在国际关系理论方面最完备和最系统的表述。[2]他提出了一种不同于以国家为中心的国际法和国际关系模式,形成了一种以"万民"(peoples)为中心的国际治理理论。他认为,国际政治的主要问题是不同政治文化的不同国际政治行为规范如何调和的问题。因此,能否建立一个和平的国际生活,取决于能否找到一个共同承认的基础,以便合理而合适的人民能够通过自愿的方式实

---

[1] David Held and Anthony McGrew, The Global Transformations Reader: An Introduction to the Globalization Debate, Polity Press, Cambridge, 2003, p. 148.

[2] 参见[美]约翰·罗尔斯:《万民法:公共理性观念新论》,张晓辉等译,吉林人民出版社2001年版。

现合作。为此,罗尔斯提出了"万民法"理论作为上述问题的解决之道。"万民法"又具体体现为八项基本原则:(1)人民要自由独立,其自由与独立要受到其他人民的尊重;(2)人民要遵守条约与承诺;(3)人民要平等,并作为约束他们的协议的各方;(4)人民要遵守不干涉的义务;(5)人民要有自卫的权利,除为自卫之外,无权发动战争;(6)人民要尊重人权;(7)人民在战争行为中要遵守某些特定的限制;(8)人民要有义务帮助其他生活于不利条件下的人民,这些条件妨碍了该人民建立正义或合宜的政治及社会体制。[1]

四、制度主义理论

全球治理中的制度主义理论是由美国学者基欧汉(Robert Keohane)和约瑟夫·奈(Joseph S. Nye)提出的。基欧汉和奈从20世纪70年代就开始用相互依赖的理论来解释国际关系。到了20世纪90年代,随着全球化现象的越发明显,尽管基欧汉和奈早期并不看好全球化现象,认为这只是国际化现象,但后来也开始用其制度主义理论来看待全球化和全球治理。[2]他们认为,随着相互依赖的加深,各种问题之间的界限日趋模糊,世界体系越来越像一个"政体",正式、非正式的进程与制度指导并制约集体行为,治理问题由此产生。从全球角度讲,治理问题即全球社会的各种制度与进程如何有效、合法地编织起来并发挥作用。他们列举了五种可能的全球治理形式:(1)在领土疆界内采取单边行动,降低脆弱性,或接受外在标准,增强竞争力;(2)强国或国家集团采取单边行动,以影响领土之外的国家、企业、非政府组织等行为体;(3)区域合作,增强政策的有效性;(4)全球多边合作,建立管理全球化的国际机制;(5)跨国或跨政府合作。他们提倡第四种治理形式,也看重第五种形式。他们认为,全球化有赖于有效治理,有效治理需要更为广泛的国际制度。要防止全球化的停滞或逆转,就需要发展有助于促进合作、解决冲突的制度安排。他们还认为,虽然制度至关重要,但制度也有副作用甚至危险性,可能导致剥削与压迫,从而造成"治理困境"。基欧汉认为,必须从后果、职能和程序三方面来评估国际制度。制度的后果必须是有助于促进人类

---

〔1〕 曹海军:"国际正义与全球治理的哲学思考——罗尔斯'万民法'思想评述",载《云南行政学院学报》2007年第5期。

〔2〕 参见[美]罗伯特·基欧汉、约瑟夫·奈:《权力与相互依赖》,门洪华译,北京大学出版社2002年版。

的安全、自由、福利和公正。制度必须履行五项关键职能：限制大规模暴力的使用；限制分权化行为的消极外部性（因为相互依赖为行为体提供了将其行为成本转嫁给他人的机会）；为协作博弈提供聚焦点；应对体系分裂；为对付最恶劣的滥用形式（特别是暴力、剥夺）提供保障。全球治理体系的三个程序标准则是责任、参与和劝服。[1]

五、法律多元主义理论

法律多元主义是目前非常受学界欢迎的后现代理论，它在国际法领域最明显的特征是对国家在造法和法律实施中的垄断地位的怀疑。在历史上，法律多元主义在殖民主义和宗教中找到了事实基础。在殖民主义中，帝国强加的法律制度是在本土法律制度的基础上分层的；而在宗教的研究中，宗教法和其他精神准则经常与国家法律制度存在不稳定的关系。法律多元主义者探索了重叠的法律系统相互作用的多种方式，并观察到多个系统的存在有时会为争论、抵制和创造性的改造提供源泉。[2]法律多元主义的基本观点是，法律不仅存在于主权国家的强制命令中，同时，法律是通过产生规范的各种共同体间的竞争而不断构建的；尽管主权实体所表述的"官方"规范显然被视为"法律"，但成文法或司法裁决这类的官方文件只是产生规范的多种方式中的一部分。法律多元主义者试图呈现这种混合的法律空间，即在相同的社会或政治领域内存在不止一个法律或准法律制度。这使得法律多元主义关注不同法律秩序的互动和交集，同时讨论社会的和法律的、正式和非正式的、规则导向和自发的规范，极具两面性。[3]

法律多元主义强烈抨击了实证法学派所依赖的法律中心主义（legal centralism）。法律多元主义的代表学者之一格里菲斯（John Griffiths）指出："法律中心主义不仅阻碍了一般理论的发展，而且也是妨碍准确观察的主要障碍。它使得人们很容易陷入一种普遍的假设，即至少在'现代'法律体系中，法律现实（legal reality）或多或少接近于代表国家提出的主张。律师以及社会科学家长期以来都无法看到，现代国家的法律现实根本不是在'法律'和'法

---

[1] 石斌："相互依赖·国际制度·全球治理——罗伯特·基欧汉的世界政治思想"，载《国际政治研究》2005年第4期。

[2] Paul Schiff Berman, "Global Legal Pluralism", 80 *Southern California Law Review*, 2007, p.1159.

[3] Paul Schiff Berman, "Global Legal Pluralism", 80 *Southern California Law Review*, 2007, p.1158.

律制度'共同概念中得到轻易体现的整齐、一致、有组织的理想，而是一个不一致和重叠的无系统拼贴。"格里菲斯指出，法律中心主义无法解释法律和行为之间的鸿沟；法律多元化是事实；法律中心主义是主观的想象，只不过由于其强有力地统治了律师和社会科学家思维，其所塑造的幻象成功地伪装成事实，形成了社会和法律理论的基石。

法律多元主义解构了法律的定义，后者正是法理学的"圣杯"。法律多元主义的描述解构了法律概念，即法律不是一种单一的、统一的、排他性的取决于国家权力的等级规范性秩序。[1]传统上，几乎所有定义法律的尝试都分为两类：一类是从社会群体中的具体行为模式或制度化的规范实施来看待法律；另一类是围绕维护社会秩序而展开的。前者侧重于有序行为本身所体现的规范和机制，后者侧重于对有序行为的破坏作出制度上的反应。美国圣路易斯华盛顿大学法理学家塔玛纳哈（Brian Tamanaha）指出，法律是一种彻底的文化建构，即法律不能用任何单一的概念或定义来理解。法律是任何被添加了"法律"标签的东西，比如自然法、国际法、宗教法和习惯法，甚至包括了纳粹德国法律。这些是不同的现象，被用作不同的方面或目的，而不是单一现象的变化。没有法律的固有内涵，只有法律类别、现象或表现。[2]

美国宾夕法尼亚大学教授伯克—怀特（William Burke-White）描述了国际法中的法律多元主义，即"今天的国际法律体系似乎是两种对立力量的中心，一种力量推动分裂，另一种力量推动互联和连贯。随着这些力量的相互作用，一种既不完全分散又不完全单一的新型国际法律体系正在形成。新兴体系最好被描述为多元主义。一个多元化的法律体系接受各国政府、国际机构和法庭的一系列不同的、同样合法的规范选择，但它是在一个普遍体系的背景下这样做的……更具体地说，国际法律制度的多元化概念承认并可能在制度多样性的基础上得到发展。数量众多的法院成为解释、适用和发展国际法的主体。各国将面临一系列不同的义务，这些义务甚至可能由不同的法庭作出不同的解释，有时可能会发生冲突。最重要的可能是，国家和国际法律程序将相互影响，产生新的混合程序、规则和法院。然而，这些发展将发生

---

[1] John Griffiths, "What Is Legal Pluralism", 24 *Journal of Legal Pluralism and Unofficial Law*, 1986, p.4.

[2] Brian Tamanaha, "A Non-Essentialist Version of Legal Pluralism", 27 *Journal of Law and Society*, 2000, p.313.

在一个共同的国际法体系内,参与一个建设性的、自我参照的对话,有意识地寻求保持整个体系的一致性"。[1]

在应对全球治理的问题上,法律多元主义提出了自己的观点。美国学者伯曼(Paul Berman)强调不同规范共同体间(全球、区域、国家、本地)的互动和对话,关注非国家行为体的造法,以及管理混合法律领域的程序性机制,即"在一个多元化的世界里,法律是一个不断地表达、适应、重新表达、吸收、抵抗、部署和不断发展的过程。这是一个永无止境的过程,国际法学者应该好好研究多样性并参与对话,而不是强加一个自上而下的框架,这个框架不能帮助但会扭曲地面上令人吃惊的多样性"。[2]伯曼提出了法驱动宪政主义(Jurisgenerative Constitutionalism),即通过建立程序性的机制来处理混合法律问题,特别是通过立法、司法或类似性质的机制处理。[3]美国杜克大学教授迈克尔斯(Ralf Michaels)则强调了法律识别(recognition)在多元化法律世界中的重要性,即对某种事物具有法律属性的认可是多元法律环境的运行方式,也是法律系统的过程;这种法律识别是一种动态的运行方式,使得不同法律系统之间的合作成为可能。[4]瑞士法学家克里斯克(Nico Krisch)认为,法律多元主义可以提供解释不同层次间国际法主体互动的更优框架,还让国际法宪政理论规避了对包罗万象的单一国际法等级规范秩序的假设或需求,使得后者无须讨论民主正当性(democratic legitimacy)这一最具争议的问题。[5]

六、批判主义理论

当代国际法批判法学派的代表人物是芬兰的科斯肯涅米(Martti Koskenniemi)。他曾经有过政府律师的经历,在芬兰外交部从事国际法工作时就注意

---

[1] William Burke-White, "International Legal Pluralism", 25 *Michigan Journal of International Law*, 2004, pp. 977-978.

[2] Paul Berman, "A Pluralist Approach to International Law", 32 *Yale Journal of International Law*, 2007, p. 329.

[3] Paul Berman, "Jurisgenerative Constitutionalism: Procedural Principles for Managing Global Legal Pluralism", 20 *Indiana Journal of Global Legal Studies*, 2013, p. 665.

[4] Ralf Michaels, "Global Legal Pluralism", 5 *Annual Review of Law and Social Science*, 2009, p. 243.

[5] Nico Krisch, "Beyond Constitutionalism: The Pluralist Structure of Postnational Law", OUP 2010, p. 263.

到了相同的准则中可以得出不同的甚至相反的结论,甚至可以使用相互矛盾的准则来解释法律文本或国家惯例的现象,职业直觉使他意识到国际法的不确定性是内化在国际法系统中的。在哈佛大学,他开始系统地接触批判法学,接受了在国际法领域可以用法言法语为任何主张进行辩护的观点。一方面,国际法的论据或理论越接近国家实践,就越有可能被视为对国际社会现有权力结构的辩护,其必然后果是国际法将被视为服务于主导国家的政治工具。另一方面,论点或理论越是强调规范的形式主义,就越脱离其旨在规范的社会背景,它就会显得越乌托邦;规范的形式主义欠缺实质内容,进而使它与一种可以任意操纵的自然正义的概念产生联系。无论从哪个方向,政治都是不可避免的,不确定性就是国际法语言所固有的结构特征。法律论证的可逆性意味着任何国际法原则都可以证明不同的结果是合理的,这使得其不可能有客观性,每一个论证或理论都可以被相互冲突的论证或理论抵消。结论就是,国际法不能产生任何脱离了政治选择的实质性决定。作为政治性的必然影响,国际法充满了结构性偏差(structural bias),即"法律实践的世界正被分割成满足具有特殊利益和特殊精神的特殊受众的机构项目"。

科斯肯涅米的基本方法是通过分析国际法深层结构的语言来解释国际法的动态运作。科斯肯涅米批判把国际法理解为一个建立在自由主义基础之上的秩序的认知。国际法是由平等的主权国家服从法治所构成,这是自由主义理论的一个基本原则。而法治是自由主义意识形态的核心,因为这通常是与政治相对立甚至相抗衡的概念用以反对政治的,而且可能是对付不受控制的无政府状态的唯一方案。自由主义可以被理解为指导国际法内容的规范结构:自由主义意识形态使得主权国家成为看待国际关系的主体,这提供了以自由为基础的治理模式和以法治为基础的争端解决进程。在这个意义上,科斯肯涅米认为,人们关于世界秩序是建立在法治之上的固有观念与国际争端都必须由政治解决这一事实之间存在矛盾,国际法律实践者使用各类法律修辞在本质上是依赖于相互竞争的政治原则来使得争议解决的结果正当化。科斯肯涅米对国际法进行解构后得出的结论是,后现实主义时代的国际法应该"放弃那种普遍化的修辞和寻求现代国际法所具有的坚实基础"。[1]国际法不应被

---

[1] MarttiKoskenniemi, "International Law in a Post-Realist Era", 16 *Australian Yearbook of International Law*, 1995, p.17.

看作是可以按照统一的方法被程序化适用的领域，而只是一种社会实践和专业文化。法律争议解决只不过是在特定案件中达成最可接受的解决办法，是关于在特定情况下采取何种行动的对话，而不是现成的、通用的规则或原则的应用。国际法的全部价值都在其实践者主观认识和具体实践当中。

批判法研究学术的灵感主要来自法律领域之外的知识分子运动。批判法研究从这些运动中借鉴了法律推理、分析工具和论证技巧，并将其纳入法律推理、分析工具和论证技巧中。这些工具和技巧后来成为从女权主义研究到第三世界研究方法重要的理论来源。

七、女权主义理论

对妇女在社会中的状况、法律对她们的地位和待遇的影响，以及妇女在政治和法律进程中的作用的理智分析，构成了非常广泛的女权主义法律研究的范围。国际女权主义法律和政治激进主义的起源在于妇女和平运动者的运动。第一次世界大战期间，1915年举行的国际妇女大会标志着女权主义运动开始步入国际事务层面。1919年一些妇女组织向国际联盟提交的《妇女宪章》包括了促进男女同工同酬、教育机会平等、选举权平等等内容。女性议程在国际关系中持续发展，1946年联合国经济及社会理事会（ECOSOC）创建了联合国妇女地位委员会。就国际法学者而言，1991年发表在《美国国际法杂志》上的查尔斯沃斯（Hilary Charlesworth）、钦肯（Christine Chinkin）和赖特（Shelley Wright）的开创性论文无疑对该学科而言具有里程碑意义。[1] 女权主义在国际法领域的论述不断涌现，迅速诞生了众多相互竞争的不同观点。女权主义讨论的一个关键问题是关于生理性别（sex）和社会性别（gender）之间的复杂区别。在一般层面上，女权主义的学术方法更接近于关于理论、方法和实践的循环思想的网络，异质性（heterogeneity）似乎是这一运动不可避免和公认的特征。

女权主义国际法研究的主要原则之一是国际法可以拥有社会文化意义上的性别（gender）。国际法中存在明显性别偏见这一观点是女权主义国际法理论的基础，也是对整个国际法结构进行全面（通常是批判性）分析的先决条

---

[1] Hilary Charlesworth, Christine Chinkin, and Shelley Wright, "Feminist Approaches to International Law", 85 *American Journal of International Law*, 1991, p.613.

件。国际法不仅是由男性创造的，在某种意义上，男性还占据了拥有权力和可见的大多数位置，罕有女性的声音；国际法也成为一项在宏观上由男性制定、为男性服务的法律。例如，国际人道法往往把性侵犯女性视为攻击所属共同体的荣誉，而不是生理和心理上对妇女的暴力行为。这种国际法律秩序的基本结构由于缺乏性别平衡而存在不可弥补的缺陷。女权主义者基于性别的行为模式对国际法进行编码，国际法渊源的等级体系理论被女权主义学者编码为男性；类似的还有硬法和软法两分法的明显的性别特征：法律是"男性"，与作为"女性"的"软法"相对立，而国际法优先考虑的是"硬法"，这就成了国际法制度中缺乏性别中立的明确证据。同样地，女权主义学者也把国际义务的传统模式描述为以同意为基础，反映本质上属于男性特征的行为模式，即认为义务只能建立在个人自由表示同意的基础上的假设否定了妇女的经验，后者经常遭受社会和性别结构强加义务的痛苦。

女权主义的研究方法对国际法的自主性、客观性、中立性和普遍性提出了质疑，这些方法质疑在一个实际上排斥女性声音的体系中客观性存在的可能性。[1] 事实上，这一制度的权威在很大程度上依赖于这种对客观性和普遍性的主张。通过揭露国际法体系最核心的性别偏见，女权主义的研究方法与其他批评法学的流派达成了一致，这些批评法学的流派破坏了国家和国际法的传统实证主义模式。国际法的词汇中充满了以性别歧视为基础的二元和二分法，第一个阳性词与第二个阴性词并列。法律与政治、客观与主观、公共与私人的对立，清楚地证明这种性别化的编码是解读法律概念和类别歧视的关键。此外，国际法的起源不仅以男性为中心，而且以欧洲为中心，这使得国际法吸收了许多关于法律在社会关系中地位的共同假设。例如，对领土的主权和在领土内使用武力的概念本身就是社会组织的宗法模式的表现。女权主义强调，国际法的一切，从它的基本结构到它的知识分子类别和用语，都缺乏女性的足够参与，如国际组织的重要职位男性占据了绝大多数。女性代表不足会对国际机制的正当性造成影响。

尽管在女权主义国际法研究中有各种不同的态度，但一个共同点是女权主义学者显然是从他们完全意识到并认同的观察角度来写作的。与纽黑文学

---

[1] Hilary Charlesworth, "Feminist Methods in International Law", 93 *American Journal of International Law*, 1999, p. 392.

派不同，女权主义观察的立场不在于促进人类的共同利益，而是明示主张男性主导地位应该被摈弃和破坏，女性的社会状况、经验和主张应当被国际法体系直接展现。女权主义国际法分析的主要视角是排斥（exclusion），即女性被一个男性主导的体制排斥在外。男性垄断国际法律结构，这些结构是男性的思维方式。例如，自决原则是《联合国宪章》和国际法的规范支柱之一，这一原则已成功地用于使各国人民摆脱殖民主义的枷锁，但它在新成立国家中对妇女的压迫是完全不可知的。它不关注所谓"人民"内部的社会关系，也不关注社会一个部门对另一个部门的统治。[1]

与女权主义分析特别相关的是公共和私人之间的对立。通常，公共维度包括国家、政治和公共治理等由男性主导的方面，而私人领域则是家庭，女性遭受暴力和虐待的典型空间。按照女权主义者的说法，国际法只与公共领域有关，因此偏袒控制公共领域的男性。仅举一个例子，国际法上的酷刑要求公职人员或以权威的名义行事的人参与，以便与国际法有关并受到国际法的制裁。在公共领域之外，在私人领域的亲密关系中进行的酷刑，妇女更有可能成为被虐待的受害者，不在国际法的禁止范围之内。更普遍的是，公共和私人之间的区别的不自然，好像人类生活和现实可以巧妙地分成两个类别，揭示意识形态构建合理化地排斥女性权利的来源。[2]此外，人权保障和监督机制不太可能影响这一压制妇女制度的运作，因为它们只在公共领域运作。

八、第三世界主义理论

"第三世界"是一个并不十分精确的概念，是对某种贫困或边缘化的假定的地理空间或地缘政治实体的描述，通常指代发展中国家和最不发达国家等。"第三世界国际法方法"（TWAIL）通常可被理解为代表第三世界的对特定观点的政治和意识形态承诺。[3]TWAIL 是否可以被称为某种法律方法备受质疑，TWAIL 明显的党派特征，以及无条件承诺谴责国际关系的不平等和不公

---

[1] Anna Orford, "Contesting Globalization: A Feminist Perspective on the Future of Human Rights", 8 *Transnational Law and Contemporary Problems*, 1998, p. 195.

[2] Hilary Charlesworth, Christine Chinkin, and Shelley Wright, "Feminist Approaches to International Law", 85 *American Journal of International Law*, 1991, p. 629.

[3] Makau Mutua, "What is TWAIL?", 94 *Proceedings of the Annual Meeting*, American Society of International Law, 2000, p. 38.

正，承诺谴责霸权在国际舞台上的社会和政治主导力量，让它看起来类似于其他国际法方法，提出了一个明确的政治议程和具备实证法理论意义上的中立性和客观性的概念。在分析工具上，TWAIL 学者经常使用辩证法、对偶法或反义词，在字面或隐喻意义上持续对西方世界进行抨击，例如，"征服"与"支配"、"中心"与"外围"、"政治"与"经济"、"全球"与"本地"、"特定"与"普世"。TWAIL 坚持所谓国际法的普遍性是一个神话，后者是用于转移人们对第三世界人民生活环境的注意，使其受到国际法律制度的漠视；正义的公然缺乏和法律工具的使用使目前的权力结构永久化并被继续发展；TWAIL 经常用辩证法来支持其关于国际法的批判论述，这至少显示了其与马克思主义方法论和批判法学派的密切关系。

首先，TWAIL 揭示了国际法律制度的等级性质，探究了国际社会内的权力关系。TWAIL 学者谴责西方世界长期以来对第三世界进行征服和统治的机制，并进行历史调查，以帮助揭示普遍客观国际法的欺骗性叙述。[1]其次，TWAIL 关注殖民结构和殖民统治形式，既包括传统形式上的殖民制度，也包括当代新殖民主义，西方世界对第三世界造成损害的分析。最后，TWAIL 总是抨击以西方学者为代表的国际法本质上以欧洲为中心的特点。TWAIL 的关键策略之一就是揭穿对国际法发展的积极描述。在 TWAIL 的话语中，国际法范围内霸权主义形式不间断存在，其目的是征服第三世界；欧洲国家自与新世界各国人民进行殖民接触开始，就利用国际法建立了统治关系；这就使国际法律制度一直试图主张的普遍性和客观性失去了正当性。[2]

面对全球化，TWAIL 关注其中的新殖民主义的现象，即西方形式上殖民的统治链条被新的不同方式所取代，非西方人民和国家的生存状态并没有因获得主权和独立而改变。国家地位和主权塑造了国际法的大多数原则，因为它们构成了整个国际法体系的支柱，诸如管辖权、领土、发展、过渡司法和人道主义干预等概念不可能脱离这些原则而存在。事实上，国家地位及其属性的政治组织形式、关于国家意识的教育、对差异的消除、所谓国家正常化

---

[1] Antony Anghie, Imperialsim, *Sovereignty and the Making of International Law* (CUP 2004); R. P. Anand, New States and International Law 2nd edn., Hope India Publications, 2008, pp. 4-5.

[2] Antony Anghie, "Francisco de Victoria and the Colonial Origins of International Law", 5 *Social and Legal Studies*, 1996, p. 321; Antony Anghie, "Finding the Peripheries: Sovereignty and Colonialism in Nineteenth-Century International Law", 40 *Harvard International Law Journal*, 1999, p. 1.

的过程，甚至是西方国家对第三世界进行经济或金融援助时附加的关于人权、民主等条件，都是旨在世界范围内传播西方政治和制度模式。但是，TWAIL的批判更多的是对国际法的内容而非其形式，其根本目的是加强国际法律制度的公正和公平。即使是对国际法及其历史发展持最消极态度的人也几乎从未放弃对国际法的信念，而大多数当代TWAIL学者都致力于提出和推动改革和完善国际规范的体系的议程，这种议程可以设定国际行为体看待世界的角度和方法，进而具备了发展成一种全球治理技术手段的潜在可能。

第二节　国外全球治理与国际法治主要理论的贡献与局限

一、国外全球治理与国际法治主要理论的贡献

上述全球治理与国际法治理论是国外国际法学界极具代表性的理论，风靡国外国际法哲学界。它们各具特色，给全球治理与国际法治理论带来百花齐放、百家争鸣的局面，极大地开阔了人们看待全球治理与国际法治的视野，给人们带来了一个又一个启迪。应当说，无论这些理论是否存在问题以及存在什么样的问题，它们都是一个个令人尊敬的思维活动，都是代表着这些颇具影响力的学者对全球治理与国际法治的独特见解和智力框架，有助于我们更好地看待全球治理与国际法治现象，理解和把握全球治理与国际法治的发展脉络和发展方向，也为我们进一步看待全球治理与国际法治现象以及提出我们自己的理论提供了进一步思考的依据和丰富的素材，是值得尊敬的、有益的先期探索。可以说，上述全球治理与国际法治理论已经对我们开展全球治理与国际法治的理论研究和实践操作产生了深远的影响。尽管这些影响并不是革命性的，但是它们产生的理论与实践影响不容小觑，需要我们更进一步仔细研读和分析各自理论的具体内容，吃准它们的内容，避免出现误解。

从理论的角度来说，它们已经在各个层面或多或少地影响了许多后来加入研究的年轻学者的思维和认识。同时，这些理论也解放了许多后来加入研究的年轻学者的思维，让其认识到，全球治理与国际法治的理论是如何丰富多彩，以致很难说有哪一个理论得到大家的公认，被认识是看待和解决全球治理与国际法治问题的唯一正确理论。它们实际上有助于解放年轻学者的思想，暗示他们开拓和发展全新的视角，关注前人尚未注意到的发展现象，形

成和提出自己独特的理论,从而持续不断地推动关于全球治理与国际法治理论的深入研究。而且,这些理论之间相互借鉴,相互启发,形成了你中有我、我中有你的相互依存、相互交融的局面。当然,不同的理论流派对于同样的素材、同样的国际法实践往往有着不同的看法。但是,只要这些理论模型能够自我建立、自我满足和自我解释,就都是一个一个独立的、具有自我特色的理论,至于能否为各个国家、各个国际组织或非政府组织甚至个人用来推动符合各自利益的全球治理与国际法治的进程,则取决于这些主体的价值、利益与观念。这些理论的提出、存在与推广,为国际社会的各参与方提供了丰富的思想源泉和智力产品。这种自由的思想创造活动为全球治理与国际法治提供了强大的智力保障。

从实践的角度来说,正是在这些理论的引领和启迪下,国际社会开展了各种全球治理与国际法治的实践,推动了全球治理与国际法治向纵深方向发展,纠正了全球治理与国际法治中的错误与偏差,全球治理与国际法治的程度明显得到了提高。新的全球治理与国际法治机制不断建立,旧的机制不断更新。例如,在女权主义理论的影响下,全球治理与国际法治水平从原先的由男性主导逐渐向男女共同推动的方向发展,国际法中保护妇女权益的规定得到了明显的提升,惩罚严重破坏妇女权益的国际罪行的机制得到了明显的加强,一些国际司法机构和国际组织中女性法官和总干事、国际公务员的数量得到了明显的提升。再如,国际社会的组织化程度得到了明显的加强,各种区域和次区域的经济一体化进程明显加快,甚至在一些地区出现了超国家的联盟,对传统的全球治理与国际法治的参与者形成了严重的制约。另外,国际组织权力的滥用得到了一定程度的遏制,限制国际组织的权力、保障人权已经成为当代全球治理与国际法治中的一个迫切需求和实践。人们有理由相信,这些全球治理与国际法治理论的深入推广和运作,必将对全球治理与国际法治的实践产生更多的影响。

二、国外全球治理与国际法治主要理论的局限

同时,我们也应当看到,尽管国外全球治理与国际法治理论各具特色,并且具有很大的思维创新,对全球治理与国际法治作出了十分重要的理论与实践贡献,但是我们也发现,上述国外全球治理与国际法治的主要理论也存在固有的局限,注定无法成为被整个国际社会广泛接受的统一理论。这是因

为如下几方面。

第一，从内容来看，上述国外主要的全球治理与国际法治理论大多都具有乌托邦的色彩，不具有实际的可操作性和实现性。尽管理论需要具有超前性，可以指引实践，但是过于超前的理论则往往沦为阳春白雪，反而会抑制实践的发展。

第二，从影响来看，上述全球治理与国际法治的有些理论仅仅是观察、解释和解构全球治理与国际法治的某一方面的现象，并没有切入全球治理和国际法治的真正主题，对全球治理和国际法治的影响是有限的。如果特定的理论采取过于狭隘的视野，必然无法从整体上去观察全球治理与国际法治，作为其结果的理论也必然无法带领国际社会走出问题本身，无法找到解决问题的具体办法。

第三，从对象来看，上述全球治理与国际法治的理论大多都是解构性质的理论，是对全球治理与国际法治整体或者某一个问题进行的局部解剖和分析，其目的只是论证其理论的可适用性与正确性，并因此而刻意去维护某一理论。

第四，从态度来看，上述全球治理与国际法治的理论大多都属于批判性质的理论，是对现有全球治理与国际法治模式的批判和谴责，尤其是批判法理论、女权主义理论和第三世界主义理论，缺乏如何予以改进和推动的具体建议，因此缺乏建构性和建设性，无法满足人们的期待。

第五，从视野来看，上述全球治理与国际法治的理论大多拘泥于全球治理与国际法治的小处，属于微观看待全球治理与国际法治的理论，如女权主义理论、第三世界主义理论等，缺乏大局性和整体性，缺乏宏观思维和战略视野。

第六，从利益来看，上述全球治理与国际法治的理论都站在某个特定的立场上看待和分析全球治理与国际法治，代表的是特定团体的利益，缺乏超脱性和超越性，不能代表世界人民的普遍利益和心声。

第四章
中国参与全球治理与国际法治的理论与实践

1949 年中华人民共和国中央人民政府成立以来，中国领导人、政府和人民始终高度重视将自身的治理与发展和全世界的治理与发展进程相融合，为国际秩序贡献中国智慧；[1]与此同时，也将世界治理和发展的道路与方向同中国自身的政治、经济与社会建设相融合。[2]而在这种共生共融的体系和进程中，始终将法律规范作为一个关键的方面。无论是对国家作为治理主体的关注、将规则主导作为国际秩序的重要指针，还是在面对意识形态的态度，以及良好社会秩序的认知和维护方面，中国都获取了崇尚规则、注重理性、保持平和、克制谨慎态度的教益。在中华人民共和国 70 多年的国家治理和参与全球治理的共生共融过程中，国际法起到了关键的作用。认真对待和有效利用国际法的规范与价值来统筹国内国际两个大局的治理，不仅是历史总结的基本经验，也是未来建设的良好指针。新时代中国国际法治思想是习近平新时代中国特色社会主义理论体系的重要组成部分，是中国新时代外交思想的重要支撑，是中国走向全球治理台前的显著标志，也是中国推进文化自信、实现民族复兴的重要指标。新时代中国国际法治思想以"人类命运共同体"为观念起点和思想总纲，以"一带一路"为最主要的制度尝试，以金砖国家集团、亚洲基础设施投资银行、上海合作组织等一系列国际主体架构作为合作保障。其理论的核心原则为主权平等、文化多元、互利共赢和公正有效，进而试图在立法、守法、法律监督和法律适用等各个环节实现这些价值目标。

---

[1] 黄惠康："从和平共处五项原则到构建人类命运共同体 为全球治理变革和国际法治贡献中国智慧——纪念新中国恢复联合国合法席位 50 周年"，载《国际法学刊》2021 年第 3 期。

[2] 吴晓明："论中国的和平主义发展道路及其世界历史意义"，载《中国社会科学》2009 年第 5 期；王缉思："当代世界政治发展趋势与中国的全球角色"，载《北京大学学报（哲学社会科学版）》2009 年第 1 期。

第一节　中华人民共和国成立后至党的十八大召开前的理论与实践

现在已经公认，在改革开放之后，特别是20世纪90年代之后，中国积极促进全球治理体系变革，为世界和平与发展贡献了中国的智慧、方案和力量。[1]当我们将时间的维度进行拓展，以1949年为起点，延展到整个70多年来的对外交往，也能清晰地看出，中国在国内政治制度完善的过程中，积极参与和贡献于全球治理的结构和进程，其中包括中国诸多国际法论著中，都已浓墨重彩地阐述了和平共处五项原则对国际法与国际关系的贡献。[2]而从中华人民共和国成立初期的很多国际法实践探索中，都可以看出中国对全球治理与国际法治的认同和引领。

一、关注全球治理的主体资格

全球治理的前提和基础是治理主体的存在和有效运行。认真对待国际法人格者（国际关系的行为体）是中国国家治理与参与全球治理一以贯之的底线。这一底线任何时候都不能动摇。在国家获取独立自主的时候，新成立的政府在国内要巩固政权，在国际社会也要宣示存在，取得各国的承认、建立交往关系。这是中华人民共和国中央人民政府成立初期国内治理和国际治理的共同主题，也是二者相互促进的重要方面。中国对自身主体地位的主张和处理，以及对其他行为体的态度与方式，构成了这一领域的焦点。

二、认同全球治理的基础规范

很多国家和学者对中国是否积极认可和促进国际法持有疑问。[3]1949

---

[1] 习近平对改革开放以来的外交成就进行了系统而凝练的总结："40年来，我们始终坚持独立自主的和平外交政策，始终不渝走和平发展道路、奉行互利共赢的开放战略，坚定维护国际关系基本准则，维护国际公平正义。我们实现由封闭半封闭到全方位开放的历史转变，积极参与经济全球化进程，为推动人类共同发展作出了应有贡献。"习近平："在庆祝改革开放40周年大会上的讲话"，载《人民日报》2018年12月19日，第3版。

[2] 魏敏："和平共处五项原则在现代国际法上的意义"，载中国国际法学会主编：《中国国际法年刊》，中国对外翻译出版公司1985年版，第237-252页。

[3] 徐崇利："'体系外国家'心态与中国国际法理论的贫困"，载《政法论坛》2006年第5期。

年中华人民共和国政府成立之初,国际法中明显地存在着诸多对中国不利的条件。那么在这种历史条件下,中国还会不会积极争取,用国际法的方式来表达自身立场、意愿和观念,显然是一个非常值得关注的问题。实践证明,中国政府并没有放弃和放低对国际法的期待和期许,而是尽其所能地采取各种方式,促进规范化地面对和解决一系列外交问题,努力接近国际法,这是一个相当值得重视的现象。从历史发展的进程看,中国在1949年之后对国际关系的认知,对国际事务的设计都表现在一系列的法律规范之中。

中国将原则性和灵活性充分结合的国际法立场不仅体现在中国政府的很多具体实践里,也体现在很多国家领导人和外交代表的言论中。习近平主席在2014年6月28日和平共处五项原则发表60周年纪念大会上的讲话中,提出推动国际关系法治化的建议,他特别强调推动各国在国际关系中遵守国际法和公认的国际关系基本原则,用统一适用的规则来明是非、促和平、谋发展;各国应共同维护国际法和国际秩序的权威性和严肃性,依法行使权利,反对歪曲国际法,反对以法治之名行侵害他国正当权益、破坏和平稳定之实。

三、防范和警惕霸权主义

与维护国家核心利益及推动各国人民友好往来相适应,在过去的70多年,中国对主权的坚持和对霸权的反对从来没有改变。实际上,早在1950年的《中苏友好同盟互助条约》中,中国就表达了对一个新独立国家地位的充分自主的重视,不愿意在国家身份、政府资格之上添加任何的约束因素。

中国对文化霸权的反对和对文化多元性的提倡特别体现为中国提出了自己的发展理念、人权观念和安全思想。中国在全球治理的进程中,具有一种达则兼济天下的观念。在自身没有充分能力的时候,中国考虑完成自身的发展。而一旦有了这些能力,中国就愿意积极参与全球治理,提供有效的支持并且通过"一带一路"倡议、亚洲基础设施投资银行等制度支撑积极参与,甚至引领全球治理;同时,提出类似"和谐世界""人类命运共同体"这样的概念来使得世界在全球治理上增加新的思想观念。

在国际关系中,如果完全拘泥于意识形态,认为意识形态是确立国家之间关系的前提和基础,则很有可能起到错误的导向作用。中国的历史经验表明，在国际法律体制和国家利益的维护中，意识形态不是一以贯之的决定因素，其他的因素经常会对国家的决策和行动产生重要的影响。

四、倡导和平协商的国际治理方式

在全球治理的结构和方式上的倾向也是考察一国参与全球治理态度的关键。中华人民共和国成立以来，党和国家正确制定处理国际关系的方针政策，不仅为我国社会主义现代化建设创造了有利的条件，也为促进世界和平与发展、促进国际法的发展作出了积极的贡献。[1]

在和平处理国际事务和解决争端上，中国一直积极努力，营造一个友好协商的国际环境。具体表现至少有两个方面：第一，通过和平通畅的国际对话来解决国际争端。中国努力解决同苏联（俄罗斯）、印度、越南等国的边境问题，在南海诸岛问题上也作出了很多值得关注的努力。[2] 第二，对使用和威胁使用核武器的坚决反对态度。中国在20世纪60年代发展了核武器，从那时起，作为一个有核大国存在于世界上。但是与很多有核大国不同，中国表达了两个重要的立场：首先是不对无核国家使用核武器，其次是不对任何一个国家首先使用核武器。也就表明中国将核武器作为一种防御性武器，同时也是作为一种威慑性武器。在很多裁军的会议上，中国代表都表达了对核武器的禁止理想和愿望，拥有核武器只是中国自身安全与和平的一种基本保障。中国进行过数次大规模的裁军，在这一点上，中国的立场非常鲜明、举措非常有效。[3] 通过这样一些行动，中国不仅积极地参与了国际安全治理，而且在国际法上起到了很好的示范作用。[4]

---

[1] 江泽民："在中共中央举行的法律知识讲座上关于国际法的讲话（摘要）"，载中国国际法学会主编：《中国国际法年刊》，法律出版社1996年版，第3-4页。

[2] 谢益显主编：《中国外交史：中华人民共和国时期（1979—1994）》，河南人民出版社2004年版，第121-143页。

[3] 中国在十一届三中全会之后，对裁军提出了鲜明的立场，且主动提出大规模裁军，对世界和平作出了积极的回应。谢益显主编：《中国外交史：中华人民共和国时期（1979—1994）》，河南人民出版社2004年版，第56-78页。

[4] 杨洁篪："始终不渝走和平发展道路（学习贯彻十八大精神）"，载《人民日报》2012年12月14日，第6版。

第二节　党的十八大以来习近平总书记关于全球治理与国际法治的论述及其思想研究

2017年召开的中国共产党第十九次全国代表大会宣布中国进入了一个新时代。这个新时代，不仅是政治格局和经济发展的新时代，也是社会面貌和民族复兴的新时代，还是一个理论格局和文化形态的新时代。因而，很大意义上，这也当然是包括治国理政、法学理论在内的理论创新的时代。[1]逆全球化态势集中升温和全球疫情蔓延对人类生存和发展带来巨大挑战，使全球治理体系变革显得非常必要。[2]这样一个新时代，也呼唤着中国的国际法治思想绽放出新思维、新观念、新理论。[3]学术界的实证考察已经揭示，不同国家可以呈现本国的国际法路径，[4]不同国家的文化传统、政治观念也会影响该国的国际法理论的样式，可以对不同的国际法进行比较研究，而且国际法理论一定会伴随时空条件的变化而发展。国际法不仅可能有一个国家的理论，而且是在不同国家、不同理论的竞争和辩论中逐渐成熟和发展的，[5]国家也是在利用国际法维护自身利益和主张的过程中逐渐成长的。[6]因此，有必要认真总结和深入分析，在21世纪初期的新时代，中国提出自身国际法治立场、观念与规划的原因，此种国际法治立场、观念与规划的主要特征和内容，以及此种国际法治立场、观念与规划对中国成长和世界完善的重要意义。

一、党的十八大以来习近平总书记关于全球治理与国际法治的论述

习近平全球治理与国际法治思想是习近平治国理政思想的重要组成部分，是世界各国共同应对全球性挑战与国际性问题的有力思想工具，也是中国参

---

[1] 张文显：“新时代全面依法治国的思想、方略和实践”，载《中国检察官》2018年第5期。

[2] 孟于群：“国际法话语权的生成逻辑与中国构建"，载《南京社会科学》2021年第2期。

[3] 张文显：“推进全球治理变革，构建世界新秩序"，载《中国特色社会主义理论》2017年第11期。

[4] 国际法虽然是处理国际问题的，但是这些规则本身却不一定是国际的。那些单国的规则同样可能成为国际法的一部分。Anthea Roberts, *Is International Law International?*, Oxford University Press, 2017.

[5] 何志鹏："国际法的西方传统与中国观念”，载《法学杂志》2018年第2期。

[6] 何志鹏："国际法与大国崛起"，载《吉林大学社会科学学报》2017年第1期。

与国际秩序与国际体系创新发展的先进理论指导。[1]党的十九大报告中指出："中国将继续发挥负责任大国作用，积极参与全球治理体系改革和建设，不断贡献中国智慧和力量。"[2]为了这一宏伟的目标，中国作出了很多重要努力。其中，构建"人类命运共同体"、走和平发展道路、构建以合作共赢为核心的新型国际关系、维护以《联合国宪章》宗旨和原则为核心的国际秩序和国际体系、推动国际秩序与全球治理体系朝着更加公正合理的方向发展、加强国际法治工作等深刻思想的有机结合、辩证统一，共同构成当代中国全球治理与国际法治思想的核心内容。[3]

（一）对全球治理的积极参与和引领

2015年10月12日，习近平总书记在中共中央政治局第二十七次集体学习时强调，要推动全球治理体制向着更加公正合理方向发展，为我国发展和世界和平创造更加有利的条件。全球治理体制变革处于历史的转折点，国际力量对比发生深刻变化，国际社会的议事规则发生深刻变革。随着人类面临的重大跨国性和全球性挑战日益增多，对全球治理的体制机制进行相应的调整改革，显得尤为必要。面对逆全球化的汹涌浪潮，中国坚持多边主义，坚持合作外交，在达沃斯论坛、博鳌论坛等国际经济研讨的场合表达对全球化和多边主义热情拥抱的态度，对于多边性的国际法律体制和规范在整体理念上积极倡导，并提出一些适用于世界各国、为全球谋取福利、筹划人类共同未来的法律主张和制度建设。[4]特别是通过不断推进"一带一路"倡议、凝聚金砖国家的发展方略、完善G20的对话机制、推动亚洲基础设施投资银行、建立丝路基金、丰富上海合作组织的功能等方式，建立起其力所能及的多边主义架构，使得全球有机会共享发展。这是中国对新时代全球治理的转向与健康发展、全球化的积极促进具有重要影响的举措。中国要积极参与全球治理，创新完善，与时俱进，使全球治理保持活力。参与全球治理，不仅事关应对各种全球性挑战，而且事关为国际秩序和国际体系定规则、定方向；不

---

[1] 黄进："习近平全球治理与国际法治思想研究"，载《中国检察官》2018年第3期。
[2] 党的十九大报告辅导读本编写组：《党的十九大报告辅导读本》，人民出版社2017年版，第59页。
[3] 党的十九大报告辅导读本编写组：《党的十九大报告辅导读本》，人民出版社2017年版，第59页。
[4] 何志鹏："立异与求同：中国国际法立场的国际关系解读"，载《中国法律评论》2021年第3期。

仅事关对发展制高点的争夺，而且事关各国在国际秩序和国际体系长远制度性安排中的地位和作用。2016 年 9 月 3 日，习近平主席在二十国集团工商峰会开幕式上发表主旨演讲，全面阐释了以平等为基础、以开放为导向、以合作为动力、以共享为目标的全球经济治理观。

参与全球治理，需要坚持正确的义利观。2013 年 3 月 23 日，习近平主席在莫斯科国际关系学院发表演讲。在演讲中，他呼吁各国共同推动建立以合作共赢为核心的新型国际关系。中国希望全世界共同发展，特别是希望广大发展中国家加快发展。要恪守互利共赢原则，不搞我赢你输，要实现双赢。中国有义务对贫穷的国家给予力所能及的帮助，有时甚至要重义轻利、舍利取义，绝不能唯利是图、斤斤计较。[1]"政治上，要遵守国际法和国际关系基本原则，秉持公道正义，坚持平等相待。经济上，要立足全局、放眼长远，坚持互利共赢、共同发展，既要让自己过得好，也要让别人过得好。"[2]在 2014 年 5 月的亚洲相互协作与信任措施会议第四次峰会和 2016 年 9 月的 G20 杭州峰会上，习近平主席都强调要抛弃过时的"冷战"思维，树立共同综合、合作、可持续的新安全观。2021 年，习近平主席对中国倡导的全球治理价值导向进行了进一步的阐述："我们应该大力弘扬和平、发展、公平、正义、民主、自由的全人类共同价值，共同为建设一个更加美好的世界提供正确理念指引。和平与发展是我们的共同事业，公平正义是我们的共同理想，民主自由是我们的共同追求。世界是丰富多彩的，多样性是人类文明的魅力所在，更是世界发展的活力和动力之源。"[3]

"一带一路"倡议是中国版全球治理制度蓝图中的重要部分。数年来，这一倡议获得了广泛的认可，取得了良好的效果。为了促进发展中国家的共赢合作，中国推进了亚洲基础设施投资银行等国际法体系。2016 年 1 月 16 日，习近平主席在亚洲基础设施投资银行开业仪式上表示："亚投行正式成立并开业，对全球经济治理体系改革完善具有重大意义，顺应了世界经济格局调整

---

[1] 参见王毅："坚持正确义利观积极发挥负责任大国作用——深刻领会习近平同志关于外交工作的重要讲话精神"，载《人民日报》2013 年 9 月 10 日，第 7 版。

[2] 习近平："共创中韩合作未来 同襄亚洲振兴繁荣——在韩国国立首尔大学的演讲（2014 年 7 月 4 日，首尔）"，载《人民日报》2014 年 7 月 5 日，第 2 版。

[3] 习近平："在中华人民共和国恢复联合国合法席位 50 周年纪念会议上的讲话（2021 年 10 月 25 日）"，载《人民日报》2021 年 10 月 26 日，第 2 版。

演变的趋势,有助于推动全球经济治理体系朝着更加公正合理有效的方向发展。"中国提出的"一带一路"倡议、建立以合作共赢为核心的新型国际关系、坚持正确义利观、构建"人类命运共同体"等理念和举措,都顺应了时代潮流,符合各国利益,增强了我国参与全球治理的话语权。

2021年9月,习近平主席在第76届联合国大会上提出全球发展倡议,其内容包括:(1)坚持发展优先。将发展置于全球宏观政策框架的突出位置,加强主要经济体政策协调,保持连续性、稳定性、可持续性,构建更加平等均衡的全球发展伙伴关系,推动多边发展合作进程协同增效,加快落实联合国2030年可持续发展议程。(2)坚持以人民为中心。在发展中保障和改善民生,保护和促进人权,做到发展为了人民、发展依靠人民、发展成果由人民共享,不断增强民众的幸福感、获得感、安全感,实现人的全面发展。(3)坚持普惠包容。关注发展中国家特殊需求,通过缓债、发展援助等方式支持发展中国家尤其是困难特别大的脆弱国家,着力解决国家间和各国内部发展不平衡、不充分问题。(4)坚持创新驱动。抓住新一轮科技革命和产业变革的历史性机遇,加速科技成果向现实生产力转化,打造开放、公平、公正、非歧视的科技发展环境,挖掘疫后经济增长新动能,携手实现跨越发展。(5)坚持人与自然和谐共生。完善全球环境治理,积极应对气候变化,构建人与自然生命共同体。加快绿色低碳转型,实现绿色复苏发展。中国将力争2030年前实现碳达峰、2060年前实现碳中和,这需要付出艰苦努力,但我们会全力以赴。中国将大力支持发展中国家能源绿色低碳发展,不再新建境外煤电项目。(6)坚持行动导向。加大发展资源投入,重点推进减贫、粮食安全、抗疫和疫苗、发展筹资、气候变化和绿色发展、工业化、数字经济、互联互通等领域合作,加快落实联合国2030年可持续发展议程,构建全球发展命运共同体。[1]

(二) 对法治思维的高度认可

党的十八大以来,习近平同志多次指出,各级领导机关和领导干部要提高运用法治思维和法治方式的能力。在党的十八届四中全会第二次全体会议上,他再次强调了这一点。法治思维是现代治理的首要思维,法治能力是现

---

[1] 习近平:"坚定信心 共克时艰 共建更加美好的世界——在第七十六届联合国大会一般性辩论上的讲话(2021年9月21日)",载《人民日报》2021年9月22日,第2版。

代治理的核心能力。[1]习近平同志指出:"法律是治国之重器,法治是国家治理体系和治理能力的重要依托。"[2]

2020年11月,中国共产党召开中央全面依法治国工作会议,正式提出习近平法治思想,从中国革命、建设、改革的伟大实践出发,着眼于全面建设社会主义现代化国家、实现中华民族伟大复兴的奋斗目标,深刻回答了新时代为什么实行全面依法治国、怎样实行全面依法治国等一系列重大问题。其中特别要求"坚持统筹推进国内法治和涉外法治"。这一要求是面对世界百年未有之大变局、推进中国发展、中华民族伟大复兴的关键部署。统筹推进国内法治发展和涉外法治建设,意味着敢用、善用法治的武器维护国家的主权安全和发展利益,意味着积极参与全球治理体系改革和建设,加强涉外法治体系建设,加强国际法运用,与世界各国团结合作,共同应对全球性挑战。"我国不断发展壮大,日益走近世界舞台中央。要加快涉外法治工作战略布局,协调推进国内治理和国际治理,更好维护国家主权、安全、发展利益……对不公正不合理、不符合国际格局演变大势的国际规则、国际机制,要提出改革方案,推动全球治理变革,推动构建人类命运共同体。"[3]在中国日益走向全球治理舞台中心的时代背景下,中国只有善于运用法治,加强国际法治合作,才能更好地在参与国际事务中展示负责任大国的形象,才能有效地推动、引领全球治理体系变革。[4]

善用法治思维和法治方式履职用权,善用法律手段和法治方式处理社会矛盾和重大复杂问题,不能游离于法治之外解决问题,善用法治思维和法治方式提高法律监督与适用的效果,把法律的刚性与执法的柔性结合起来,做到法理情相融、法律效果和社会效果相统一。

(三) 对于国际法治的支持

2020年9月21日,习近平主席在联合国成立75周年纪念峰会上提出了

---

[1] 李鸿忠:"法治思维是现代治理的首要思维",载《人民日报》2015年1月14日,第7版。
[2] 习近平:"关于《中共中央关于全面推进依法治国若干重大问题的决定》的说明(2014年10月28日)",载《人民日报》2014年10月29日,第2版。
[3] 习近平:"坚定不移走中国特色社会主义法治道路 为全面建设社会主义现代化国家提供有力法治保障",载《求是》2021年第5期。
[4] 黄进:"坚持统筹推进国内法治和涉外法治",载《光明日报》2020年12月9日,第11版;王轶:"坚持统筹推进国内法治和涉外法治",载《人民日报》2021年3月19日,第11版。

"厉行法治"的主张。在国际法治的具体要求上,习近平主席从三个维度描述了基本的尺度。首先,在规范基础上,倡导《联合国宪章》的基石性。"联合国宪章宗旨和原则是处理国际关系的根本遵循,也是国际秩序稳定的重要基石,必须毫不动摇加以维护。"其次,在国际秩序的指引、衡量和评价上,倡导以国际法为依据。"各国关系和利益只能以制度和规则加以协调,不能谁的拳头大就听谁的。"[1]最后,在法治体系的促动上,应避免大国例外主义,倡导国家之间平等交往,避免强权政治。"大国更应该带头做国际法治的倡导者和维护者,遵信守诺,不搞例外主义,不搞双重标准,也不能歪曲国际法,以法治之名侵害他国正当权益、破坏国际和平稳定。"[2]

2018年8月24日,习近平总书记主持召开中央全面依法治国委员会第一次会议,并发表重要讲话。在讲话中,习近平总书记指出,中国走向世界,以负责任大国参与国际事务,必须善于运用法治。在对外斗争中,我们要拿起法律武器,占领法治制高点,敢于向破坏者、搅局者说不。全球治理体系正处于调整变革的关键时期,我们要积极参与国际规则制定,做全球治理变革进程的参与者、推动者、引领者。[3]

2014年6月28日,在和平共处五项原则发表60周年纪念大会上的讲话中,习近平主席明确提出要共同推进国际关系民主化、法治化、合理化。民主化,意味着"垄断国际事务的想法是落后于时代的,垄断国际事务的行动也肯定是不能成功的"。所以"世界的命运必须由各国人民共同掌握,世界上的事情应该由各国政府和人民共同商量来办"。法治化,意味着"在国际社会中,法律应该是共同的准绳,没有只适用他人、不适用自己的法律,也没有只适用自己、不适用他人的法律"。世界各国应该"共同维护国际法和国际秩序的权威性和严肃性,各国都应该依法行使权利,反对歪曲国际法,反对以'法治'之名行侵害他国正当权益、破坏和平稳定之实"。所以,要积极"推动各方在国际关系中遵守国际法和公认的国际关系基本原则,用统一适用的规则来明是非、促和平、谋发展"。合理化,意味着"适应国际力量对比新变

---

[1] 习近平:"在联合国成立75周年纪念峰会上的讲话(2020年9月21日,北京)",载《人民日报》2020年9月22日,第2版。

[2] 习近平:"在联合国成立75周年纪念峰会上的讲话(2020年9月21日,北京)",载《人民日报》2020年9月22日,第2版。

[3] 习近平:"加强党对全面依法治国的领导",载《求是》2019年第4期。

化推进全球治理体系改革,体现各方关切和诉求,更好维护广大发展中国家正当权益"。[1]

(四) 通过"人类命运共同体"的工作要求明晰国际法治的内涵

打造"人类命运共同体"是习近平外交思想的重要组成部分,也是其国际法治观念的集中体现。通过"人类命运共同体"这样的概念,中国积极传递奋力促进全球化的动向和信心。自2012年党的十八大提出了"倡导人类命运共同体意识"以来,推动构建"人类命运共同体"构成了习近平新时代中国特色社会主义思想的重要组成部分。中国国家领导人持续地阐释和强调命运共同体理念,反映了中国对国际法社会基础的重新认识,将中华优秀传统文化引入全球治理,突出国际社会的终极问题,强调国际社会差异性和依存性的统一。这一理念对中国参与全球治理体系变革具有重要价值,促进了对中国与世界关系的认知,提升了中国国际话语权和话语能力,有助于推动中国所主张的国际关系法治化。[2]

2021年,习近平主席在中华人民共和国恢复联合国合法席位50周年的讲话中对"人类命运共同体"的社会基础进行了扼要的阐释:"人类是一个整体,地球是一个家园。任何人、任何国家都无法独善其身。人类应该和衷共济、和合共生,朝着构建'人类命运共同体'方向不断迈进,共同创造更加美好未来。"同时也说明了推动构建"人类命运共同体"的实质:"不是以一种制度代替另一种制度,不是以一种文明代替另一种文明,而是不同社会制度、不同意识形态、不同历史文化、不同发展水平的国家在国际事务中利益共生、权利共享、责任共担,形成共建美好世界的最大公约数。"[3]

2015年9月28日,在第70届联合国大会一般性辩论时,习近平主席发表《携手构建合作共赢新伙伴 同心打造人类命运共同体》的重要讲话,提出"构建以合作共赢为核心的新型国际关系,打造人类命运共同体"的主张。2016年9月的G20杭州峰会上,习近平主席再次倡导"促进不同国家、不同文化和

---

[1] 习近平:"弘扬和平共处五项原则 建设合作共赢美好世界——在和平共处五项原则发表60周年纪念大会上的讲话(2014年6月28日)",载《人民日报》2014年6月29日,第2版。

[2] 张辉:"人类命运共同体:国际法社会基础理论的当代发展",载《中国社会科学》2018年第5期。

[3] 习近平:"在中华人民共和国恢复联合国合法席位50周年纪念会议上的讲话(2021年10月25日)",载《人民日报》2021年10月26日,第2版。

历史背景的人们深入交流，增进彼此理解，携手构建人类命运共同体"。2017年党的十九大报告进一步系统阐释了"人类命运共同体"的具体内涵。从中国构想的蓝图看，"人类命运共同体"的理念包含"持久和平、普遍安全、共同繁荣、开放包容、清洁美丽的世界"。为了达到这种理想图景，"要相互尊重、平等协商，坚决摒弃'冷战'思维和强权政治，走对话而不对抗、结伴而不结盟的国与国交往新路。要坚持以对话解决争端、以协商化解分歧，统筹应对传统和非传统安全威胁，反对一切形式的恐怖主义。要同舟共济，促进贸易和投资自由化便利化，推动经济全球化朝着更加开放、包容、普惠、平衡、共赢的方向发展。要尊重世界文明多样性，以文明交流超越文明隔阂、文明互鉴超越文明冲突、文明共存超越文明优越。要坚持环境友好，合作应对气候变化，保护好人类赖以生存的地球家园。[1]

"人类命运共同体"的起点和基础在于和平。世界不和平的主要因素则在于某些国家和团体的贪欲和不公正。面对这样的问题，习近平提出"坚决维护联合国权威和地位，共同践行真正的多边主义。""推动构建人类命运共同体，需要一个强有力的联合国，需要改革和建设全球治理体系。世界各国应该维护以联合国为核心的国际体系、以国际法为基础的国际秩序、以联合国宪章宗旨和原则为基础的国际关系基本准则。国际规则只能由联合国193个会员国共同制定，不能由个别国家和国家集团来决定。国际规则应该由联合国193个会员国共同遵守，没有也不应该有例外。对联合国，世界各国都应该秉持尊重的态度，爱护好、守护好这个大家庭，决不能合则利用、不合则弃之，让联合国在促进人类和平与发展的崇高事业中发挥更为积极的作用"。[2]以国际法为基础、以公平正义为要旨、以有效行动为导向的多边主义更有助于世界和平的实现，也是国际秩序有效持续的基础。[3]

"人类命运共同体"的主要风险在于传统和非传统的安全隐患。为了解决此类问题，习近平提出，"加强合作，共同应对人类面临的各种挑战和全球性

---

[1] 习近平：《决胜全面建成小康社会 夺取新时代中国特色社会主义伟大胜利——在中国共产党第十九次全国代表大会上的报告》，人民出版社2017年版，第58—59页。

[2] 习近平："在中华人民共和国恢复联合国合法席位50周年纪念会议上的讲话（2021年10月25日）"，载《人民日报》2021年10月26日，第2版。

[3] 中共中央宣传部、中华人民共和国外交部：《习近平外交思想学习纲要》，人民出版社、学习出版社2021年版，第158页。

问题","地区争端和恐怖主义、气候变化、网络安全、生物安全等全球性问题正摆在国际社会面前,只有形成更加包容的全球治理、更加有效的多边机制、更加积极的区域合作,才能有效加以应对。气候变化是大自然对人类敲响的警钟。世界各国应该采取实际行动为自然守住安全边界,鼓励绿色复苏、绿色生产、绿色消费,推动形成文明健康生活方式,形成人与自然和谐共生的格局,让良好生态环境成为可持续发展的不竭源头"。〔1〕

"人类命运共同体"的中坚支撑在于发展。2021年9月,习近平主席在联合国发起全球发展倡议,呼吁国际社会加强在减贫、粮食安全、抗疫和疫苗、发展筹资、气候变化和绿色发展、工业化、数字经济、互联互通领域合作,以加快落实2030年可持续发展议程,实现更加强劲、绿色、健康的全球发展。特别主张发达经济体要履行官方发展援助承诺,为发展中国家提供更多资源。习近平主席提出,发展必须依靠人民、为了人民、由人民来检验。"世界各国应该坚持以人民为中心,努力实现更高质量、更有效率、更加公平、更可持续、更为安全的发展。要破解发展不平衡不充分问题,提高发展的平衡性、协调性、包容性。要增强人民发展能力,形成人人参与、人人享有的发展环境,创造发展成果更多更公平惠及每一个国家每一个人的发展局面。"〔2〕面对世界经济增长乏力的现实,中国提出,"创新是推动经济社会发展、应对人类共同挑战的决定性因素。二十国集团应该合力挖掘创新增长潜力,在充分参与、广泛共识基础上制定规则,为创新驱动发展营造良好生态"。〔3〕而当前时刻,发展的关键是促动知识经济,弥合数字鸿沟。"加快新型数字基础设施建设,促进数字技术同实体经济深度融合,帮助发展中国家消除'数字鸿沟'。中国已经提出《全球数据安全倡议》,我们可以共同探讨制定反映各方意愿、尊重各方利益的数字治理国际规则,积极营造开放、公平、公正、非歧视的数字发展环境。"〔4〕就中国自身而言,"中国将坚持对外

---

〔1〕 习近平:"在中华人民共和国恢复联合国合法席位50周年纪念会议上的讲话(2021年10月25日)",载《人民日报》2021年10月26日,第2版。

〔2〕 习近平:"在中华人民共和国恢复联合国合法席位50周年纪念会议上的讲话(2021年10月25日)",载《人民日报》2021年10月26日,第2版。

〔3〕 习近平:"团结行动 共创未来——在二十国集团领导人第十六次峰会第一阶段会议上的讲话(2021年10月30日)",载《人民日报》2021年10月31日,第2版。

〔4〕 习近平:"团结行动 共创未来——在二十国集团领导人第十六次峰会第一阶段会议上的讲话(2021年10月30日)",载《人民日报》2021年10月31日,第2版。

开放的基本国策，发挥超大规模市场优势和内需潜力，着力推动规则、规制、管理、标准等制度型开放，不断加大知识产权保护力度，持续打造市场化、法治化、国际化营商环境，为中外企业提供公平公正的市场秩序"。[1]从全球经济法治的方向和步骤而言，中国主张维护以世界贸易组织为核心的多边贸易体制，建设开放型世界经济，尤其体现在为世界贸易组织改革提供政治指引，坚持其核心价值和基本原则，保障发展中国家权益和发展空间。将发展置于宏观政策协调的突出位置，落实支持非洲和最不发达国家实现工业化倡议，促进现有发展合作机制协同增效。[2]

针对国际社会普遍存在的文明冲突忧虑，习近平主席提出："文明没有高下、优劣之分，只有特色、地域之别，只有在交流中才能融合，在融合中才能进步。一个国家走的道路行不行，关键要看是否符合本国国情，是否顺应时代发展潮流，能否带来经济发展、社会进步、民生改善、社会稳定，能否得到人民支持和拥护，能否为人类进步事业作出贡献。"[3]

在环境保护和可持续发展方面，中国建议秉持共同但有区别的责任原则，推动全面落实应对气候变化《巴黎协定》，支持《联合国气候变化框架公约》《生物多样性公约》的缔约方大会取得成功。发达国家应该在减排问题上作出表率，充分照顾发展中国家的特殊困难和关切，落实气候融资承诺，并在技术、能力建设等方面为发展中国家提供支持。[4]2015年，习近平主席出席气候变化巴黎大会，在开幕式讲话中指出，巴黎协议应该有利于实现公约目标，引领绿色发展；有利于凝聚全球力量，鼓励广泛参与；有利于加大资源投入，强化行动保障；有利于照顾各国国情，讲求务实有效。[5]

---

[1] 习近平："团结行动 共创未来——在二十国集团领导人第十六次峰会第一阶段会议上的讲话（2021年10月30日）"，载《人民日报》2021年10月31日，第2版。

[2] 习近平："团结行动 共创未来——在二十国集团领导人第十六次峰会第一阶段会议上的讲话（2021年10月30日）"，载《人民日报》2021年10月31日，第2版。

[3] 习近平："在中华人民共和国恢复联合国合法席位50周年纪念会议上的讲话（2021年10月25日）"，载《人民日报》2021年10月26日，第2版。

[4] 习近平："团结行动 共创未来——在二十国集团领导人第十六次峰会第一阶段会议上的讲话（2021年10月30日）"，载《人民日报》2021年10月31日，第2版。

[5] 习近平："携手构建合作共赢、公平合理的气候变化治理机制——在气候变化巴黎大会开幕式上的讲话（2015年11月30日）"，载《人民日报》2015年12月1日，第2版。

二、新时代中国关于全球治理与国际法治思想研究

中国特色的国际法治思想是继承与发展国际法治思想中的世界共识，并充分吸取中国传统文化、中国现当代历史经验与教训，直到中国当代政治智慧的结晶——毛泽东思想、邓小平理论，特别是习近平同志治国理政思想的一系列重要理论阐述和实践，从中总结凝练出核心的外交思想和国际法观念，由此形成了国际法治的中国立场、中国观念和中国表达。[1]

（一）新时代中国国际法治思想的主要特征

首先，鲜明的时代性。作为在逆全球化的国际格局下、正在走入全球治理中心地带的中国所提出的国际法治思想，必然充分反映这个时代的特质。[2]在这个世界与中国都面临着百年未有之大变局的背景下，国际法治思想与政治学、社会学、经济学等理论一样，需要雄才伟略，宏大构思。无论是面对世界格局的大波动、大棋局的重构，还是面对朝韩关系、朝美关系、朝日关系可能发生的连锁性变革，新时代国际法治思想必须回应中国地位的重新考量，中国与世界关系的适应性调整。

其次，清晰的支撑性。作为国际法治思想，更注重于外交战略的衔接。国际法在很大程度上是国际关系的规范层面，[3]所以一个国家的国际法治思想在很大程度上就是外交方略的规范化论证。以外交战略为基础，怎么看世界格局，怎么看本国的地位，通过规范的形式予以坚实构筑。在这方面，中外历史文化传统给我们留下了很好的经验。[4]中国国际法学界已经充分认识到，和平共处五项原则是在中华人民共和国成立之后不久就由第一代领导人毛泽东、周恩来提出的国际关系原则，也是当今国际法治思想的重要部分。这些原则在很大程度上与《联合国宪章》的宗旨和原则是一致的，但是对于

---

[1] 何志鹏："中国特色国际法理论：问题与改进"，载《华东政法大学学报》2013年第1期。

[2] 陈金龙："关于习近平新时代中国特色社会主义思想的若干思考"，载《思想理论教育》2017年第12期。

[3] 刘志云："外交政策的理性判断与国际法"，载《厦门大学学报（哲学社会科学版）》2015年第3期；程国平："略论国际法实践中外交关系的方式"，载《国外法学》1986年第3期；唐贤兴："国际法与主权国家的外交：全球化时代的新发展"，载《上海行政学院学报》2003年第3期。

[4] 缪心毫："西方国际法理论的新发展及其趋势"，载《盐城师范学院学报（人文社会科学版）》2007年第1期。

中国而言，这些原则和宗旨又有着特殊的意义。它不仅代表了当时还不在联合国体系之内的新兴大国建立良好国际关系的愿望，而且在其提出的国际法原则之中还体现了中国自身的政治需求与经济文化特色，体现出中国在国际战略理解上的创新思维。[1]中国各代国家领导人都对和平共处五项原则的重要意义予以肯定，并且对和平共处五项原则在未来国际关系和国际法律体系中的地位寄予厚望。国家主席习近平2014年在和平共处五项原则发表60周年纪念大会上指出，和平共处五项原则赋予联合国宪章和宗旨以可见、可行、可依循的内涵，集中体现了主权正义民主法治的价值观，有力维护了发展中国家利益，为推动建立更加公正合理的国际政治经济秩序发挥了积极作用，成为历久弥新的国际关系基本准则和国际法基本原则。[2]

再次，强烈的主流性。中国的国际法治思想更多呈现出一种国家导向性。围绕着官方话语展开，对官方话语进行注释和阐发，这种情况构成了当前中国国际法治思想的重要特征。从广泛的意义上看，理论是多样的、多元的，理论之间可以存在诸多的矛盾和竞争，理论可以是不完整、不完善，甚至是错误的，国际法治思想当然也是这样。[3]但是，新时代的中国国际法治思想却比一般理论更宏大、更严肃、更庄重、更体现出一种国家导向性。它是新时代中国理论的一部分，在很大程度上承载着表述中国的使命。

最后，扎实的系统性。作为国际法领域的理论形态，它更注重成为体系，并且进行丰满而扎实的论证。理论的生命在于论证，没有充分论证的理论，其形态必然干瘪，其生命必然短暂，其接受程度必然受限。[4]作为一个高歌猛进、深刻变革时代的中国国际法治思想，需要力戒浮躁，通过雄辩的逻辑和丰厚的材料形成有说服力的论证，需要通过彼此照应的体系性探索而构成具有整体感的有机系统。[5]

---

[1] 苏长和："和平共处五项原则与中国国际法理论体系的思索"，载《世界经济与政治》2014年第6期。

[2] 习近平："弘扬和平共处五项原则 建设合作共赢美好世界——在和平共处五项原则发表60周年纪念大会上的讲话（2014年6月28日）"，载《人民日报》2014年6月29日，第2版。

[3] 李毅："试析国际法理论中的批判学派"，载《北京科技大学学报（社会科学版）》2005年第2期。

[4] 张文显："法理：法理学的中心主题和法学的共同关注"，载《清华法学》2017年第4期。

[5] 彭瑞楠、张凌："法学理论体系背后的理性建筑术"，载《学术界》2017年第3期。

(二) 新时代中国国际法治思想的三个层次

第一层次，中国对国际法与国际法治的总体看法。中国一方面肯定国际法的积极价值，同时也对国际法仍然没有达到法治的水平有着清醒的认识。[1] 中国认为，国际法曾经是西方大国实现其霸权野心的途径，一系列不平等条约侵犯了弱小国家的权益。现在，随着广大发展中国家前赴后继的努力，国际法的民主化程度在提升。它为促进国际社会构建秩序、维护国家正当利益提供了基础，但全球治理格局仍然主要取决于国际力量对比，[2] 国际法仍有待完善，有些规则的不良影响至今尚未消除。

第二层次，中国对自身在国际法治中的地位与作用的看法。中国已长期成为国际法治坚定的维护者和积极的建设者，是当代国际法律体系的参与者、建设者、贡献者。[3] 中国期待通过各种途径，特别是人才培养来增强规则制定能力、议程设置能力、舆论宣传能力、统筹协调能力，也就是提高全球治理能力，为世界的和平发展、友好合作、互利共赢、共同繁荣而努力。

第三层次，中国对国际法治基本原则的主张。中国所坚持和认可的国际法治思想，主要分为"良法"和"善治"两个方面。良法主要是对于实体规则的社会价值而提出的一些要求，善治则是对于法律的运行与操作程序提出的一些要求。就良法而言，主要包含主权平等、文化多元、合作共赢、公正有效四个方面；就善治而言，主要包括科学民主的立法进程、善意合理的法律监督、诚实信用的法律遵守、高效公正的法律适用四个方面。

(三) 新时代中国国际法治思想的核心支点

第一，以"人类命运共同体"作为观念起点和思想总纲。[4] "人类命运

---

[1] 树立正确的国际法观，可促使国际法在维护国家利益和促进国际关系的健康发展中发挥作用。何志鹏："中国特色社会主义国际法理论"，载《法制与社会发展》2013年第3期。

[2] "习近平在中共中央政治局第三十五次集体学习时强调：加强合作推动全球治理体系变革 共同促进人类和平与发展崇高事业"，载《人民日报》2016年9月29日，第1版。

[3] 王毅："中国是国际法治的坚定维护者和建设者"，载《光明日报》2014年10月24日，第2版。

[4] 建设"人类命运共同体"作为新时期中国外交事务的重要指导思想，蕴含着深刻的国际法思想与内涵。参见李赞："建设人类命运共同体的国际法原理与路径"，载《国际法研究》2016年第6期。

共同体"是中国当代外交的基本理念,[1]也是新时代中国国际法治思想在观念上的核心支点。[2]针对21世纪以来国际社会出现的新形势,以习近平为核心的新一代国家领导人顺应时代潮流,提出"人类命运共同体"理念和共建共赢共享的合作主张。[3]"人类命运共同体"体现为:(1)人类的共同体,即关注人民、人类幸福生活的共同体,而不是片面强调国家主义的共同体;(2)命运的共同体,即以世界所面临的风险与问题为思考起点的构划与建设,寻求应对人类共同的风险、解决世界共同的问题,而非乌托邦式的好高骛远;(3)作为思想、规范和组织的共同体,"人类命运共同体"最终落脚在形成意识、确立制度和建立组织,最终为人类服务,而不是流于清谈,止于妙想。[4]这是在和平共处五项原则、求同存异的交流与议事方式、搁置争议共同开发、新的国际政治经济秩序、和谐世界的提法基础上的继往开来。[5]在新时代中国的国际法制度构建、主张倡导和行为模式中,有诸多的具体表现。现在主要体现为持久和平、普遍安全、共同繁荣、包容互鉴、清洁美丽的世界的目标。[6]这个观念坚持义利并举、以义为先的正确义利观,构建合作共赢为核心的新型国际关系;为当代国际法的发展带来了先进理念和新价值

---

[1] 作为中国外交领域最具影响力的代表,王毅曾多次表达了对"人类命运共同体"思想的支持。王毅:"携手打造人类命运共同体",载《人民日报》2016年5月31日,第7版;王毅:"共同促进和保护人权 携手构建人类命运共同体",载《人民日报》2017年2月27日,第21版;王毅:"坚定不移走和平发展道路 推动构建人类命运共同体",载《人民日报》2018年3月14日,第15版。

[2] 张辉:"人类命运共同体:国际法社会基础理论的当代发展",载《中国社会科学》2018年第5期。

[3] 共商共建共享,意味着促进国际法治的民主化,承担国际法治的共同义务,以及确定国际法治的追求目标。"一带一路"倡议是"人类命运共同体"理念的有机组成部分,"人类命运共同体"理念是国际法原则的综合和升华,但又要靠具体的国际法规则落实和保障。龚柏华:"'三共'原则是构建人类命运共同体的国际法基石",载《东方法学》2018年第1期。

[4] "人类命运共同体"意识的提出具有鲜明的实践旨趣和特定的国际背景,是中国共产党在全球化时代对国际法的新发展。在国际法语境下,"人类命运共同体"意识与国际法的价值观相符合,体现为人本意识、合作意识和共进意识三个层次,以维护或推进全人类的共同利益为其最高宗旨。黄德明、卢卫彬:"国际法语境下的'人类命运共同体意识'",载《上海行政学院学报》2015年第6期。

[5] "人类命运共同体"有着丰富的内涵,从其以推动国际关系法治化的目标考察,国际法治是构建"人类命运共同体"的实现路径。"人类命运共同体"和国际法的价值追求一致,其既遵循国际法基本原则,又深化了国际法基本原则的内涵,发展了国际法的新的叙事模式。谢海霞:"人类命运共同体的构建与国际法的发展",载《法学论坛》2018年第1期。

[6] 王义桅:"人类命运共同体的丰富内涵",载《中国社会科学报》2018年5月22日,第8版;王义桅:"'人类命运共同体'新理念三解",载《北京日报》2017年2月6日,第14版。

观,体现了大国担当,在国际上深得人心。[1]在未来的发展过程中,可能呈现出新的主张、新的策略。[2]而把握"人类命运共同体"这一思维,是抓住近数十年中国国际法思想观念、制度规划的中心,也是新时代中国国际法治思想的起点。[3]从"和平共处五项原则"到"构建人类命运共同体",从"互"到"共"、从"共同"到"同舟共济"的秩序观,展现了中国外交话语与时俱进的过程,展现了中国的国际法观从周边向全球、从双边向多边、从内政向外交、从接受者到推动者的演变。[4]

第二,在经济合作领域最主要的制度尝试是"一带一路"。在"一带一路"建设、新型国际关系和"人类命运共同体"构建中,遵行和发展国际法的光辉事业。[5]从理论与实践互动的意义上讲,中国自2013年提出"一带一路"倡议,贯彻着"人类命运共同体"的思想,是思想的流衍,更会从很多侧面促进新时代中国国际法治思想的丰富和延展。新时代中国国际法的理论所倡导的"人类命运共同体"包括在安全维度、和平维度、经济发展维度、文化协调维度和生态环境维度不同的主张,而使所有这些主张集中落地的制度探索,就在于中国的"一带一路"倡议。这个倡议不仅包含丰富的内容,而且体现出了非常显著的特色。这些内容和特色与传统的国际法系有密切的联系,也展示出中国的文化和新一代中国领导人的鲜明特色。[6]因而是中国为国际法发展目标的重要创新和尝试。

---

[1] 国家间关系的发展表明国际社会向一个全球性国际共同体转变。"人类命运共同体"理念反映了中国对国际法社会基础的重新认识,其将中华优秀传统文化引入全球治理,发展了马克思主义关于共同体的学说,关注人类整体和个体,突出国际社会的终极问题,强调国际社会差异性和依存性的统一。张辉:"人类命运共同体:国际法社会基础理论的当代发展",载《中国社会科学》2018年第5期。

[2] 吴志成、吴宇:"人类命运共同体思想论析",载《世界经济与政治》2018年第3期。

[3] 曲星:"人类命运共同体的价值观基础",载《求是》2013年第4期;罗欢欣:"人类命运共同体思想对国际法理念的创新",载《中国社会科学报》2018年2月7日,第5版。

[4] 何田田:"国际法秩序价值的中国话语——从'和平共处五项原则'到'构建人类命运共同体'",载《法商研究》2021年第5期。

[5] 赵建文:"中国共产党与国际法:继承、批判与发展",载《吉林大学社会科学学报》2021年第1期。

[6] 在"人类命运共同体"新安全观基本构成及其互动的框架下,"一带一路"的共建使国际法的基本价值由消极的和平迈向以普遍安全为前提的积极和平,有利于中国根据其宏观战略制定南海安全合作的路线图。江河:"人类命运共同体与南海安全合作——以国际法价值观的变革为视角",载《法商研究》2018年第3期。

第三，在组织架构上主要体现为中国所倡导和作为主要发起人形成的亚洲基础设施投资银行、金砖国家集团、上海合作组织等一系列在安全、经济等领域的组织构建。这些组织与以西方传统大国为核心和基础所形成的组织有很多区别。与此同时也体现出中国的大国使命，对世界和平、安全与发展的责任，这些组织的存在、运行和不断良性改善，是世界秩序得以健康、均衡发展的保障，也是当代国际法治思想有机会进行反思和创新的契机。

第五章
新时代中国参与全球治理与国际法治的
意义、原则与方法

在中国日益走进全球治理核心地带的关键时刻,是否应当注重国际法仍然是一个值得讨论的问题。从近现代史的经验来看,中国政府对国际法有高度的重视,而且国际法也在一定程度上维护了中国的利益。不过,国际法是否能够有效和有力地维护国家的利益,到现在为止在国内仍然有不同的认识。根据当前国际关系与国际法的现实,可以论定,国际法对国家硬实力的约束能力比较低,但对国家软实力的影响程度比较大。就中国而言,当前在国际社会的硬实力需求更为显著,所以存在应用国际法的愿望。但很多人认为国际法观念和制度来自西方,对于中国而言陌生而且遥远,因而并不一定是有正面意义的。从理论和实证逻辑来看,虽然发源于西方的国际法制度确实在很多时候有利于西方,但也不排除规则的更广泛适用性会惠及非西方国家,而非西方国家在国际法制度中的参与更会变革这一制度体系的利益倾向性。欲使国际法有效维护国家利益,中国需要有能力妥善利用,不仅要提出国际法的新概念、新理论,而且要在观念阐释和主张论证方面进行充分的努力。

第一节 新时代中国参与全球治理与国际法治的伟大意义

一、问题的提出

经过几辈人前赴后继的不懈努力,中国在 21 世纪第二个十年的中后期走到了民族复兴和改革开放的新高点,进入社会发展与国际地位的新时代。而在讨论中国的政治经济文化发展、中国外交事业推进、中国的法治国家建设与推进的时候,经常遇到一个观念性的问题,即中国是否需要对国际法有足

第五章 新时代中国参与全球治理与国际法治的意义、原则与方法

够的重视和认可。[1]从实践上看，中国政府在进行政策宣示的时候，经常对外交政策、国际关系的大局作出清晰、明确而深刻的阐述；[2]对自身在国际事务中的地位与方向进行准确的分析。[3]与此同时，近年来，中国对法治建设，特别是法治国家的建设，也提出了明确的目标和路径。[4]但是，在将外交与法治相结合方面，也就是利用国际法来实现中国的国际秩序理念、推进外交战略方案方面，中国则很少予以明确宣示。[5]国际法在中国法律体系中的地位始终未能在宪法层面清晰地阐明，构成了中国国际法实践界和诸

---

[1] 邓正来编：《王铁崖文选》，中国政法大学出版社 2003 年版，第 328 页；曾令良："论中国和平发展与国际法的交互影响和作用"，载《中国法学》2006 年第 4 期；曾令良："国际法治与中国法治建设"，载《中国社会科学》2015 年第 10 期；曾令良："法治中国与国际法治紧密相连"，载《法制与社会发展》2013 年第 5 期。

[2] 例如，作为中国最近、最新发展主要观念和政策指南的文件，中共十九大报告中就阐述了一些思想：全面推进中国特色大国外交，形成全方位、多层次、立体化的外交布局；必须统筹国内国际两个大局，始终不渝走和平发展道路、奉行互利共赢的开放战略，坚持正义义利观，树立共同、综合、合作、可持续的新安全观，谋求开放创新、包容互惠的发展前景，促进和而不同、兼收并蓄的文明交流；世界正处于大发展大变革大调整时期，和平与发展仍然是时代主题。世界多极化、经济全球化、社会信息化、文化多样化深入发展，全球治理体系和国际秩序变革加速推进，各国相互联系和依存日益加深，国际力量对比更趋平衡，和平发展大势不可逆转。同时，世界面临的不稳定性不确定性突出，世界经济增长动能不足，贫富分化日益严重，地区热点问题此起彼伏，恐怖主义、网络安全、重大传染性疾病、气候变化等非传统安全威胁持续蔓延，人类面临许多共同挑战。人民出版社编：《中国共产党第十九次全国代表大会文件汇编》，人民出版社 2017 年版，第 6 页、第 20-21 页、第 47 页。

[3] 从党的十九大报告中，提及的观点包括"我国国际影响力、感召力、塑造力进一步提高""始终做世界和平的建设者、全球发展的贡献者、国际秩序的维护者""中国坚定奉行独立自主的和平外交政策，尊重各国人民自主选择发展道路的权利，维护国际公平正义，反对把自己的意志强加于人，反对干涉别国内政，反对以强凌弱。中国决不会以牺牲别国利益为代价来发展自己，也决不放弃自己的正当权益，任何人不要幻想让中国吞下损害自身利益的苦果。中国奉行防御性的国防政策。中国发展不对任何国家构成威胁。中国无论发展到什么程度，永远不称霸，永远不搞扩张"。人民出版社编：《中国共产党第十九次全国代表大会文件汇编》，人民出版社 2017 年版，第 6 页、第 20-21 页、第 47-48 页。

[4] 中共十八届四中全会决议及其作出的《中共中央关于全面推进依法治国若干重大问题的决定》专门论述了法治工作的主要方向，并进行了工作部署。

[5] 相关探讨，参见车丕照："国际法可否作为治国之法"，载《光明日报》2015 年 5 月 13 日，第 14 版；王瀚："和谐世界构建与当代的国际法律秩序：我国外交实践中的若干国际法问题"，载《甘肃政法学院学报》2010 年第 1 期；高风："国际法发展新动向及中国的外交实践"，载《外交学院学报》2004 年第 2 期；赵劲松："论我国的外交实践与国际法的发展"，载《唐都学刊》2006 年第 6 期；杨竹："国际法视角下中国外交面临的挑战及其应对"，载《吉林公安高等专科学校学报》2012 年第 5 期。

多学者长期呼吁而没能实现的期待。[1]比起很多国家在宪法中规定国际法的地位,《中华人民共和国宪法》只在序言部分规定了和平共处五项原则的重要意义。[2]

如果进行历史的纵向分析,大概可以说,20世纪80年代初期开始,中国在很多国内立法时持积极欢迎和高度尊重国际法的态度。这经常体现为法律条文中"条约优先、保留除外"的规定。[3]包含这种规定的法律规范有70余个,[4]既代表了中国对国际法的包容开放态度,[5]也体现了中国对自身规则的科学性、合理性、适用性的信心未达充分。一个非常明显的转折是,21世纪启幕之后,中国在国际经济贸易关系中的参与度提升了,但是国内法中对国际规范的援引和使用却降低了。例如,令中国国际法学者迷惑和争论的情况是,中国最高立法机关——全国人民代表大会宣布中国法律体系基

---

[1] 对于这一问题的研究,参见程鹏:"我国宪法中与国际法有关的主要问题",载《国外法学》1987年第1期;黄卫东:"略论条约入宪",载《理论界》2005年第4期;严音莉:"论条约入宪",载《法商研究》2008年第4期;陈卫东:"条约入宪基本问题研究",载《北京理工大学学报(社会科学版)》2012年第3期;王骞宇:"浅析条约适用制度入宪",载《江西师范大学学报(哲学社会科学版)》2014年第6期;刘爱文:"国际法的适用与我国宪法的完善",载《政治与法律》1996年第6期;张建:"国际法在国内法治体系中的地位和作用——基于若干国家非宪法性法律的样本考察",载《中山大学法律评论》2016年第2期;戴瑞君:"认真对待国际法——基于对亚洲各国宪法文本的考察",载《国际法研究》2016年第4期。

[2] 魏敏、罗祥文:"我国新宪法与国际法原则",载《法学杂志》1983年5期。

[3] 相关立法例,如《中华人民共和国民法通则》(1986年通过,1987年起施行,现已失效)第142条规定:"涉外民事关系的法律适用,依照本章的规定确定。中华人民共和国缔结或者参加的国际条约同中华人民共和国的民事法律有不同规定的,适用国际条约的规定,但中华人民共和国声明保留的条款除外。中华人民共和国法律和中华人民共和国缔结或者参加的国际条约没有规定的,可以适用国际惯例。"《中华人民共和国海商法》(1992年通过,1993年起施行)第268条规定:"中华人民共和国缔结或者参加的国际条约同本法有不同规定的,适用国际条约的规定;但是,中华人民共和国声明保留的条款除外。中华人民共和国法律和中华人民共和国缔结或者参加的国际条约没有规定的,可以适用国际惯例。"

[4] 唐颖侠:"国际法与国内法的关系及国际条约在中国国内法中的适用",载《社会科学战线》2003年第1期;陈寒枫、周卫国、蒋豪:"国际条约与国内法的关系及中国的实践",载《政法论坛》2000年第2期。

[5] 关于国内法、国际法关系的分析,参见李龙、汪习根:"国际法与国内法关系的法理学思考——兼论亚洲国家关于这一问题的观点",载《现代法学杂志》2001年第1期;朱奇武:"国际法与国内法的关系",载《北京政法学院学报》1980年第2期;丘日庆:"国际法与国内法关系的理论问题",载《政治与法律》1992年第3期。

第五章 新时代中国参与全球治理与国际法治的意义、原则与方法

本建成，[1]而这个体系中国际法未能呈现，[2]这种局面引起了国际法学者的密切关注。[3]而且，在很多原有法律修订的时候，"条约优先、保留除外"的规定悄然消失，其中引起广泛讨论的是《中华人民共和国民法总则》（现已失效）中未见国际法规范。[4]从这些现象来看，一方面可以认定中国对自身的法律发展、法律规范的信心有了很大的提升，另一方面也说明对国际法的重视程度不升反降。因此，中国在国内法的话语体系中如何看待国际法，实际上仍然众说纷纭。

在中国是否应该积极支持国际法的问题上，中国总体上对国际法持谨慎的态度。其理由在很大程度上包括：第一，当今世界上大多数国际法规范很多时候可能对中国带来不利，这种于中国不利的规范适用于中国，无疑侵害了我们自主处理内政的独立性。第二，如果表达对国际法的认可和尊重意味着要接受国际司法、仲裁机构的管辖，意味着要参与和接受外国国家，甚至外国国民对于中国的起诉和申请，则中国显然非常被动。如果不能对上述的认识和态度进行有效分辨，则可能无法形成积极正面的国际法立场。那么，究竟应当如何认识当今中国发展与国际法之间的关系呢？宏观而言，需要回答：国际法对于国家而言重要吗？怎么重要？如果聚焦于更为细节和具体的事务，问题就转化为：在日益走向全球治理前沿和核心地带的新时代，中国需要国际法吗？

在以往的研究中，包括笔者在内的中国国际法学人力图说明：国际法是

---

[1] 2008年3月8日，全国人大常委会委员长吴邦国在十一届全国人大一次会议二次全体会议的工作报告中宣布：中国特色社会主义法律体系已经基本形成。2011年3月10日，吴邦国在十一届全国人大四次会议的工作报告中宣布，一个以宪法为统帅，以宪法相关法、民法商法等多个法律部门的法律为主干，由法律、行政法规、地方性法规等多个层次的法律规范构成的中国特色社会主义法律体系已经形成。这一法律体系包含宪法及宪法相关法、民商法、行政法、经济法、社会法、刑法、诉讼与非诉讼程序法七个部分。

[2] 据全国人民代表大会的专家表述，他们征求过国际法学者的意见，但国际法学者认为相关的国际法规则已经成为中国国内法的相应部门的一部分，故而不必重复列举。但在讨论中，又有很多国际法学者并不认同这一观点。

[3] 徐崇利：《中国特色社会主义法律体系与法学体系的构建：对国际法虚位以待？》，载《法制与社会发展》2009年第6期。

[4] 第12条规定："中华人民共和国领域内的民事活动，适用中华人民共和国法律。法律另有规定的，依照其规定。"当然，有学者认为，这一规定不必然排除了国际条约，因为此规定类似于《中华人民共和国民法通则》第8条第1款，有关部分的特别法可能还有适用国际法的机会。

崛起大国的制度重器。[1]中国要在国际法治领域积极作为，必须成为国际法的强国。[2]妥善地利用国际法，有助于中国抵御国际社会的系统风险与非系统风险，[3]有效涉及乃至引领国际事务。除了这种一般规律和面向未来的研讨，我们还可以从历史回顾的维度研判。因为新时代是延续式发展，而非割裂历史全新的一个时间节点。故而，我们需要鉴古知今，充分汲取历史的经验和教训对未来的发展前景进行评估判断和预测。这种回溯性的追问就涉及这样的问题：在中国与国际法接触的近180年间，中国有没有重视国际法？试图利用国际法维护利益、解决问题对我们的利益是否有影响？国际法对于中国而言究竟意味着什么？

本章拟深入研讨上述问题，首先从1949年中华人民共和国成立后的历史中撷取数个案例对中国政府重视国际法的态度予以展示，并从纵向的历史探究入手，探索中国外交中利用国际法的经验教训，进而揭示国际法在国际关系中的功能与效用。为此，本章意图进行理论反思和立场研讨，考察国际法对国家意志与利益的影响。继而回答一个疑问：国际法是一种以西方文化为母体的制度体系，中国能否在这一制度体系中受益？即从文化结构的角度，分析源于西方的国际法是否能够对非西方国家构成帮助，并最终落脚于中国在利用国际法时所可能得到的收益。最后，本章将立足于中国对国际法的需求这一基点，来探讨中国应当如何在国际法方面进行推进和完善，以兴利除弊。

二、中国参与全球治理与国际法治的历史经验考察

研讨国际法对中国的作用，有必要了解既存的实证基础，也就是我们在历史发展的进程中试图利用国际法解决问题的经验。这些实践事例有助于我们清晰地分析中国国际法发展的基本进程，让我们建立一些感性的认知，并

---

[1] 彭何利："论大国兴衰与国际法的互动关系——以美国的历史经验为例"，载《山东社会科学》2012年第7期；何志鹏："国际法与大国崛起"，载《吉林大学社会科学学报》2017年第1期。
[2] 曾令良："论中国和平发展与国际法的交互影响和作用"，载《中国法学》2006年第4期；蔡高强："大国崛起与国际法的发展：兼谈中国和平崛起的国际法环境"，载《湘潭大学学报（哲学社会科学版）》2009年第4期；刘志云："国家利益视角下的国际法与中国的和平崛起：一种基于大国视角的思考"，载《国际关系与国际法学刊》2014年第0期；何志鹏："走向国际法的强国"，载《当代法学》2015年第1期。
[3] 何志鹏："开放发展与国际法：风险及应对"，载《政法论坛》2017年第3期。

且可以使我们能够进一步分析形成理性的论断。

(一) 中国外交事务中对国际法的重视

当我们追寻到历史的纹理和脉络之中,就会进一步发现,中国政府和中国领导人对国际法的期待、看法、应用是存在变化的。而变化中的主要方面是正面应用国际法。即使我们仅观察1949年以后中国对国际法的态度,也不难发现,国际法经常被置于很突出的位置。

(1) 对《中苏友好同盟互助条约》《朝鲜停战协定》的重视。中华人民共和国的第一代核心领导人毛泽东主席在很多时候都重视国际法,尤其体现为其对承诺的信守和对国际违法的坚决反对。[1]在1949年中华人民共和国成立之后,国家最高领导人毛泽东主席马上出访苏联。因为1945年中华民国政府与苏联签订的《中苏友好同盟互助条约》有一些对中国不利的方面,中国政府一直考虑如何改变这一条约的内容。中华人民共和国中央人民政府宣布成立、苏联承认这一新的政府是一个恰当的变革与转折的时期。所以,毛泽东以一国元首的身份,到苏联进行为期数月的访问。在这几个月中,通过各种外交方面的努力和技巧,最终使得中国的诉求获得了苏联的认可,在周恩来等优秀外交专家的卓越努力争取之下,最终形成了新的中苏友好同盟互助条约。[2]新条约签订后,毛泽东表达了对这个国际法文件的重视。他认为,用法律的方式把这种新的国际关系确定下来,对于国家来说是非常重要的。此后不久,历史事实也证明,在1950—1953年朝鲜战争的时候,中国政府通过很多方式,最终目标就是要签订一个对朝鲜及中国方面更为有利的停战协定。[3]《朝鲜停战协定》显然也是一份国际法文件,中国人民英勇斗争而谈判、签订一个规则更为有利于中国的协定,体现了对国际法的重视。从这两个例子可以非常明显地看出,对国际法的重要作用,中国政府及领导人在中华人民共和国成立之初就有着非常明确的认识。

(2) 在改革开放之后,中国非常迅速地加入了一系列的国际组织,签署了一系列的国际公约,这都表明我们对国际法的积极支持态度。在诸多实践之中,最值得关注的是中华人民共和国与英国在研讨香港地区未来的时候,

---

[1] 察凤娥:"毛泽东外交思想在我国国际法中的实践",载《政法论丛》2001年第3期。
[2] 裴坚章主编:《中华人民共和国外交史》(第一卷),世界知识出版社1994年版,第16-28页。
[3] 裴坚章主编:《中华人民共和国外交史》(第一卷),世界知识出版社1994年版,第198-210页。

通过联合公报这样的方式来解决问题。而且,这个联合公报中国政府向联合国进行了登记,这种形式无疑是条约法上的一个创新。与此同时,中国为加入世界贸易组织进行了长达15年的努力。在整个过程中,中国不仅加入了这一国际体系,更主要的是利用这一国际法律体系的框架和要求改革了国内的法律规范,也就是以国际法治促进国内法治,体现国际法与国内法的良性互动。中国对国际法的重视和遵守这一点表达得非常鲜明。特别值得重视的还有中国对于WTO的争端解决机制从陌生到熟悉,从被动到主动,从旁观到参与,显示了中国国际经济法能力的迅速提升。

(二) 应用国际法对中国利益的促进作用

鸦片战争以后中国进入半殖民地半封建社会,在国际社会中经常处于被凌辱与被损害的地位,而国际法对中国有很多负面的作用。[1]先前的研究力图揭示出这样一个因果关系:由于国际法长期对中国的负反馈,很多政府工作人员和中国学者怀疑国际法对国家的存在与发展是否具有积极意义,导致中国政府官员经常对国际法心存疑虑。[2]但是,如果深入思考,就不难发现:中国在近代所受到的凌辱和剥夺并不单纯是国际法导致的,给中国近代史带来抹不去的灰色记忆的并不主要是由于国际法,而是由当时的大环境,也就是国际关系的整体格局,特别是帝国主义的扩张态势[3]与中国自身所处的积贫积弱的社会状态,以及中国与西方大国的利益需求差异和力量对比形势所决定的。[4]可以想见,在这种状况下,即使不使用国际法,也一定有其他方

---

[1] 在那个时期,尽管在形式上中国已经逐步跨进国际社会并被纳入国际法律秩序的范围,但是,从1840年至20世纪上半叶的整整一个世纪里,作为半殖民地半封建的中国,在列强不平等条约的枷锁下,主权被破坏、领土被割让、屡遭战祸、备受欺凌。参见梁西主编:《国际法》,武汉大学出版社2011年版,第31页。

[2] 何志鹏:"论中国国际法心态的构成因素",载《法学评论》2014年第1期。

[3] 正如列宁所说的,19世纪90年代,帝国主义国家分割世界领土的斗争达到极其尖锐的程度。中共中央马克思恩格斯列宁斯大林著作编译局编:《列宁选集》(第二卷),人民出版社1972年版,第799页。

[4] 关于中国的软弱和西方的强势,参读[美]斯塔夫里阿诺斯:《全球通史:从史前史到21世纪》,吴象婴等译,北京大学出版社2012年版,第553—555页。中国史家亦云:"世界政治经济关系日切,列强经营东方之形益强。中日战争中国失败,向外乞援,予不可多得之时。即列强外交加,遂从事于秘密活动,总署大臣不善应付,几成瓜分之局势。"陈恭禄:《中国近代史》,中国工人出版社2012年版,第272页。

式对中国利益进行剥夺。[1]回顾中国接受和遵守的《南京条约》《北京条约》《瑷珲条约》《马关条约》《辛丑条约》等于我们有害的国际法规范,表面上是国际法的力量在控制中国,实质上则是国际社会的整体局面以及强大的帝国主义国家与像当时中国这样羸弱的国家的力量对比。换个场景,我们甚至可以说,如果没有这些条约的规定,而是任由那些取得了胜利或者居于战争优势地位、战略能力强大的国家任意作为,中国可能更加被动,损失可能更大。[2]由此,近现代中国在国际社会、国际制度中受到的诸多挫折只是故事的一半,或者说是中国与国际法互动的一个消极侧面。故事还有另外一半,就是与国际法互动的正面反馈的侧面,[3]是一个通过了解国际法、利用国际法,甚至创造性地发展国际法来维护中国利益、塑造中国形象、提升中国影响力的侧面。

(1)从《万国公法》的翻译到大沽口事件、曾纪泽访俄。[4]在18世纪上半叶,中国整体上对于国际法的基础知识非常陌生。这一方面是由于长期疏离于主流国际体系,另一方面也是因为在军事经济社会方面都处于相对落后的状态。所以,清政府不仅在武装冲突上屡屡失利,而且在战后事务解决方面也存在诸多令人扼腕的昏招。由于在国际事务上基本外交常识缺乏、国际法知识储备不足,"争其所不当争,弃其所不当弃"。损失重大的局面与国家实力不足有明显的因果关系。历史证明,国际法的能力如果有所提升,中国相关官员在处理中外交涉事务上就会稍有利于中国。例如,通过19世纪60

---

[1] "国际法从来就不是孤立存在的,它要受国际社会和国内社会的政治、经济、军事、科学技术或地理环境等各种因素的制约和影响"。周忠海:《周忠海国际法论文集》,北京出版社出版集团、北京出版社2006年版,第21页。

[2] 对于这样的问题,历史观念中还有很多对帝国主义的美好幻想。与很多西方学者蓄意美化英国启动鸦片战争的动机不同,一些西方新著提出了更为犀利的观点。例如 Julia Lovell, *The Opium War: Drugs, Dreams and the Making of China*, Picador, 2012.

[3] See Shin Kawashima, "China", in Bardo Fassbender and Anne Peters (eds.), *The Oxford Handbook of the History of International Law*, Oxford University Press, 2012, pp. 451-473.

[4] 柳宾:"国际法的输入与中国外交近代化的起步",载《天津社会科学》2001年第1期;曹胜、柳宾:"试论国际法的输入对晚清外交近代化的影响",载《青岛科技大学学报(社会科学版)》2002年第4期;况落华:"大沽口船舶事件:晚清外交运用国际法的成功个案",载《安庆师范学院学报(社会科学版)》2006年第1期;张效民:"国际法与晚清近代外交",载《社会科学论坛》2006年第6期;白京兰:"民国时期的新俄外交与杨增新的国际法实践",载《新疆大学学报(哲学社会科学版)》2001年第2期。

年代翻译国际法的著作,[1]中国官员了解了国际法,应用国际法处理普鲁士与丹麦在中国大沽口海域发生的扣船争议时就维护了中国的主权。1875—1877年,左宗棠收复新疆的战争大获全胜,清政府代表崇厚却因外交能力不足、敬业精神欠缺而签订了损失国家大量权益的《里瓦几亚条约》,激起官民愤慨。清政府指派重新谈判条约的代表曾纪泽,在谈判中根据国际法在程序和实体问题上据理力争,终于签订《圣彼得堡条约》,夺回了一些权益。[2]这两个例子证明,中国的国际法能力进一步强化,国家利益的损失也会有所降低。这就初步形成了国家与国际法的正反馈。

（2）从巴黎和会到《华盛顿公约》。1911年中华民国成立之后,人民的爱国热忱有所提升。[3]但是帝国主义的总体格局依然如故,人为刀俎我为鱼肉的对比状况依然如故,列强并不因为大清帝国更名为中华民国就宽大为怀。尽管如此,积极运用国际法维护中国的领土利益依然带来良性正面的互动。顾维钧在巴黎和会为收回山东半岛作出了大量的努力,虽然由于国家之间的政治格局安排[4]而未能真正获得机会,但是由于其有力的表达、出色的陈词,基于国际法有理有据的分析,嗣后的华盛顿体系还是支持了中国的利益要求。[5]

（3）从李顿调查团到旧金山会议。自日本侵华到抗战结束,对中国是一个大国地位初步确立的过程。日本占领中国东北地区以后,中国政府试图用国际组织、国际法来解决问题,[6]李顿调查团的报告最清楚地体现了中国积

---

[1] 赖骏楠:《国际法与晚清中国:文本、事件与政治》,上海人民出版社2015年版,第96-124页。

[2] 赵佳楹编著:《中国近代外交史》,世界知识出版社2008年版,第300-319页。

[3] 1915年北洋政府接受日本提出的二十一条,中国人民认为这是卖国之举。王芸生:《六十年来中国与日本》（第六卷）,生活·读书·新知三联书店2005年版,第87-131页、第140-141页、第285-312页。

[4] 1914年7月第一次世界大战爆发,中国以工代兵,1916年大批华工赴法国、俄国参加后勤和运输工作,1917年2月与德国断交,8月14日宣战。虽然中国是战胜国,但是早在1916年7月,日本与俄、英、法就已签订密约议定山东问题。王芸生:《六十年来中国与日本》（第七卷）,生活·读书·新知三联书店2005年版,第84-88页。从这个意义上看,巴黎和会本身就是五大国共同宰割世界的分赃会议。张宪文等:《中华民国史》（第一卷）,南京大学出版社2006年版,第286-292页、第299-305页。

[5] 美国国会否决了凡尔赛条约,之后又引领一些国家推出了华盛顿会议。张宪文等:《中华民国史》（第一卷）,南京大学出版社2006年版,第291-296页、第308-313页。

[6] 民国政府向国际联盟呼吁的过程,见[美]徐中约:《中国近代史:1600—2000中国的奋斗》,计秋枫、朱庆宝译,世界图书出版公司2008年版,第440页。

第五章 新时代中国参与全球治理与国际法治的意义、原则与方法

贫积弱的地位。当国家被外国侵略之时,国际社会的制度性回馈体系不仅无法帮助中国收回领土,而且形成了一个极为荒唐的建议:要使中国东北地区成为国际托管领土,[1]这其实就是各个帝国主义国家意图实现侵占中国领土和瓜分中国东北利益愿望的正式文本。1931年的不承认主义[2]实际上证明了国际法领域的抗争对当时如中国这样的弱小国家仍然具有意义。在抗日战争中,中国的国际声望明显提升,在国际法中的被动地位也因而调整。[3]与昔日帝国废除旧约、重新订约是中国人民百年梦想的初圆,[4]更是中国国际法地位改变的重要表现。[5]虽然第二次世界大战之后,中国的大国地位在很大程度上是由于中国军队与人民奋力抗争而取得的,并且仍有不利于中国的诸多安排,[6]但是1945年在旧金山召开的联合国制宪会议对中国大国地位的认可,特别是作为联合国安理会常任理事国、具有否决权这样一个事实,证明中国在国际法上是有正面收益的。[7]迄今为止,中国仍受益于《联合国宪章》这个重要的国际法文件所赋予中国的特别权益和地位。甚至可以说,1978年改革开放以后中国能够在国际社会迅速成长壮大,一方面

---

[1] 赵佳楹编著:《中国现代外交史》,世界知识出版社2005年版,第463—471页。

[2] 中国国民政府依赖国联的外交主持公道未能成功,最后华盛顿会议的体系破产,史汀生的不承认主义表达了一些国家的单边态度。张宪文等:《中华民国史》(第二卷),南京大学出版社2006年版,第400—403页。

[3] 国民政府寻求英美支持日本侵略,但英美法不愿卷入,而是实行绥靖政策。张宪文等:《中华民国史》(第三卷),南京大学出版社2006年版,第46—50页。

[4] [日]川岛真:《中国近代外交的形成》,田建国译,北京大学出版社2012年版,第191—323页。

[5] 1942年10月24日到1943年1月11日,中美新约签订;1942年11月1日至1943年1月11日,与英美签订新约;中国废除了不平等条约,作为四强之一的地位确定。不过中国在名义上是四强之一,实际则被排斥于盟国政治核心之外。张宪文等:《中华民国史》(第四卷),南京大学出版社2006年版,第395—401页。废止旧约交涉,见郭廷以:《近代中国史纲》,格物出版社、上海人民出版社2009年版,第417—418页;关于平等条约的签订,前书第473—476页。南京国民政府的修约外交虽取得成绩,但与国力不匹配。朱汉国、扬群主编:《中华民国史》(第一册),四川出版集团、四川人民出版社2006年版,第178—182页。

[6] 当时,宋子文虽然不同意雅尔塔协定,但王世杰与莫洛托夫签订的《中苏友好同盟互助条约》实际上还是给中国带来了很大的损失。张宪文等:《中华民国史》(第四卷),南京大学出版社2006年版,第573—582页。

[7] 中国经过长期的反侵略斗争,成为联合国的创始国,拥有安理会常任理事国五大国之一的地位和一票否决权,在世界上的地位上升,在近代史上国际威望从来没有如此之崇高。[美]徐中约:《中国近代史:1600—2000 中国的奋斗》,计秋枫、朱庆宝译,世界图书出版公司2008年版,第490页。

固然是由于中国土地和人民所蕴藏的巨大经济活力得以释放,另一方面也必须归功于以《联合国宪章》为代表的一系列国际法律体系赋予中国的地位和机遇。

(4) 从"和平共处五项原则"到万隆会议。中华人民共和国政府宣布成立的阶段是中国形象在国际社会初步塑造的进程,其起点是国家法律人格的独立和平等。"新中国作为独立的社会主义国家屹立于世界的东方,在国际事务中起着越来越重要的作用,这为发展我国的国际法学创造了最好的政治社会与历史条件。我国政府在国际活动中提出了一系列的新主张,积累了丰富的实践经验,对当代国际法的发展作出了巨大的贡献。"[1]其中不仅包括对英国建交的强硬态度,[2]也包括在苏联方面的据理力争。[3]在此基础上,中国力图通过宣布和平共处五项原则并扩展其影响而构建起在国际社会中温和友好行为体的形象,[4]通过积极参加万隆亚非会议并重申"求同存异"的思想而巩固中国公正包容的形象。[5]在实践中,中国还特别注意将一些中国传统文化元素注入中国所主张的国际法理念,包括"不强加于人""绝不开第一枪""来而不往,非礼也""退避三舍"等,都能从中国主张的国际关系原则、国际法律思想中找到清晰的印迹,[6]中国国际法观念形成的一种底线思维,并在此基础上不断进展。

(5) 从"搁置争议、共同开发"到"一国两制"。20世纪70年代,中华

---

[1] 宦乡:"为创建新中国的国际法学而努力",载中国国际法学会主编:《中国国际法年刊》,中国对外翻译出版公司1982年版,第3页。

[2] 关于中英外交关系逐步发展,参见廖盖隆、庄普明主编:《中华人民共和国编年史》,人民出版社2010年版,第13页。

[3] 中华人民共和国成立以后,试图重新树立中华民族的自信与自尊,对西方列强采取了强硬的姿态,在与苏联的交往问题上也意图避免苏联对中国的片面压制,构建起一种较为平等的关系。[美] 徐中约:《中国近代史:1600—2000 中国的奋斗》,计秋枫、朱庆宝译,世界图书出版公司2008年版,第531-533页。

[4] 裴坚章主编:《中华人民共和国外交史》(第一卷),世界知识出版社1994年版,第99-100页、第103页。

[5] 裴坚章主编:《中华人民共和国外交史》(第一卷),世界知识出版社1994年版,第240-255页。

[6] 参见中华人民共和国外交部、中共中央文献研究室编:《周恩来外交文选》,中央文献出版社1990年版,第327-328页。

人民共和国政府恢复了在联合国所有机构的席位,[1]这对于中国的外交事业无疑是一个重要的促动,而其基础架构则是国际法。具有外交示范意义的《中美联合公报》《中日联合公报》[2]无论在国际法的内容方面还是在形式方面,都体现了鲜明的创造性,同时也具有表达立场、维护利益的重要意义;而以"一国两制"的方针和平解决我国香港和澳门地区问题,对存在争议的海域采取"搁置争议、共同开发"的方式予以应对,显然也是国际法实践中一个务实有效的创举。[3]20世纪80年代以后直至2001年,从"复关"(恢复关税与贸易总协定缔约方地位)到"入世"(加入世界贸易组织)的过程,保证了改革开放进程的顺畅持续,并使中国跃升为第二大经济体。

(6)从"一国两制"到"一带一路"。中国在国际社会的地位和工作方式意味着它不会仅仅停留于对国际法被动地接受和实施。中国政治思想中有着鲜明的务实性,改革开放40多年来,中国从参与到引领和设计国际规范,是开创性地利用国际法制度解决自身问题、在不断发展变化的时代环境中创制国际法的规范与原则的新征程。中国与国际法的良性互动,体现为用原有的国际法形式和新创制的灵活思路解决世界事务和中国问题。这种探索体现了中国思想中"穷则独善其身,达则兼济天下"的观念。通过新时代的国际法新主张,中国不仅力图保障自身经济增长,而且意图分享利益,实现共赢。

从前述的一系列实例不难看出,一百多年间,中国始终对国际法抱有希望与期待,用国际法来构建国际秩序,期待着国际法发挥其有益的作用,实现国际公平和正义。这促使我们从理论上进一步探寻国际法对国家利益与意志之间的关系。

三、参与国际法治功能的理论解释

分析国际法对于国家利益维护的能力与局限,我们依次研讨以下几个方面:第一,从国际法的性质和特点,如何理解国际法的作用?第二,国际法

---

[1] 王泰平主编:《中华人民共和国外交史》(第三卷),世界知识出版社1998年版,第8页、第458—468页。

[2] 关于中国恢复联合国席位,以及中美、中日恢复邦交,参见[美]徐中约:《中国近代史:1600—2000 中国的奋斗》,计秋枫、朱庆葆译,世界图书出版公司2008年版,第550—559页。

[3] 韩念龙主编:《当代中国外交》,中国社会科学出版社1987年版,第379—383页。

能够维护国家的哪些利益，如何维护？第三，国家遵守国际法会有何种结果？不遵守国际法又会产生何种结果？

(一) 国际法治对国家硬实力的约束

讨论国际法在国际社会中的功能和作用，要从它的弱点开始。从国际法自身的性质来看，所有国际法规范在形成的过程中，始终基于国家自身的允诺和同意，国家通过彼此的约定而形成法律，所以它是国际社会的规范。[1]作为约定法的国际法，处于一种以国家自身的意志来对国家自身的行为进行制约和约束的状态，这种自身允诺自身约束的规范能力显然不容高估。这进一步说明，国际法的约束机制体现为国家之间的彼此监督。[2]也就是说，国际法到现在为止仍然是一种横向法，是一种国家之间彼此平等监督而产生的约束机制。[3]虽然历经数个世纪的发展，国际社会已经形成了诸多的国际组织和国际法律机制，有些甚至强大到被人们怀疑已经达到超国家法的程度。全球性的组织如联合国，全球性的劳工、人权、环境保护、贸易、经济支持机制相继建立，并且对很多国家或类国家行为体的措施予以规范；区域性的经济贸易机制和军事安全机制也在积极发挥着作用，对国际社会某一地理区域的基本秩序进行规划；但是，其中的问题依然是非常明显的。最为重要的方面就是国家在所有的组织和机制里都保留着退出的权利。这种权利有些直接明确地规定在相关条约制度之中，有些则通过国家用自身

---

[1] 韦斯特雷克将国际法界定为国家组成的社会中的法（the law of society of states or nations）。John Westlake, *International Law*, Part 1: *Peace*, the University Press, 1910, p. 1. 劳特派特则将国际法界定为国际共同体的法（《奥本海国际法》第九版也注重国际社会，但1905年的第一版至1954年的第八版则如此陈述："万国法，或国际法是被文明国家认为在其彼此交往中具有法律约束力的习惯和约定规则的名称。"）。Hersch Lauterpacht, *International Law: Collected Papers*, Vol. 1, *General Works*, Cambridge University Press, 1970, p. 1. 社会与共同体的含义是不同的，在社会中，主体之间的关系是错综复杂的，利益需求是多样的、经常相互矛盾的；在共同体中，主体之间存在一个基本的秩序逻辑框架，利益需求具有一致性。在当前的环境下，总体上仍然是国际社会，而非国际或全球共同体。

[2] 对国际法实施理论与事实的分析，参见 Mary Ellen O'Connell, *The Power & Purpose of International Law*, Oxford University Press, 2008.

[3] 很多重要的国际法学者在其著作中对此持不同的观点，如凯尔森认为，自助和集体安全就是国际法强制力的表现；Hans Kelsen, *Principles of International Law*, Rinehart & Company, 1959, pp. 15–17. 《奥本海国际法》认为，自助和干涉构成了国际法的外在力量。Robert Jennings and Arthur Watts (eds.), *Oppenheim's International Law*, Longman, 1992, p. 10. 本书的观点是，如果进行极致的归结，国际法之所以约束国家，除了国家自愿，就只有外力的强迫和利益的衡量。

的实践予以证实。由此，现有的国际组织和机制不能如国内法律机制和组织机构那样强制要求其所属的公民和法人。由法律制定机制的约定性、法律运行机制的横向性，就可以推出法律的约束形式是柔弱的。如果没有国家或相关行为体的横向压力和国家自身的意愿，国际法的遵行机制就很值得忧虑。

国际法之所以呈现与国内法显著不同的性质和特征，主要原因是国际法所处的社会环境。国际法是国际关系的规则，既包括国际关系的规则方式，也包括国际关系的规则领域，还包括国际关系的规则进程。国际法身处国际关系的环境之内，受国际关系的形态所浸染，不可能脱离现有国际关系的基本境况。而国家之间关系的典型结构、基本格局就是无政府状态，这也是国际关系学的基本前提假设。[1] 国际社会处于一个没有世界政府的格局之中，在国家之上没有形成一个全球性的、对国家有发号施令能力超国家的权威，无法建立强力机构要求国家必须做什么，不得做什么。国际法没有中心化的权威、法律功能也处于分散状态。无论现在的区域性、全球性机构如何发达，都还没有成为一个像国家那样的政府。人们一般认为，欧盟是国际组织中最具有强制约束力和比较丰富的资源的，[2] 但是欧盟与一个国家仍然不能比拟，在一个国家之内，如果一个公民触犯了该国的法律，该公民几乎无处可逃。即使他选择了到其他国家去隐匿，国家之间也可能通过司法协助的运行对该人进行引渡和惩处。反之，如果一个国家违背了欧盟的相关法律规则，欧盟即使可以进行一些处罚，但是如果该国拒不接受，甚至表示退出，欧盟也会处于一筹莫展的境地，除了劝说该成员国留在欧盟的组织架构之内，并且努力使之遵从相应的规则，并无强制性的有效对策。故而严格地说，无法强制国家在国际社会服从任何权威。国际法仅仅是国家的允诺，国家的最终依赖原则是"约定必须信守"。而国家是否要遵循自己的允诺，并没有强行约束的机制和体制。由此，对于约定及其周边的各方面因素，国家是否要考虑，取决于其自身的实力。故而，由于国际法来自横向的国际社会，所以并不能真

---

[1] Hedley Bull, *The Anarchical Society: A Study of Order in World Politics*, Palgrave Macmillan, 2002, pp. 8-21.

[2] 当前，欧盟被认为是具有超国家性的机构，主要特征是多数决具有全体约束力、欧盟法具有优先适用性和直接适用性。Jan Klabbers, *An Introduction to International Organizations Law*, Cambridge University Press, 2015, pp. 26-27.

正有效地直接触及各个国家的硬实力，也就是物质利益。

基于这一事实，在对国际法影响国家利益的问题上，需要知道的是，在国际法面前，国家始终保有一个"终极保护阀"，也就是国家可以在感觉最有害于自身利益的时候，退出相关的国际法律机制。尽管就私人而言，可以说人们已经习惯于生活在国际法的环境里而浑然不觉。无论是我们在进行交通、通信的时候所使用的飞机、火车，还是互联网、电话、电报，都有可能涉及一些国际协议。而在我们日常生活中所使用的度量衡，如多长是一米、多重是一克、多久是一秒，都具有国际法的因素。但是，迄今为止国际社会中的法律自身仍然没有足够的力量对于国家的实力、意志和利益进行约束。很多时候国际法固然存在规范自身的责任约束不到位、责任规定不平衡的问题，然而，根本的问题还在于，国际法的力量源于国家的意愿、利益与权力的平衡，而非单纯的规范自身。

如同前文研讨中国近代史时所论断的，国家看起来是在遵守国际法，实则无外乎遵从自身的利益判断和国际社会的权力配置。国家在国际法面前的最终决定权是国际社会的核心特征，也是国际法的主要问题，对国家而言当然是一件值得庆幸的事。例如，纽伦堡审判、东京审判等一系列实践，表面上确实可以说是国际法有了牙齿，能够要求国家去服从，可以对国家进行审判；但是深入内核，我们仍然必须承认，战胜国没有受到审判，尽管它们肯定有违背法律与良心的情况，至少存在着诸多可以争议的事实。这种国家在国际法面前最后的保护层、隔离墙或者防护网的主要机理就是前述的国际社会无政府性。也就是说，权力所不能约束的国家意志，由国家意志所塑造的国际法同样不能超越。

(二) 国际法治对国家软实力的影响

对于国家的软实力而言，国际法非常重要。在这方面，有三个值得考虑的因素。

第一，国际法作为法的符号性意义。国际法被称为法律之后，就具有了人们一般对于法律所有的印象。在人类社会的发展进程中，无论是西方文化还是东方文化，都不约而同地采用了法律这种方式来表达人们对社会关系中公平和正义理念的追求。尽管在现实生活中，法律也有诸多缺陷和问题，但是总体上人们认为法律是公正和善良的尺度。法律的正当性内涵是在历史长期的发展之中形成,特别是在人们反复的交流沟通进程中逐渐体现出来的。在法律中,人们寄托了对公开透明、明察秋毫、无偏无私这样理想的追求。虽然法律的规定并不排除特权,也不排除对不同人的不同待遇,但是由于它的强制性以及由国家的强力机构和宣传教育机构所塑造的权威性,所以它获得了人们的广泛认可。国际法既然分享着法律之名,自然就有了一种名义上、符号上的公正性,人们会认为国际法作为法律的一个部分,与民法、刑法等法律的其他部分一样,都是权威的,都能够承载人们公平正义的理想与愿望。

第二,国际法理论发展进程中的伦理引领。在现实国际交往中,国际法作为一种社会建构,[1]从单纯的符号走向名实相符。当我们用国际法来称呼这一套国际事务的规范体系、组织机构的时候,不难发现,国家之间实际上在这个规范体系中寻求着公正和善良的行为尺度。国际法发展的历史经验表明,尽管在很多时候,国家确实是基于自身的权力、为了自身的利益而左右着国际法的方向和进程,但是国家始终以公正和善良的名义提出自身的国际法主张和观念,而从来没有赤裸裸地将私利摆在国际法的内容之中,这种利益始终仅是潜伏在国家主张背后的隐身者。[2]也就是说,在国际法的观念之中,始终存在着自然公正的理念指引促动着人们改进和变革国际法律体系。由此,国际法就不是赤裸裸的国家间政治,而体现为国家对善良国际关系的规范追求,特别是权利义务配置和行为模式的理解。

第三,国际法发展过程中的规范改进与国际法律思想的发展相伴而生、相随而行。随着国际关系参与者不断增多,国际法律制度要考虑的利益主体也在增加。所以,相关的规范就越来越广泛地体现那些新加入的行为体的利益,因而国际法律制度就会变得越来越平衡,破除原来大国对国际法律制度的垄断,改变一些国家利用国际法从另外一些国家获取利益而使国际法变成一个单向利益传送带的方式。这就是 19 世纪末期非西方国家在国际法规范确立的体系中渐多参与,20 世纪 60 年代以后人民自决成了国际法的重要原则,20 世纪 80 年代前后国际经济新秩序走向国际舞台的重要理由。

---

[1] See Carlo Focarelli, *International Law as Social Construct: The Struggle for Global Justice*, Oxford University Press, 2012.

[2] 国际法在大国权力之外确立起了一种权威性,相关分析见 Rosalyn Higgins, *Problems and Process: International Law and How We Use It*, Oxford University Press, 1994, p. 4.

(三) 对国际法治作用的意义分析

为了进行理论推演，我们可以假设世界上有数个国家，国家之间既没有组织，也没有合作。这是一种国家间关系的"纯净状态"，就如物理学中所设想的没有摩擦力的理想状态。[1]在这个理想状态中，国家没有任何国际交往的经验和知识，行为百无禁忌。此时，国家既不考虑与其他国家的敌友关系，也不考虑相互间的心理评判和反复的交往反馈，而是仅仅服从其自身的意愿、利益和力量。在这种纯净的原子状态下，国家可能为所欲为：说过的话可以不算，签过的约可以推翻。国家视名誉如草芥，彼此的力量对比是其行为的唯一指针。也就是说，在不考虑主体间性的国际社会，国家不受制于任何规则，包括自己的允诺；国家作为主权者是一个主宰者、立法者，而不是遵从规则的行为体。国家努力扩展其领土、人民、政府、军事、经济实力及各项物质利益。出于物质层面的关切，国家追求其自身需求和愿望，可以罔顾国际社会的规范而任意胡为。这种纯净状态是一种野蛮状态，是一种霍布斯所称的一切人对一切人斗争的状态。在我们所假设的纯净环境下，国家不在乎国际法，不考虑其他国家的心理认同和国际舆论的评价。

上述纯净状态既不是我们所期待的状态，也不是我们实际经验的状态，它是仅为思想实验而形成的"归零状态"，这是人类社会之大幸。因为任何一个国家及其首脑都难以接受这种"纯净状态"，都一定会试图摆脱此种状态。从"纯净状态"的基本假设开始，随着国家之间的反复交往，在交往中重复约定，就有可能出现对约定规则的预期和依赖。同样，国家之间总是在反复多次博弈，所以每一个国家都必然要顾及自身在其他国家那里的评价和国际社会中的声誉。由此，国家之间摒弃了彼此隔绝的状态，构成相互依赖，甚至复合相互依赖的状态。[2]泰戈尔在《飞鸟集》里说：在梦里，我们是互不相识的；醒来时，发现我们是相亲相爱的。如果把这句话推论到国际社会，我们就可以说：在为了理论推断所设想的纯净状态、原子状态中，国家是仅

---

[1] 在讨论人类社会内部的政治结构的时候，霍布斯的《利维坦》、洛克的《政府论》、卢梭的《社会契约论》、孟德斯鸠的《论法的精神》、罗尔斯的《正义论》都对国家前阶段确立了一个自然状态的理论假设，自然状态中的行动者都是自由的，但是因为自由，无法集体行动，因而不是良好秩序。而包括霍布斯、卢梭在内的学者则认定国家之间正是处在这样一种自然状态中。

[2] 袁明："跨世纪的挑战：中国国际关系学科的发展"，载周忠海编：《和平、正义与法》，中国国际广播出版社1993年版，第49-50页。

仅考虑自身利益的；但是在实际的状态之中，国家必须考虑规则和道德。在现实国际关系中，国家存在于资源有限的空间环境里，彼此面对着诸多共同的困境和风险。在这种相互依赖的总体条件之中，国家必须通过与其他国家的合作协调而有所作为，[1]以共同面对和解决相关的风险要素，促进人类最起码的可持续发展。即使是无政府的状态，国家之间也会以沟通的手段建立起一些被接受为国际法的共同行为准则。[2]

总体来说，国家并不处于纯净状态之中，国家之间的认同和评价是广泛存在的，对于国家而言，交往是非常重要的物质和精神方面。在国际法的环境中形成一种互动关系：[3]国家需要从单方的角度树立形象，从彼此做成交易的角度，促进交往，形成契约；从国际结构稳定性的角度，需要建设体系以相互协同；在治理的格局上，国家需要应对共同风险，积极考虑贡献于全人类，形成一个命运的共同体。国际法规范与观念在人类社会中具有核心的地位。[4]在表达的层面上，一个国家需要展示国家主张背后的法律逻辑，探究国际秩序的内在机理，也就是揭示国际法的"理"。这样一来，国家要想长期、高质量地发展，就必须外重规则、内重法理，成为一个国际法的强国。

（四）参与国际法治对中国的伟大意义

我们已经证明，国际法对于国家而言是具有一些作用的，而且对塑造国家的软实力具有非常重要的作用，此时我们还需要进一步考量一个问题：中国在软实力方面有需求吗？中国有必要应用国际法去建设和提升自己的软实力吗？

对于这个问题的回答无疑是肯定的。在改革开放迈上了一个新台阶的时

---

[1] 关于国际法在国家合作中的作用，见 Joel P. Trachtman, *The Future of International Law: Global Governance*, Cambridge University Press, 2013, pp. 22-31.

[2] 万鄂湘、王贵国、冯华健主编：《国际法：领悟与构建》，马轶男等译，法律出版社2007年版，第93-114页。

[3] 关于国际法中的互动理论，见 Jutta Brunnée and Stephen J. Troope, *The Legitimacy and Legality in International Law, an Interactional Account*, Cambridge University Press, 2010, pp. 9-15, 65-76。

[4] 贾兵兵教授认为，国际法效力的基础与人类社会存在所依赖的那些基本原则和规则大体相同，如果没有一套法律制度作为支撑，则任何一个社会或者民族都很难存续下去，因为这样的法律制度为社会生活的稳定性和可预期性提供了强有力的保障，可以说法律对于人类社会的存在是必需的制度，国际社会也不例外。贾兵兵：《国际公法：和平时期的解释与适用》，清华大学出版社2015年版，第14页。

代,在中国的国际社会地位显著提高的时代,在中华民族伟大复兴接近实现的时代,我们更需要考虑如何在国际社会树立谦虚谨慎的、温文尔雅的形象,而这种形象的构成,如果没有国际法的帮助是很难做到的。故而,积极应用国际法必然是中国新时代发展的不二选择。此时,国际法就可以发挥作用。国际法是国际政治的语言,[1]国家通过国际法来阐释其立场和主张的正当性。[2]"中国威胁论"的存在要求我们不断提升自身的软实力。当前,中国的周边国家和一些距离遥远的国家都在散布"中国威胁论"。[3]他们认为,中国疆域广阔、人口众多,军事实力、经济实力强大,都可能对世界构成威胁。很多国家对中国的政府管理模式、经济发展方式和中国人的行为方式都存在诸多疑虑,因而中国始终是他们担心的对象。在诸多"中国威胁论"之中,最为关键的忧虑就是中国的承诺是否能够实现。而一个倡导法治、遵守国际法的国家,其预期性显然会更高。从应对和厘清"中国威胁论"的角度讲,国际法对于中国非常重要。

根据国际关系与国际法的跨学科研究,国家的长远发展,需要良好的国际法形象与声誉。中国经历了站起来、富起来到强起来的过程,这个过程需要中国成为国际法的强国;中国从历史上的"挨打""挨饿",到现在的经常"挨骂",迫切地需要我们主动利用国际法,通过国际法的语言与逻辑来塑造形象、展示形象、维护声誉。只有消除对中国的心理疑惧,才能增加中国的发展空间和合作机会,才可能实现中华民族伟大复兴的中国梦,才有助于构建"人类命运共同体"。

四、实现国际法治意义的关键在于应用能力

国际关系和国家发展的很多关键环节都有国际法在发挥着作用,每一个历史性的时间节点都有国际法扮演着重要角色。作为大国,在世界上的形象

---

[1] 车丕照:"国际法的话语价值",载《吉林大学社会科学学报》2016年第6期。

[2] Diplomacy use international law as medium, because states may use them to explain and justify their policies two other states and other audience to them themselves. Ian Hurd, "International Law and Politics of Diplomacy". Ole Jacob Sending, Vincent Pulliout, and Iver B. Neumann (eds.), *Diplomacy and the Making of World Politics*, Cambridge University Press, 2015, p. 31.

[3] 关于"中国威胁论",参见 [美] 徐中约:《中国近代史:1600—2000 中国的奋斗》,计秋枫、朱庆宝译,世界图书出版公司 2008 年版,第 596—597 页。

塑造需要国际法，在国际事务中的议程拟定需要国际法，在全球治理[1]中的方向引领需要国际法。国际法是处理国际事务低成本、高效益的有效手段，是表达国家意图、实现国际沟通的重要方式。

（一）需求牵引能力建设，而非能力牵引需求

中国实务界和理论界经常表达一个忧虑：中国的国际法能力比较弱，在这种我们不熟悉、不习惯的规则本位的国际竞技中，中国会不会吃亏？本章的回答是，在事实层面，中国确实缺乏法治传统。[2]在应然层面，对于一个国家而言，在某一个领域不熟悉情况，不掌握技巧，不具备能力，大多数时候确实是要吃亏的。但这却不必然意味着我们应尽量避免在这一领域的竞技。当我们认识到在某一方面的竞技是不可避免的时候，我们就只能勇敢地前进，而不能退缩。当我们认为必须加入某些国际竞技的时候，我们明智的选择是尽快练就技能，而非任由自身处于门外汉的位置。换言之，是参与竞争的必要性牵动着能力的提升，而非能力的高低决定着是否参与某些竞技。当初，中国在体育方面很多领域都处于劣势，但是人们的爱国热忱高涨，不愿意在身体素质上任由"东亚病夫"的称呼始终缠绕着中国人。这种思想推动着相关领域积极进取、奋力拼搏。而今我国在乒乓球、羽毛球、游泳、跳水等项目上不仅不处于劣势，而且经常具有压倒性的优势。即使中国的篮球、足球等项目比起技巧性运动劣势明显，但是中国也并没有放弃在这些方面的努力，而且通过一系列的措施去培养人才、锻炼队伍。这些努力使得中国在上述项目中的有些比赛里已经占有了世界领先的地位，对于有些成绩长期处于低位的项目，也一直在寻找新的发展契机。如果类比体育来思考国际法的问题，就可以看出：只要从战略和前提的角度认定参与国际法竞技是必要的、重要的，则相关的能力就应当培养和强化，从官方到民间的相关机构就应当通过一系列努力去提升中国队的整体水平。在WTO争端解决机制中逐渐摸索、熟悉、占据主动地位就是这样一个例证。正如这一领域的专家李成钢所言：在

---

[1] 关于全球治理的概念与特征的简洁讨论，见 Robert O'Brien, Anne Marie Goetz, Jan Aarts Scholte, and Marc Williams, *Contesting Global Governance: Multilateral Economic Institutions and Global Social Movements*, Cambridge University Press, 2000, pp. 2-6.

[2] "吾国自古崇尚礼治与人治……标榜礼治，忽视法治，彰彰明甚。"参见倪征𣲘：《倪征𣲘法学文集》，法律出版社2006年版，第123页。

中国加入 WTO 以后，参与的领域日趋广泛，参与的程度越来越深，就争端解决机制这一被视为 WTO 这顶皇冠上的珍珠而言，中国已经从当初的观众，逐步成为这个舞台上的主角。[1]

(二) 大国例外主义不应成为中国在国际社会的追求

有学者认为，大国一贯对于国际法采取一种例外主义的态度，因而中国不采用国际法来处理外交事务是情有可原、可以理解的。对此，我们可以假设，在这个世界上有一个非常强大的国家，该国在遇到国际问题的时候，不遵守国际法；对于原来认可的国际法采取撤出、毁约等各种方式，违背国际法律义务。

作为最强大的国家，它会有何种压力和阻碍呢？首先，在短期之内，人们看到的是，该国的硬实力迅速降低，因为该国强大的军事和政治军事实力，很多国家可能敢怒而不敢言，仅仅对其行为有心理上的否定。这样一来，这个国家很可能会认为其行为方式没有负面影响，此后会继续采取此种行为方式。然而，情况逐渐会发生变化。认真观察，一次两次的国际违法行为或许不会导致明显的负面影响，但是长期反复的违法行为可能就有不良的后果。一方面，国家间合作的概率会降低。很多国家不会愿意与这个国家进行合作，因为预期收益过于不确定，因而这个国家在各项国际事务上显得越来越孤立。经济学的基本假设告诉我们，交往会产生利益的增加，故而合作是一个国家获得利益的重要手段。所以，各国合作的大门对这个国家关闭以后，该国家合作机会及发展途径减少，国家的利益口径由此缩小，长远考量就是实力的损失。国际经济法是此种规范的突出代表。国际经济法集中于为交易和便利化的规范提供一个商业和自由的市场。在内容上，国际经济行为有很多利益相互结合的特征。[2] 由此可见，从长远看来，莽撞地任意行为而罔顾公认的规则，国家的利益并未增加，反而减少。

另一方面，由于该国反复不遵守国际法，会降低自身的国际声誉。声誉降低、负面的舆论评价和减少的合作机会无疑会增加该国的心理压力，减少

---

[1] 李成钢："WTO 争端解决机制与中国"，载唐青阳主编：《国际法学讲演录》，法律出版社 2010 年版，第 214-215 页。

[2] See Asif H. Qureshi and Andreas Ziegler, *International Economic Law*, Sweet and Maxwell, 2011, pp.16-17.

该国的社会认同感。[1]对于该国而言，又是一种利益的损失。继而，在该国经常违背国际法、名誉降低的时候，很多行为体甚至非国家行为体会逐渐滋生出对该国的仇视态度，在很多事务上可能对该国不利。[2]虽然我们不能明确地说恐怖主义就是因为那些不遵守国际法的大国而出现的，但无疑存在一些关系。由此可见，大国例外主义本质上是大国用自己的实力换取一时一事的优势的做法。在国际法体系面前，一旦国家希求例外，它就降低了其他国家对它的期望，这种期望的降低在未来会转化为声誉的降低、合作机会的减少。这和用战争的方式争取利益一样，都是成本极大的手段。[3]这充分说明，一个国家遵守国际法、维护良好的声誉，对于其安全和利益是何等重要。

（三）在外交中用法律的语言讲好中国故事

中国运用国际法的目标是助力中国发展，促进世界和谐。国际社会并不存在超越时空的永恒正义，而只有特定时空条件下的相对利益。国家只有主动积极充分地利用国际法，才能更清晰、明朗、有力地维护自身的利益。无论是罔顾国际法的存在而肆意妄为，还是盲目信奉国际法，拘泥于某些方面的字面意思，都是国际法能力不足的一种表现。在国际法面前具有主动性，就是不为国际法所钳制，而形成塑造、阐释、发展国际法的能力。当然塑造、阐释和发展国际法的积极性和主动性也并不是任性胡为或强词夺理去愚弄国际社会，而是在国际法技术许可的范围之内，将本国的道理说足、说透、说好。

中国在近代曾经受到的国际法负反馈，很大程度上是因为那时中国国力弱、外交能力不足，其中自然也包括国际法能力水平比较低。在中国的外交水准较高、国际法能力有所上升的时候，国家意志、国家利益是可以得到一

---

[1] See George W. Downs and Michael A. Jones, "Reputation Compliance and Development", in Eyal Benvenisti and Moshe Hirsch, *The Impact of International Law on International Cooperation*, Theoretical Perspectives, Cambridge University Press, 2013, pp.117-130.

[2] "越是实力较强、涉足领域较广的大国，越是可能像美国那样时时惹麻烦、处处讨人嫌。"王逸舟："中国人为什么特别需要尊重国际法"，载《世界知识》2015年第21期。

[3] 蔡从燕提出，国际社会一方面应当限制大国可以获得的特权、强化大国应当承担的法律义务，另一方面应当寻求建立监督大国依法善意行使特权、履行义务的程序法机制。蔡从燕："国际法上的大国问题"，载《法学研究》2012年第6期。

定程度维护的。中国与国际法进行交互时存在着相当的机会，其中的主要因素是国际法能力。因而，国家层面的国际法能力建设具有十分重要的意义。只要具备了充分的国际法能力，就能够促进国际社会对中国的正反馈，有效维护国家利益。同时，国际社会正面临着环境危机、不平等加剧等诸多普遍性问题，需要各国协商解决。[1]此时，中国如何积极作为，正是世所关注。正如张乃根教授所说：“在美国地位相对衰落之时，中国逐步和平崛起，欧盟一体化继续发展，可以预言在未来的30年至50年，国际关系及国际法体系必将发生新的历史性变化。"[2]除亚洲基础设施投资银行、上海合作组织这些制度性的支配地位以外，我们还特别需要在国际法主张中渗透中国传统文化，[3]贡献中国的思想智慧，确立中国的发展方向。[4]其中既包括对中国所提出的"和平共处五项原则"、万隆会议的求同存异原则进行与时俱进的阐释，也包括认真对待和高度评价中国在改革开放之后提出的"一国两制"解决原殖民地问题的主张，以及与邻国搁置争议、共同开发解决海洋争议的主张，更要充分论证在21世纪提出的"和谐世界"，特别是建设"人类命运共同体"的主张。[5]

中国国际法能力的重心不在于提出宏观整体的大战略（这种战略主要是国际政治学科的任务），而在于对这些战略思想进行系统深入、符合逻辑的阐发，也就是更为周密、具有说服力的论证。这种周密的实证形式不仅有助于各国理解中国，而且也有助于中国维护自身国家和公民的利益，因为国际法归根结底是战略问题的战术解决，是宏观整体思路的微观工程化设计和实施。

---

[1] 关于环境问题和全球不平等问题，参见［美］斯塔夫里阿诺斯：《全球通史：从史前史到21世纪》，吴象婴等译，北京大学出版社2012年版，第779页、第792页。

[2] 张乃根：《国际法原理》，复旦大学出版社2012年版，第25页。

[3] 例如，中国国家领导人习近平就数次提出，中国人没有好战的"基因"，由此引领国际法的观念塑造和制度构建就显得非常重要，同时也有必要说明，中国文化何以对于战争采取拒斥的态度。对中国和平文化的研究，参见赵宝煦："崇尚和平：中国传统思想的重要特征"，载周忠海编：《和平、正义与法》，中国国际广播出版社1993年版，第1—7页。

[4] 肖凤城："论军事外交的法治运作"，载《法学杂志》2015年第7期；夏海斌："航运外交在'一带一路'建设中的法治选择"，载《党政论坛》2015年第21期。

[5] 就"人类命运共同体"这样的思维而言，我们既有必要说明这一观点的文化传统与正当性，也需要说明这一观点和康德的"永久和平"理念以来的西方相似观念（包括罗尔斯的万民法思想、哈贝马斯的世界公民社会观点）的差异性。西方思想的现代阐发，参见 Alexander Somek, *The Cosmopolitan Constitution*, Oxford University Press, 2014.

所以特别强调踏实把握国际法的规范和概念,并用严谨的逻辑以及丰富的材料去周详、严密地论证中国的立场和主张的能力。[1]故而,除了提出一些核心概念,中国的国际法能力还必须体现为精耕细作,也就是在实证分析能力上有所提升。例如,考虑条约与中国法的关系,就必须更为细致地进行研讨,而不能仅仅停留于大而化之的原则叙述。"为了最大限度地从条约中获得利益,有必要重新审视我们相关的制度设计。当务之急是要设立条约评估制度和细化条约审批制度。"[2]

第二节 新时代中国参与全球治理与国际法治的理念、原则与战略构想

一、新时代中国参与全球治理与国际法治的理念

杨泽伟认为,新时代中国国际法观的核心内涵包括和平共处五项原则、"共商共建共享"的全球治理观、"相互尊重、平等独立"的国家主权观、"集体人权和个人人权"相结合的整体人权观、"共同、综合、合作和可持续"的和平与安全观以及"创新、协调、绿色、开放、共享"的发展观。[3]在研讨新时代中国国际法治理念的时候,需要在观念方面明确的问题是:总结、提炼新时代中国的国际法治理念究竟有哪些理论和现实意义?此种国际法治理念在国际关系和中国发展的道路上是否具有指引和借鉴意义、有何种功能?经过审慎考察,不难看出,虽然对于既有的国际法治理念进行归纳和分析不能够迅速地解决各种问题,但是有这样一种清楚的表达,有助于为中国的国际法治道路奠定基础,为日后中国更好地推动和参与国际法治形成一个初步的里程碑。

(一)提升中国的国内外治理能力

新时代中国国际法理论的提出和宣介有利于全面提升治理能力。近年来,

---

[1] 余敏友:"国际法学研究要以运用国际法能力建设为重心",载《法学研究》2011年6期。
[2] 车丕照:"认真对待条约——写在中国'入世'10周年之际",载《国际经济法学刊》2011年第2期。
[3] 杨泽伟:"新时代中国国际法观论",载《武汉科技大学学报(社会科学版)》2020年第5期。

尤其是党的十八届四中全会以来，中国共产党和各级政府的治理能力在逐渐提升，[1]而现代治理能力的核心是法治水平。[2]中国在法治领域所进行的努力和所取得的成就得到了广泛的认可，而法治发展必然包括国际法方面。法治包括国内和国际相互联系、相互影响、相互协调的内涵。国内法治的建设和提升促进着国际法治的研讨和建设。只有在国际法治领域提出明确的主张和思路，才能使得中国真正成为法治大国、强国。法治是人类社会共同认可的良好社会治理方式，而国际法治是其在国际关系上的体现。2014年，党的十八届四中全会通过了《中共中央关于全面推进依法治国若干重大问题的决定》，其中提出了要积极参与国际规则制定，推动依法处理涉外经济、社会事务，增强我国在国际法律事务中的话语权和影响力，运用法律手段维护我国主权、安全、发展利益。这就要求我们善于利用国际规则、维护国家利益、推进国家发展。习近平主席在很多场合都提出了统筹国内、国际两个大局的观点。在这个进程中，中国法与国际法必将以更加深刻和频密的互动，不断为人类法治贡献新智慧和新方案。[3]在国内正在积极构建中国特色社会主义法治体系的进程中，明确提出建设和发展国际法治的基本原则和行动纲领，不仅可以为外交工作提供全方位的法律支撑，而且对国内法律事务的促进也具有重要的作用。

认真对待和有效利用国际法的规范与价值来统筹国内、国际两个大局的治

---

[1] 刘志昌："中国国家治理体系和治理能力的特点和优势"，载《当代世界》2017年第12期；杜飞进："中国现代化的一个全新维度——论国家治理体系和治理能力现代化"，载《社会科学研究》2014年第5期；宋鲁郑："中国共产党强大的治理能力与未来挑战"，载《红旗文稿》2014年第21期；孟鑫："推进国家治理体系和治理能力现代化是完善和发展中国特色社会主义制度的必由之路"，载《科学社会主义》2014年第2期。

[2] 张文显："治国理政的法治理念和法治思维"，载《中国社会科学》2017年第4期；吴汉东："国家治理能力现代化与法治化问题研究"，载《法学评论》2015年第5期；应松年："加快法治建设促进国家治理体系和治理能力现代化"，载《中国法学》2014年第6期；张文显："法治与国家治理现代化"，载《中国法学》2014年第4期；陈金钊："缘何以法治方式提升国家治理能力？"，载《山东社会科学》2014年第7期；莫纪宏："国家治理体系和治理能力现代化与法治化"，载《法学杂志》2014年第4期；莫纪宏："国家治理体系和治理能力的现代化与法治化"，载《环球法律评论》2014年第1期；朴勤："法治、国家与治理能力"，载《科学社会主义》2014年第6期；常保国："法治建设与国家治理体系和治理能力现代化"，载《政治学研究》2014年第2期。

[3] 支振锋："中国法的世界时刻 国际法的中国时刻"，载《中国社会科学报》2021年5月14日，第4版。

理，对总结基本的历史经验以及开创未来的治理实践具有重要的意义。[1]从我国的法治观念、法治能力上看，虽然过去数十年已经取得了很好的成绩，但是从政府机关工作人员到普通公众，法治的水平总体上还有待提升。国内各单位各部门有效配合，在国际社会发出和谐一致的声音，对有效维护中国的合法权益具有抓手和尺度的作用。因而，在国际层面高扬起法治的旗帜，在国际法治的各项事务上积极参与，也会带动国内法治意识的提升、制度的改进和环境的完善。进而，中国国内法律制度的发展、国内法治水平的提升，也必将会对国际法治的参与能力、引导能力，国际法治话语的塑造能力、表达能力提供有益的帮助。

(二) 塑造中国的理论与文化自信

从国内的治理能力建设和发展来看，国际法理论的宣示有助于塑造理念、引领意识。当我们对中国的国际法理论进行总结和提炼，并且通过发表白皮书的形式明确地向国内各阶层、国外各方面进行展示，清晰地表达出中国引领和建设国际法治的愿望、方向、原则、路径的时候，就会在国内增加我们的道路自信、理论自信、制度自信、文化自信。一个保持法治状态的国家，一个对自身有着高度规范要求的领导集体，同时又对国际法治提出了明确的主张，并积极践行之，无论是在国内社会还是在国际社会都能够提升中国共产党和中国政府的凝聚力，更有利于国家和国际秩序的维护。这就从理论逻辑和实践需求两个方向要求我们积极参与国际法治的构建，并善于进行理论总结、归纳和创新，并提出凝练国际法治的中国观念、发出国际法治的中国声音、表达国际法治的中国话语、完善国际法治的中国方案这样的一个宏大命题。

中国主张着眼于长远，完善全球经济治理体系和规则，弥补相关治理赤字，反对人为地搞小圈子，甚至以意识形态划线，避免由此制造隔阂、增加障碍。在对国际法治的中国观念、中国立场、中国方案进行明确的阐述、广泛的传播之后，更有利于提升党和政府以及全国人民的道路自信、理论自信、制度自信、文化自信，更有助于中国人民乃至世界各国的政府和公众认识到，中国对于世界的前途和命运有着自己的理解，对于如何应对全球风险、构建

---

[1] 何志鹏："国家治理与全球治理的共融互动——中国国际法实践70年回顾与展望"，载《法商研究》2019年第5期。

全球治理的新格局，如何更好地利用国际法形成一个世界秩序的局面，有着明晰的认知，并且作出了有效的规划。这很显然对形成鲜明有力、持续有效的中国话语具有积极的影响，会有利于增强中国参与和带动全球治理变革与完善能力与资格的信心。

必须承认，当前国内的各个单位、部门在法律意识和能力，特别是国际法的观念与思维上，还存在着很多的缺陷、不足。而彰显我国的国际法理论，并通过各种媒体渠道对这种观念进行宣介，不仅为相关的专业人员提供了一个抓手，使其在国际法相关工作中有了航标与导向，能够提高国际法治的观念和话语能力，而且也显然有助于国内各未与国际法直接相关的政府部门工作人员和公众形成国际法的意识和观念，从而用国际法的尺度去看待国际问题，在进行国际交往时有国际法的意识。这样至少可以确保相关部门的工作人员头脑中有法律和法治意识，避免一时头脑发热，说错、做错，从而减少国家的形象与实际利益损失。

（三）拓展中国的国际社会认同范围

阐释和总结中国的国际法理论是全面建设法治国家的逻辑延伸，也是中国迈向国际社会全球治理前台的一个必要的思想宣示。[1]旗帜鲜明地提出中国的国际法治观念，有助于世界各国了解中国的发展理念和发展道路，更容易使各国人民认同中国，减少周边国家存在的"中国威胁论"忧虑，从而有助于为中国的发展创造和维护一个和平的国际环境，为维护和延长我国发展的战略机遇期奠定基础。几代领导人都曾经说过，和平对于中国来说是至关重要的，中国发展需要一个和平的环境。很明显，如果中国在国际社会一直表达出对政治和经济权力的信赖和信念，则世界人民会增加对中国的恐惧感和威胁感。而当我们表达了对于国际法治的信念和认可之后，当我们用法律的语言来表达我们的愿望和立场，用法律的手段维护我们的利益之时，因为法律自身所具有的"公平"与"正义"的意象、因为法律的专业性和技术性，周边国家和各国人民就会强化对中国的信心，世界各国就会更加相信我

---

[1] 蔡拓认为，中国战略考量一方面在于完善国家治理，另一方面在于积极参与全球治理。中国外交奋发进取，推动国际关系法治化，为维护世界和平作出贡献，并致力于在国际法和大国政治、争端解决的法律和外交方法之间进行双重互动。蔡拓："全球治理与国家治理：当代中国两大战略考量"，载《中国社会科学》2016 年第 6 期。

第五章　新时代中国参与全球治理与国际法治的意义、原则与方法

们的和平愿望，从而减小中国发展、民族复兴的上行压力。

对国际法治的方式和方向提出明确的原则，会提升中国的国际声望，从而提升中国的软实力。近年来，联合国等国际组织和很多国家都开始关注国际法治的问题，并且在联合国层面召开了数次会议，对这一问题进行研讨。我国代表曾多次在此种会议上发表观点，既表达了对国际法治的支持态度，同时也表达了建设公正合理的国际法治的期待。联合国曾经就国际法治问题通过了一些文件，这些文件为国际法治的建设提供了有益的参考。但是，由于这些文件主要反映的是联合国自身的工作和某些国家的个别关切，既没能搭建起国际法治的整体框架，也不能代表包括中国在内的各种不同社会背景、经济水平和法律文化的国家对国际法治的希求。因此，在中国日益发展成为全球治理主要参与者的背景下，我们提出国际法治的观念看法和立场方案，对提升中国在国际社会的声望和地位，都有显著的正面效应和积极作用。当我们在世界范围内广泛宣介中国领导人所提出的构建"人类命运共同体"、构建合作共赢的新型国际关系、共商共建共享的全球治理理念，以及正确的义利观等先进外交理念之时，当我们将这些理念融入中国的国际法治版本之时，就会增加世界各国人民对中国维护、倡导和引领法治的信任，就会促进国内外公众对中国在全球发展体系中地位与作用的积极理解，从而在世界民族之林树立并强化有理想、有目标、有责任、有信念的中国形象奠定一个良好的基础，从而提升国际社会对中国的评价，也就会最终巩固和加强中国的软实力。

在国际舆论中塑造起一个爱好和平、尊重法治、崇尚公正的良好国家形象，有利于降低对中国的疑虑和恐惧感，增强中国的软实力，营造中国发展的良好国际社会环境；[1]能够抵御有关国家、非政府组织和人士对我国的诋毁与攻击，化解其对我们的政府和国家进行妖魔化描述，从而避免其混淆民众视听，进行渗透、干涉、颠覆活动。

(四) 促进全球治理效果的实现

从中国在国际社会的发展来看，国际法理论的总结和明确有助于我们更好

---

〔1〕骆郁廷：“文化软实力：基于中国实践的话语创新”，载《中国社会科学》2013年第1期；胡伟：“依法治国与制度软实力：'中国梦'的新维度”，载《政治学研究》2014年第6期。

113

地参与和引领全球治理。全球治理体制变革离不开理念的引领,[1]所以要积极运用国际法理念,通过规则来支持与配合中国的多边主张和倡议,增强感召力和影响力。如果能将我们所主张的国际法理论在适当的时候向联合国大会提交决议草案,从传统外交的意义上看,就能够把握国际法治的话语权,使得中国在国际法治体系中起到更好的引领作用。进而,在全球治理中促成采取有效的行动。不能坐而论道,而要起而行之,不能只开药方,不见疗效。"道阻且长,行则将至,行而不辍,则未来可期。"[2]这更要求用我们主张的国际法治原则反击某些国家、组织或者人员的错误做法,有助于国际社会了解中国在法律上进行国际关系建设,并且通过法律来确立秩序、解决问题的愿望,从而减少中国发展的阻力。

对新时代中国国际法理论的提炼、总结与实践实施,会牵引国际法的健康发展,引领世界走向和平、合作、和谐的状态。中国当前在国际社会中的地位越来越重要,是全球治理越来越突出的参与者甚至引领者。中国的发展离不开世界,世界的发展也离不开中国。在这种情况下,中国提出国际法的基本观念基本立场,对于在国际社会更好地承担起自身的责任,对于带动国际社会奔向更为美好的未来具有重要的引领作用。国际法治理念的积极表达,能够维护国家的发展利益,并且能够推动全球治理体制的完善,使之变得更加公平合理,为像中国这样的发展中国家持续发展起到推动作用。

由前述论证可知,国际法理论的提出、阐述和推广,不仅有助于维护中国自身的主权、安全和发展利益,而且有助于世界各国更好地理解中国,形成一个良好的国际法律文化体系。作为一个正在冉冉升起的发展中大国,中国有责任让国际社会了解其在国际关系中的看法及其拟推动国际社会格局的发展方向。而体系性地阐述中国在国际法治中的态度和观念,很显然对世界各国了解中国的发展方向与发展思想具有重要的作用。与此同时,良好的国际法理论,也有助于引领中国相关部门凝聚共识、提升能力,在国际法律事务中起到越来越积极的建设作用,使中国逐渐成为被国际社会广泛认可和尊

---

[1] 新华社:"推动全球治理体制更加公正更加合理为我国发展和世界和平创造有利条件",载《人民日报》2015年10月14日,第1版。

[2] 习近平:"团结行动 共创未来——在二十国集团领导人第十六次峰会第一阶段会议上的讲话(2021年10月30日)",载《人民日报》2021年10月31日,第2版。

重的法治大国。

二、新时代中国参与全球治理与国际法治的原则

新时代中国应通过确立国际法规则、有效运用国际法规则和适时发展国际法规则来体现全球时代的精神和价值，建构良好的国际法体制和机制，促进全球治理的健康发展。[1]总结近期中国倡导和参与的一系列与国际法相关的文件，以及中国领导人的一系列与国际法相关的重要讲话，中国所倡导和支持的国际法理论主要包含以下四个方面的核心原则。[2]

（一）主权平等

主权平等意味着对独立国际法人格的确认，意味着对一国内政采取不干涉的态度，是国际格局的底线思维。主权是国家的基本权利，意味着国家的独立和能够与其他国家进行交往的资格。国际社会是由主权国家组成的，这种格局已经持续了数千年，在未来相当长的时间内也仍然会保持。很多哲学家和国际政治学家都曾设想过世界政府，但是在相当长的时间内这种设想是不可能实现的。人类社会通过国际联盟和联合国设立全球国际组织的尝试，已经向我们表明了国际机构的力量和弱点。所以中国始终坚持主权国家的重要地位，将当代的国际社会看成是一个"在主权国家之间"而非"在主权国家之上"的体系。国家的主权和独立是进行国内治理和参与国际治理的前提和基础，中国的国际法理论要求必须认可并牢固把握这个基础，片刻不能放弃。

主权本来是西方民族国家在独立之时为了反抗教皇和教会的神权，以及为了确认民族国家自身的独立治理能力而形成的一个概念，是西方国家长期珍视的一个原则。但是，随着西方资本主义国家走向帝国主义、霸权主义，它们的主权观念就逐渐发生了变化。在一段时间内，它们认为主权仅仅是西方国家俱乐部内部的权利，非西方国家是没有资格享受这样的权利的，所以它们任意胡为，形成并维持着殖民体系，并荒唐地把非西方国家的土地视为可以"先占"的"无主地"。进而，当这些殖民地取得了独立、争取并

---

[1] 何志鹏、孙璐："中国与国际法的相互建构"，载刘志云主编：《国际关系与国际法学刊》，厦门大学出版社2020年版，第58-112页。

[2] 何志鹏："新时代中国国际法治思想"，载《国际政治研究》2018年第2期。

夺得了主权之后，这些西方大国仍然对殖民时期、殖民体系、殖民精神充满了怀念，"冷战"之后就以各种各样的借口认为主权已经终结，主权已经变成了一个应当删除的坏字眼。在它们看来，主权与人权相对立，主权妨碍了人民自决，主权阻隔了经济和文化的跨国交流。在全球治理的格局之下，应当是一个超越国家的体系，一个没有主权的世界，提倡没有政府的治理。

如果我们冷静分析某些西方国家鼓吹的主权虚无观念，就不难看出，它们唱衰主权的目标并不是让自身的主权受到削减，而仅仅是呼吁别国削减主权。其结果就是，缩小你的主权而增大我的主权，压制你的主张而扩大我的主张。这实际上就是形形色色的后殖民主义和新殖民主义，就是对其他国家进行奴役和压榨的预期的延续。

主权国家是国际社会的核心和基础，只有在国家的基本格局之上才有可能谈到国际合作、互利共赢，要想使国际秩序能够稳定持续健康地发展，必须依赖于主权而不能够抛弃主权。只有在尊重独立的基础之上才能有国际法和国际法治的机会和空间，否则就很有可能是以全球治理和全球法治之名去侵害国家主权，进而侵犯民众人权。如果没有了主权国家，则国际秩序全球治理皆属子虚乌有、无从谈起；如果没有主权，片面地倡导人权、人道、人民自决，则人民的安居乐业也只是空话。[1]正如中国古语所说，"覆巢之下，焉有完卵"。如果没有一个完整的国家机制，人民就会变成任人宰割的羔羊；如果没有一个很好的主权体系维护人民的权益，任由所谓的国际机制来予以管理，则人民很可能陷入水深火热之中。

从西方所谓"保护的责任"的实践来看，这种令人忧虑的境况已经变成了现实。一些国家认为在利比亚出现了"人道灾难"，就采取武力手段进行干涉，推翻了原来的合法政府，最终不仅没有改善人民的境况，反而导致这些人变成流离失所、饥寒交迫的难民。[2]而且"城门失火，殃及池鱼"，很多周边国家也因此变得不再安宁。从思想根源上看，如果这些国家认为人类现代的治理架构已经能够超越主权国家，直接去维护人们的安全自由和利益的

---

〔1〕 左安磊："独立公投、国家主权与国际法——理论基础及全球实践视角下独立公投的国际法检视"，载《时代法学》2014年第5期。

〔2〕 罗国强："'人道主义干涉'的国际法理论及其新发展"，载《法学》2006年第11期。

话，那么它们很可能是无知无畏的浪漫主义，采取的这些鲁莽行为已经给很多国家和人民带来了不可逆转的灾难。如果它们并非真诚地去维护人权，只是将限制主权、超越主权、破坏主权，干涉一个国家内部事务，作为扩张自身影响、推翻其所不喜欢的政府的一种行为借口，那么这种做法显然给世界带来了深重的祸患，也使我们更加清醒地认识到主权在当代世界的重要地位。[1]

中国历代领导人都高度重视并始终强调主权独立平等、不干涉内政的重要作用，我们一直恪守这一原则，并把这种原则看作大国与大国之间交往、大国与小国之间交往，以及构建全球法律秩序的基石。包括中国在内的发展中国家都有过长期被剥夺、受屈辱、遭损害的经历，我们更懂得珍视来之不易的主权和独立。从毛泽东、周恩来时代提出和平共处五项原则一直到当前，中国始终坚持对国际秩序基本框架的认识；邓小平同志在1974年联合国大会上曾经讲过，中国无论是处于较为弱小的时代，还是将来处于较为强大的时代，都不会称霸，都不会以强凌弱，这正是中国可以向世界保证的大国责任，也是当前中国所确立的国际法理论的出发点。[2]

所以，中国的国际法理论开宗明义地以各国的独立拥有主权相互平等作为前提和基础。主权平等，体现了中国对国际社会结构的基本理解。以国家为基本主体、以主权为核心要素的国际结构也是新时代中国国际法理论的起点与核心，是我们参与全球治理、建设国际法治的出发点和底线思维。

(二) 文化多元

文化多元意味着国际社会各行为体之间的尊重理解，以及避免文化霸权、对世界文化多样性的追求。[3]一位研究国际政治的外国学者在分析中国的和平共处五项原则的时候，曾经提出过这样一个观点：在和平共处五项原则之中有"互相"这样一个经常被人忽视的词汇，更有"尊重"这样一个不太为人注意的概念。而这实际上都是非常重要的概念。尊重，是在心理上对对方

---

[1] 何志鹏：" 人类命运共同体理念对人权理论的贡献"，载《人权》2017年第5期。
[2] 王庆海、刘爽：" 试论邓小平对国际法理论的发展与贡献"，载《中国法学》1998年第6期。
[3] 习近平：" 在联合国教科文组织总部的演讲（2014年3月27日，巴黎）"，载《人民日报》2014年3月28日，第3版。

的认可；互相并不是单方面的施与、恩惠或者要求，并不是一方为主，另一方为客，而是双方都是主体，主体之间共同参与、共同努力，共同建构一个制度或者共同维护一种秩序，形成一种互动状态。这就特别强调认可、理解和交流。[1]

为了达到这样一个目标，就需要在心理上、语言上、行动中体现出文化的包容性、文明的多样性。文化宽容不仅要体现在国内的政治、社会建设之中，[2]更要体现在国际关系的整体局面之中。[3]如果各个国家之间都能够彼此尊重、相互交流，在倾听的基础上互相理解、互相体谅、互相忍让，就能够实现一个温和宽松、心情舒畅、共同繁荣的世界。否则，以一方的文化优势心理去压制另一方，就一定会导致另一方在心理上的不同和反抗，最终体现为冲突。例如，西方国家在相当长时间之内都把自身所理解的世界秩序、国际法视为唯一正确的治理版本，[4]它们认为只有它们心目中的民主才是真的民主，其他方式的民主都是假民主；它们认为其推崇的自由才是真自由，其他方式的自由都是伪自由；它们认为自己的人权版本才是正版的人权，其他的人权就都是假冒伪劣的盗版人权。这种在文化上的傲慢与偏见、这种大国沙文主义和文化霸权主义，不仅没有带来世界的和平与安宁，反而招致很多祸患。在很大程度上，所谓文明的冲突就是源于这种文明的自负。虽然现代世界的很多激烈冲突不一定都是这种情况造成的，但是绝大多数与这种文明的不包容、文化的单一性心态有关。

社会学的研究表明，在很多时候一个人的观点并不要求在决策中被采纳，只要在决策中被倾听被关注，他的目标就达到了，他在心理上就平衡了，他就会更为认可这个决策，并且在行动中予以执行。这就是国际社会立法的民

---

[1] 在国际局势发生复杂深刻变化的当前，共建人类持久和平是国际社会的共同追求。中国在外交上提出的"和合"思想包括和平发展、和气生财、合作安全、和而不同、以和为贵、和谐共生以及协和万邦等。倪世雄："习近平'和合'外交思想"，载《人民论坛》2015年第13期。

[2] 葛荃："社会主义政治价值理念与宽容社会愿景——关于中国特色社会主义的一种政治文化解读"，载《理论学刊》2008年第9期。

[3] 贺来："'宽容'的合法性根据——市场经济中的宽容文化及其哲学透析"，载《南京社会科学》2002年第2期；[美]乔治·F. 麦克林："多元文化社会中的宽容精神"，邹诗鹏译，载《求是学刊》2005年第1期；张妹："文化宽容的可能性及其限度"，载《山东社会科学》2010年第3期。

[4] 王加丰："西方基督教文化的宽容与不宽容问题"，载《世界历史》2006年第1期。

主化要求。[1]人们经常说，国际社会存在着民主赤字，如果能够真正地尊重文化多样性，尊重各种文明自身的特点和要求，并且在国际法律的制定过程中予以充分的尊重，给它们表达的机会和投票的权利，则国际法的确定就会更为合理，在法律的履行和监督实施过程中也会更为顺畅，就有望形成一个更为良好的国际秩序。

现代的国际法是不成体系的，而且在相当长的时间之内这种不成体系的状况也不会改变。而中国的求同存异的思路恰恰是在不成体系的国际法系统和进程之中，使得各个国家、国际组织都能很好地寻找到自身位置，进而发挥自己的作用，共同为全球善治作出贡献的一种模式。[2]在很多具有宗教背景的人看来，体系的多元化或者一个法律制度没有形成一个自上而下的金字塔体系是一个令人遗憾的状况。不过，在中国文化传统看来，这种不成体系不仅是自然的，而且是必然的，甚至不妨碍其良好的未来发展前景。

中国文化始终有着包容性，在不同观点、不同立场、不同文明之间始终秉持着一种谅解和平等的观点。中国在春秋战国时期经历过诸子百家争鸣的时代。除了在少数的历史时期政府会禁锢人们的思想，总体上思想是多元化的。在数千年的发展进程中，中国不断接触、接受外来文化，并将之融为自身文化的一部分，这种历史传统使得我们没有那么强的文化自负。虽然我们对自身的文化充满着自豪感，但是我们从来也不认为中国的文化就是唯一正确的文化，中华文明就是世界上最好的文明。无论是唐朝"取经"和"译经"的过程，还是清末民初大量推广西学的过程，抑或是改革开放以后理论界和实践界大量翻译引入外来先进思想与经验，并且充实我们自身思想的过程，都充分表明了中华文化的包容性。

老子说："江海之所以能为百谷王者，以其善下之，故能为百谷王。"[3]中国文化就是一种既有充分的自信，同时又不强调自身优越感、始终保持谦

---

[1] 中国提出并推进着国际关系民主化思想。具体表现为：在政治上主张世界的命运必须由各国人民共同掌握，世界上的事情只能由各国政府和人民共同商量来办；经济上坚持互利共赢、共同发展，既要让自己过得好，也要让别人过得好；文化上尊重各种文明，平等相待、互学互鉴、兼收并蓄；安全上倡导共同、综合、合作、可持续安全的理念，尊重和保障每一个国家的安全。卢维良、刘长富："习近平同志推进国际关系民主化的思考"，载《毛泽东思想研究》2016年第4期。

[2] 中国与亚非国家共同提出的和平共处五项原则和万隆会议十项原则，在国际法的进化过程中占有重要的地位，也是战后新兴国家对新型国际关系法律基础探索的重要组成部分。

[3]《道德经·六十六》。

和品格的文化。毛泽东同志在中华人民共和国成立之初就提出了"百花齐放、百家争鸣"的观点。因而，中国不仅在和平共处五项原则中，通过"尊重"和"互相"这样的词汇表明了我们对各国各种文化的心理认同，而且在1955年的万隆会议上，我们更是通过"求同存异"的主张，表达了中国文化对各种文明、各种制度追求和而不同、各美其美的愿望。这种文化上冲和、大度的心态，很显然有利于国际交往，有利于国际法治的建设。

在国际社会中显然也不能万马齐喑，一家独大。不同的国家、机构观念可能是不同的，只有不同的思想观念进行交流和碰撞，人类的智慧才能够提升，人类的视野才能够拓展，人类解决问题的能力才会增强，人类奔向美好前程的概率才会增大。所以我们的国际法理论就倡导在文化体系之内不同的思想和观念相互讨论、相互砥砺、相互启发，共同为寻求一个良好的社会治理格局而提出自己的方案。

（三）合作共赢

合作共赢主要是从建设目标的角度，追求国际社会未来发展的良好格局。在经济贸易领域认识到分工的差异并赞同充分的跨国境合作和紧密的交往，是由亚当·斯密、大卫·李嘉图等西方学者思考并提出的理论，这一理论得到了反复的印证，并且被世界各国普遍接受。令人迷惑的是，尽管很多西方国家在表面上都信奉这样的理论，实际上却经常走另外一条道路，那就是通过各种各样的保护措施来维护本国某些利益集团的主张，不顾本国消费者的广泛利益，更不考虑国际经济贸易往来的便利化，不把世界分工所带来的全球收益总体提升视为国际经济贸易的重要目标，而仍然避免贸易赤字、增加本国出口，将重商主义视为本国经济贸易的方向。这种做法显然不利于在国际经济贸易中发挥本国和其他国家的资源禀赋优势，不利于促进就业，改善民生。

虽然当今以世界贸易组织为代表的多边贸易规则在贸易自由化、便利化方面作出了很多积极的努力，但是很多西方国家还是坚持贸易保护主义，打着民族主义等旗号维护本国大资产阶级的利益，而不考虑国际秩序的正当化。

中国在与这些不良倾向作斗争的同时，坚持主张国际经济交往的互利性、所有国家在国际经济交往过程中都获得改进的事实，并在多个场合倡导国际经济贸易发展的顺畅化。我们始终敞开胸怀欢迎各国的商品、技术、资金和服务，同时也愿意将中国的长处与其他国家分享，为世界各国的共同进步和发展贡献力量。

中国在国际法治上强调合作共赢是普遍适用于各领域的原则，应成为各国处理国际事务的基本政策取向。在经济贸易领域，中国主张要维护世界贸易组织规则，支持开放、透明、包容、非歧视性的多边贸易机制，构建开放型世界经济，推动贸易和投资自由化、便利化。坚持开放的区域合作，反对各种形式的保护主义，反对任何以邻为壑、转嫁危机的意图和做法，提出"一带一路"倡议，成立丝路基金，全面推进"一带一路"建设，为促进全球共同发展作出中国贡献。[1]在安全领域，中国主张国际安全应该是普遍的，各国都有平等参与国际和地区安全事务的权利，也都有维护国际和地区安全的责任。[2]中国积极参与联合国的维和行动，为维护世界和平安全贡献着自己的力量。[3]通过倡导共同、综合、合作、可持续的安全理念，尊重和保障每一个国家的安全。要加强国际和地区合作，共同应对日益增多的非传统安全威胁，坚决打击一切形式的恐怖主义，铲除恐怖主义滋生的土壤。[4]

(四) 公正有效

公正有效意味着扭转单纯有利于某些国家的不合理法律秩序，并使得法律能够有效实施。自古以来，法律就被视为公正与善良的尺度。国家之间的法治也当然追求公平与正义。国际法治的公平正义，意味着当代的国际法的规则必须在机会、资源、权利义务方面配置合理，使得大小国家之间共同认可，达成彼此都能接受的公平效果；而不能是一些国家获得绝大多数资源，另一些国家承受剥削和压迫。无论是在军事、经济等传统国际事务上，还是在外空、网络等新兴问题上，国际法治都应当追求公平正义的效果，让国家在国际法的运行中感受公平正义。唯其如此，才能让各国积极参与国际社会

---

[1] 何志鹏："国际法治的中国方案——'一带一路'的全球治理视角"，载《太平洋学报》2017年第5期；何志鹏："一带一路：中国国际法治观的区域经济映射"，载《环球法律评论》2018年第1期。

[2] 贾立政等："习近平新国家安全观"，载《人民论坛》2014年第11期。

[3] 盛红生："中国参与联合国维持和平行动的国际法基础"，载《江西社会科学》2020年第11期。

[4] 中国特色的总体国家安全观，以构建新型大国关系为目标的大国安全观，倡导共同、综合、合作、可持续安全的地区安全观。陈蔚、武香君："习近平安全战略思想研究"，载《世界经济与政治论坛》2015年第6期。

的治理，才能减少世界上的恐怖主义和国家对立，才能使国际社会逐渐地靠拢在共同的命运和共同的机遇之下，为之协力奋斗。

过去的国际法在很大程度上片面地代表了某些大国强国的利益，因而是有失公允的。这种偏颇的国际法违背了国际法治的理念和意向，很多发展中国家长期通过呼吁国际政治经济新秩序等一系列行动来表达对国际法中不公正、不合理的方面进行改革和扭转的愿望。我们所主张的国际法治就是要推动变革全球治理体制中不公正、不合理的安排；推动国际经济金融组织治理体制变革，切实反映国际格局的变化；推动各国在国际经济合作中权利平等、机会平等、规则平等；推进全球治理规则的民主化、法治化，努力使全球治理体制更加平衡地反映大多数国家的意愿和利益。

正是由于传统国际法在很大程度上具有不公平、不正义的方面，所以经常被一些国家所抵制，国际法的实施效果并不理想。当然，即使那些总体上被认可的国际法规范，也由于国际法监督机制的软弱性而难以落实。正如习近平总书记指出的，在当今世界发生的各种对抗和不公，是因为联合国的宪章和宗旨没有得到很好的遵守和履行。中国所倡导的国际法治格局就是要在实体和程序上塑造公平，形成一个良好的国际秩序，继而强化国际法的监督执行机制，形成有效的措施。

三、新时代中国参与全球治理与国际法治的战略构想

虽然理念的作用非常大，但是单靠理念和主张是不可能完成国际法治的，必须要将这些观念和主张渗入国际法各个程序、各个环节中，通过技术的方式体现出国际法治的理念。

中国在推进和落实国际法治的进程中，不仅要充分考虑这种国际关系的大趋势，而且需要在更大范围内凝聚共识，在更深远的时空范围内发挥影响。具体而言，我们为了国际法治的实现而可能进行的路径规划包括法律确立、法律监督、法律遵守、法律适用四个方面。

（一）科学民主的国际立法进程

如同国内法一样，在国际法的系统和进程中，立法是法治这一系统工程的起点，也是法治最终能够实现的标准和尺度。所以，中国的国际法理论对立法提出了一系列的要求和主张。没有一个科学、合理、民主的立法，就不

第五章　新时代中国参与全球治理与国际法治的意义、原则与方法

可能在一个社会系统之内形成公认的行为规范准则，就无法使得相关行为体获得清晰的行动依据。民主立法要求不同国家在国际立法中都享有发言权和投票权，由此确保法律的公平性；善意监督要求相关国际法所设立的组织机构妥善履行监督职责，避免这些国际组织蜕变为政治斗争的场所。在国际社会中制定起公正、合理、科学、规范的法律，一直是各国都期待的国际法治状态。然而，非常遗憾的是，迄今为止这样的立法为数不多。很多国际法规则仍然是由少数大国以不公开、不透明的方式订立的，无论这种法律规范的内容如何，都很难得到世界各国在心理上的支持和认同。采取封闭、秘密立法的方式为世界政治、经济、文化、社会等各方面的问题确立准则，本身就是霸权主义和沙文主义的一种表现。没有各国的充分酝酿与参与，这种准则的确立对建立起一个良好的社会秩序会有明显的负面作用。

各国通过协商建立国际法律机制，不仅更容易使法律符合国际正义，而且有利于各国遵守国际规则。所以，中国一直主张世界命运应由各国共同掌握，国际规则应由各国共同书写，全球事务应由各国共同治理，发展成果应由各国共同分享。国际社会的事儿要大家商量着办，不能由一个国家唱独角戏，或者由几个国家垄断国际事务的规则确立过程。垄断国际事务的想法是落后于时代的，垄断国际事务的行动也肯定是不能成功的。中国将大多数国家团结起来，维护大多数国家利益的做法，在历史上已经获得了很多支持和赞扬。今后，中国所倡导的国际法治进程必然会继承和发展这种给绝大多数国家以发言和投票机会的方式，使得国际立法在平等对话、友好协商的过程中，科学有效地形成。

随着国际力量对比消长和全球性挑战日益增多，加强全球治理，推动全球治理体系变革是大势所趋。中国将坚持共商、共建、共享原则，推动变革全球治理体制中不公正、不合理的安排，推动建设国际经济金融领域的新机制、新规则，以合作的方式应对全球性挑战，加大网络、极地、深海、外空等新兴领域的规则制定。

全球治理重在国际规则的制定和国际制度的确立。在公正、平等的规则下和平共处、互利共赢是全球各国所需要的。为应对"冷战"后国际关系的新发展，中国奋力实现社会主义现代化，积极建设物质文明、政治文明、精神文明、全面小康社会。为此进一步走向世界，在国际事务中发挥更大作用。

在此过程中，大量的国际法人才发挥了国际法的作用。〔1〕中国对全球化和全球治理持正面认知、积极评价和努力参与的态度，参与了为数可观的多边国际事务。〔2〕进入21世纪，国际格局发生着深刻的变化，世界充满了风险和不确定性，给国际法体系和规则趋势带来广泛影响。以经济发展的乏力为基本前提，国际社会走向了一个合作相对萎缩甚至落入低谷的时期，以美国为代表的经济大国开始走入逆全球化的轨道。国际安全格局和经济贸易格局都面临着重组的契机，对国际法的基调和进程都意义重大。此时，国际社会如何应对，国际关系中的主要大国试图采取何种立场和方式予以应对，在法律层面如何确立规则，就是我们必须细致观察和认真思考的问题。而值得关注的是，作为世界第二大经济体的中国，在这个时期一直保持着较为积极主动的态度，已经走上了在全球治理的格局中提出中国主张、引领世界发展的新台阶，对国际社会的多边协调起到越来越积极的作用，在全球治理的格局中发挥了主要甚至是引领的作用。〔3〕作为当代中国促进国家治理和全球治理的观念重心，"人类命运共同体"的理念通过一系列的举措体现于国际交往的行动之中。〔4〕从国际法的视角观察，中国积极引领一系列的国际组织、国际进程，倡导公平、有效率的国际法治思想，通过《巴黎协定》《亚洲基础设施投资银行协定》《上海合作组织成员国长期睦邻友好合作条约》《中华人民共和国和俄罗斯联邦关于促进国际法的声明》等国际文件，表达中国以及广大发展中国家的国际法治主张，促进国际法向公正有效的方向积极发展。

---

〔1〕 薛捍勤："新世纪国际法的挑战"，载中国国际法学会主编：《中国国际法年刊》，法律出版社2006年版，第296-298页。

〔2〕 习近平："携手建设更加美好的世界——在中国共产党与世界政党高层对话会上的主旨讲话（2017年12月1日，北京）"，载《人民日报》2017年12月2日，第2版。

〔3〕 王毅："坚持正确义利观 积极发挥负责任大国作用"，载《人民日报》2013年9月10日，第7版。

〔4〕 杨洁篪："推动构建人类命运共同体（认真学习宣传贯彻党的十九大精神）"，载《人民日报》2017年11月19日，第6版；王毅："携手打造人类命运共同体"，载《人民日报》2016年5月31日，第7版；王毅："共同促进和保护人权 携手构建人类命运共同体"，载《人民日报》2017年2月27日，第21版；王毅："坚定不移走和平发展道路 推动构建人类命运共同体"，载《人民日报》2018年3月14日，第15版；王毅："建设澜湄国家命运共同体，开创区域合作美好未来——纪念澜沧江—湄公河合作启动两周年暨首个澜湄周"，载《人民日报》2018年3月23日，第6版。王毅："共筑中非命运共同体，开启团结合作新征程——写在2018年中非合作论坛北京峰会召开之际"，载《人民日报》2018年8月30日，第6版。

（二）善意合理的国际法律监督

法律的生命在于付诸实施。国际法的监督实施，就是国际法治的核心环节。当前的多数国际法监督机制还处于一种比较弱势的状态，也就是说主要靠成员国的报告以及专家组对报告的审议和建议来确定和评估相关国家履行条约义务的状况。在这种情况下，国际执法体制首先要做的是进一步强化，使之有效；与此同时，也应当防范国家之间利用国际条约监督机构进行思想观念和意识形态斗争。这种斗争会使相关领域的国际合作受到很多阻碍，国际社会的正常秩序也会受到影响。因而，比较好的选择是成员国与相关专家积极行动，使条约监督组织与机制按照条约最初的宗旨来运行，避免其蜕化为国家之间利益斗争或观念斗争的场所。

在国际法的监督实施上，中国主张各国有责任维护国际法治权威，依法行使权利，善意履行义务。中国始终尊重各国的内政，主张通过磋商和多边机制解决国际法遵守方面的问题，而不是进行任意的谴责；反对歪曲国际法，反对以国际法治为名采取单边制裁措施，侵害他国正当权益、干预他国内政、破坏和平稳定。中国认为，这些方式不仅无益于国际法治的实现，而且有损国际法的尊严，有百害而无一利。

（三）诚实信用的国际法律遵守

诚信遵法意味着国际法各个主体以诚实信用原则为指针，依照其所认可的国际法规则享有权利、承担义务、履行责任。法律所设定的权利义务如果不能够得到法律所规定的行为体的有效遵守，则无论其内容如何完善，无论其所想象的秩序如何完美，都仅仅是纸面上的规则，而不能够转化成真正的社会秩序。因此，国际法的遵守对于形成国际秩序非常重要。作为大国，中国充分认识到国际法的不成体系状况。由于国际社会与国内社会不同的结构，国家之间处于相对分散、平等的地位，国际法也是非中心化的，所以国际法的监督实施机制处于比较薄弱的状态。尽管如此，中国还是积极善意地履行着国际法的各个方面的规范，无论是经济贸易领域的规范、人权领域的规范还是环境领域的规范，中国都按照国际条约的规定，提交了相关的履约报告。在人权领域，我们按照国际社会所确立的准则设计了国家人权的行动方案，并且努力推进实施，依据时间表进行检验。

(四) 高效公正的法律适用

司法是正义的最后一道屏障，法律规范中的公平正义只有能够进入司法环节才是真正的"活法"，否则就只是纸面上的规则。公正司法意味着司法机关应从有效解决争端、促进国际合作的角度履行司法职责，既避免使得司法机构过于积极主动、变成个别国家挑词架讼的工具，也避免司法机构过于薄弱、形同虚设。任何法律规范，不管其内容规定得如何妥当，无论其实体权利义务配置得多么精彩，如果没有合适的司法体制，则相关规则都很有可能是镜花水月。因而，中国对国际法理论的认知和理解，必然包括确立公正有效的司法体制，这也是在实现国际法治的过程中必须高度关注的问题。国际法最大的弱点就在于司法机制的不足，同时有些司法机制也有可能被滥用成为某些国家实现私利的手段。中国主张并积极促动各国和国际司法机构确保国际法的平等统一适用，避免双重标准；反对合则用、不合则弃的态度。

在国际司法领域，中国不仅大量参加了 WTO 的争端解决程序，而且突破性地就科索沃独立咨询意见案向国际法院提交书面意见，并进行口头陈述，[1]这是中华人民共和国政府首度参与国际法院的程序，而且这一做法在"查戈斯群岛案"中继续采用。[2]由此可见，中国在全球化、多边化遭遇逆潮的时空背景下倡导如此的政治、经济与法律观念，采取这些法律举措，显然是值得肯定的。为了促进国际法治的建设和完善，中国将继续积极参与建立和强化公正有效的司法机制，使得各国的权利、义务和责任能够有效地得以实现，既能够避免强权政治，也能够避免小国对大国进行威胁，从而实现一个公正、有效、顺畅、合理的国际法律秩序。

---

〔1〕 中国国际法学会主办：《中国国际法年刊》，世界知识出版社 2009 年版，第 280-294 页。

〔2〕 "Legal consequences of the separation of the Chagos Archipelago from Mauritius in 1965 (Request for Advisory Opinion)", Written Statement of the People's Republic of China, 1 March 2018, 载 https://www.icj-cij.org/public/files/case-related/169/169-20180301-WRI-03-00-EN.pdf, 最后访问日期：2022 年 1 月 23 日。

第三节　新时代中国参与全球治理与国际法治的具体方法

一、加强中央全面依法治国委员会的战略领导

2018年组建的中国共产党中央全面依法治国委员会对中国参与全球治理和国际法治具有重要的引领和指导作用。2018年3月，中共中央印发了《深化党和国家机构改革方案》。该方案要求，为加强党中央对法治中国建设的集中统一领导，健全党领导全面依法治国的制度和工作机制，更好落实全面依法治国基本方略，组建中央全面依法治国委员会，负责全面依法治国的顶层设计、总体布局、统筹协调、整体推进、督促落实，作为党中央决策议事协调机构。

中央全面依法治国委员会是推进全面依法治国的核心和启动器。2018年8月24日上午，习近平总书记主持召开中央全面依法治国委员会第一次会议并发表重要讲话。他强调，全面依法治国具有基础性、保障性作用，在统筹推进伟大斗争、伟大工程、伟大事业、伟大梦想，全面建设社会主义现代化国家的新征程上，要加强党对全面依法治国的集中统一领导，坚持以全面依法治国新理念、新思想、新战略为指导，坚定不移走中国特色社会主义法治道路，更好发挥法治固根本、稳预期、利长远的保障作用。当前，我国正处于实现"两个一百年"奋斗目标的历史交汇期，坚持和发展中国特色社会主义更加需要依靠法治，更加需要加强党对全面依法治国的领导。此时，成立中央全面依法治国委员会是贯彻落实党的十九大精神、加强党对全面依法治国集中统一领导的需要，是研究解决依法治国重大事项重大问题、协调推进中国特色社会主义法治体系和社会主义法治国家建设的需要，更是推动实现"两个一百年"奋斗目标、为中华民族伟大复兴中国梦提供法治保障的需要。中央全面依法治国委员会的宗旨是管宏观、谋全局、抓大事，既着眼于破解当下突出问题，又致力于谋划长远工作，主要工作重心是顶层设计。在推进充分参与全球治理和国际法治的过程中，中央全面依法治国委员会至少可以在以下方面积极开拓、奋发作为。

要进一步强调国际法对当今中国发展的重要意义。全面依法治国对于国

家而言意义重大，[1]同样，在全球治理日益深化、各国相互依赖日趋深入的时代，国际法是国家之间交往的一个非常重要的手段。[2]而在国家之间对事务进行研讨，特别是对是非曲直问题进行争论的时候，国际法又是重要的表达语言。在党的十一届三中全会以后，我国就开始重视对国际法的理论研究和人才培养，四十余年来已经取得了初步的成效。[3]但是，国际法的重要性仍然值得反复提及、反复强调。这是因为，中国日益成为全球性大国，这个过程中如果能够利用国际法而发展，就能够在全球范围内获得更广泛的支持；反之，如果不能充分利用国际法，就有可能受到其他国家的猜疑和否定。因此，中央全面依法治国委员会有必要向各级部门、各领域的工作单位说明国际法的意义，并且让全国人民都了解这一现实。2020年2月5日下午，习近平主持召开中央全面依法治国委员会第三次会议并发表重要讲话。会议强调，要加强国际法治领域合作，加快我国法域外适用的法律体系建设，加强国际法研究和运用，提高涉外工作法治化水平。[4]这一观念是对党的十九届四中全会精神的延伸和深化，需要我们认真关注。

中央全面依法治国委员会应当秉持对国际法的充分认知，也就是认识到国际法地位与功能的双重性。国际法的功能和地位是从学术界到实践界都容易存在误区的问题。很多人认为国际法就是公正与善良的尺度，而另外一些人则认为国际法是偏颇的，是强权政治的手段。实际上国际法既有作为天下公器的一面，也有维护大国霸权利益的一面。只认识到其中的任何一个方面都违背了马克思主义的唯物辩证观。所以，中央全面依法治国委员会就应当高屋建瓴地认识到国际法的这种特点，既重视它的优点和长处，也充分认识到它可能存在的缺陷和不足。从而使各部门在工作中能够充分利用国际法对我国有利的方面，避免国际法存在的缺陷和问题，使得国际法能够最大限度地为我国的主权、安全和发展利益服务。

在指引各层级各部门使用国际法的过程中，中央全面依法治国委员会

---

[1] 李林："全面推进依法治国的时代意义"，载《法学研究》2014年第6期。
[2] 刘楠来："国际法：依法治国中不可或缺的部分"，载《学习时报》2007年10月8日，第3版。
[3] 张文显："习近平法治思想研究（下）——习近平全面依法治国的核心观点"，载《法制与社会发展》2016年第4期。
[4] "习近平主持召开中央全面依法治国委员会第三次会议强调 全面提高依法防控依法治理能力 为疫情防控提供有力法治保障"，载《人民日报》2020年2月6日，第1版。

特别有必要指明国家的利益所在。参与全球治理和国际法治的目标在于维护和改进国家利益,这一点是各部门都充分了解的。然而,究竟如何界定国家利益,如何对不同内容、不同领域、不同指向的国家利益排序,则很可能超出了各个实务工作部门的能力。这就需要从全国一盘棋的角度,为国家利益作出明确的指引,避免出现各部门争取自身的利益,而罔顾国家利益,发生内部纷争的状况。而这一目标只能由中央全面依法治国委员会来完成。

中央全面依法治国委员会要努力提升国际法的运用能力,提升中国运用国际法的积极性和主动性。2019年2月25日,习近平总书记主持召开中央全面依法治国委员会第二次会议并发表重要讲话。会议强调,要加快推进我国法域外适用的法律体系建设,加强涉外法治专业人才培养,积极发展涉外法律服务,强化企业合规意识,保障和服务高水平对外开放。到现在为止,国际法也不是一个完全定型的法律体系,还有很多方面都在塑造的过程中。那些已经发展起来的部门也有进一步拓展和完善的必要。因此,在积极参与全球治理的过程中,我国各部门需要充分了解国际法的这种未定性,避免把国际法僵化地理解成铁板一块,我们只是被动地受其约束。而是要考虑到中国在国际法面前的积极性和主动性。在此前提下,积极参与,创造性地应用相应的规则,特别是在国际法规范的适用方式、适用领域,国际法规范的含义解释方面下大力气、做足功夫,为我国利益的发展和完善服务。

二、提升我国参与国际立法、司法水平

自从党的十八届四中全会确立了全面依法治国的目标和行动纲领[1]以来,我国立法、司法、执法部门在涉外法律的订立、实施方面作出了很多的努力,在改革开放以来的一系列努力基础上取得了进一步的成效。[2]党的十九届四中全会续写了法治国家的篇章,提出了很多法治发展的重要命题,对国际法也提出了更深刻的要求、更高远的目标。这就要求我们在国际法治的参与方面花更大的力气,下更大的功夫。

---

[1] 张文显:"全面推进依法治国的伟大纲领:对十八届四中全会精神的认知与解读",载《法制与社会发展》2015年第1期。
[2] 张文显:"新时代全面依法治国的思想方略和实践",载《中国法学》2017年第6期。

(一) 推动涉外法律法规体系建设

我国现行的涉外法律法规已初具规模，但尚未形成科学的体系，而且有的涉外法律法规已经不适应全面深化改革的需要，有待及时修订和补充；更多的涉外领域则存在法律法规真空，亟待制定，如对外关系法、对外援助法、刑事司法协助法、引渡与庇护法、领事保护法、外国人服务管理法、难民法等。因此，国际法学学科要充分利用学科齐全和人才密集的优势，坚持从中国改革开放的实际出发，严格依照公认的国际法原则、规则和制度，推动我国的涉外法律法规体系建设与国际法治要求相一致。

(二) 积极参与国际规则制定

国际法原则、规则和制度的形成，是参与国际协商协调的结果，也是国际博弈的结果。随着时代的发展，国际竞争的核心已经从对势力范围的控制转为对国际规则的制定权。一个国家在国际事务中的话语权，常常体现在它对国际规则的制定权上。[1]因此，国际法学学科要依托雄厚的师资力量和强大的专家团队在积极介入国际金融等体制改革，参与国际反恐、禁毒、核不扩散、应对气候变化、网络安全、海洋极地、公共卫生、人权等全球治理的基础上，深入参与国际规则的制定，推动依法处理涉外经济、社会事务，增强我国在国际法律事务中的话语权和影响力。

(三) 加强对国际司法的认知和把握

从历史发展的角度来看，我们的文化使得我们对于诉讼有一种排斥的心态。无论是古人的"必也无讼乎"的判断，还是封建社会对律师行业长期的不重视甚至歧视，都说明中国对诉讼这一处理问题的方式是持相对消极的态度，在国际事务上，也可以看到这样的倾向。在中国所参与的国际条约之中，对于国际司法，特别是通过国际法院来解决相关争端的方式都采取了保留的态度。但值得注意的是，在全世界各个文明的历史上，司法解决争端已经被视为一个文明公正进步的符号。所以，中国有必要逐渐提升参与司法的能力。在过去的近20年间，中国在世界贸易组织的争端解决体系中，从一个最初的被动参与者、旁观者，到后来的积极加入者，我们的司法能力正在不断地提

---

[1] 黄进："习近平全球治理与国际法治思想研究"，载《中国检察官》2018年第3期。

升。而且，中国在诸多国际司法机构中都有自己的法官和其他工作人员。这种情况的存在也不适于保持中国政府长期对司法采取隔绝和消极的态度。在未来发展的过程中，提升国际司法的参与度，应当是中国积极参与全球治理的关键指标之一。

三、提升我国的国际法教育与研究水平

培养造就一批熟悉和坚持中国特色社会主义法治理念的卓越国际法治人才，是全面推进依法治国的重要保障，也是提升参与全球治理和国际法治质量的前提，故而，强化国际法治人才培养显得尤为重要。中华人民共和国成立以来，特别是改革开放以来，国际法学教育取得长足进步，对维护国家主权、安全和发展利益以及中外当事人的合法权益发挥了重要作用，对经济社会健康发展也起到了不可忽视的促进作用。在中国深度参与全球治理和国际法治的进程中，国际法学的建设和发展具有不可忽视的意义。它既是国家自身法治建设和现代化建设必不可少的重要组成部分，又是中国积极参与全球治理的现实需求。开放繁荣的国内环境和加速变革的国际格局为国际法学教育的发展提供了富有挑战性的历史机遇，提升国际法教育的地位、能力和水平是在观念上、质量上提升中国参与全球治理的关键方面，也是中国持续参与和引领国际法治的奠基工程。

（一）国际法理论研究的深化

中国的国际法理论是中国政府以及中国国际法学界基于现实的国际问题，提出的具有中国特色的概念、命题、理念。积极构建国际法的中国理论，不仅为国际法学理论的发展注入新的活力，也有利于优化中国话语权的国际法环境。[1]中国国际法学人作为中国法学界的组成部分，没有任何理由不把自己的知识和能力融入国家成长的事业之中，在国家发展、民族复兴的伟大事业中付出自己的智慧和汗水，展现自己的能力和价值。实现中国国际法学的主流化的核心竞争力在于人。理论研究者（教学科研单位的研究人员）、教学参与者（教师和学生）、实践操作者（政府部门的工作人员）、教学科研评价者（对大学和研究机构进行评价和排名的机构）相互制约、相互促动，共同

---

[1] 仇华飞、孔维一："国际法的中国理论：现状与构建"，载《甘肃社会科学》2021年第4期。

构成了中国国际法学双维主流化这一舞台上的重要角色，形成了一个有机的职业共同体。这些角色之间环环相扣、呼应联动、彼此依存，任何一个角色的缺位和错位都会导致整体棋局受损。显而易见的是，无论是哪一个角色，都必须具有真心诚意、贡献于国际法事业发展的敬业精神和工匠品格。

从研究者的角度，应务实而不务虚，要潜入真正的问题。通过扎实的工作方式，提出具有思想启示价值和实践指引意义的研究成果。从学术研究的外部表现角度，应形成学术群落的良性生态环境，鼓励百家争鸣、百花齐放，但又不急于确立山头、划分派系，更不应背离科学精神、党同伐异。与此同时，评估者应具备务实精神，遴选出真正有意义、有益处的研究成果，将量化指标与非量化指标相结合，推动评价导引研究方向与方法的有效机制。[1]就国际法学的发展评价而言，在理想的状态下，量化指标的评价结果应当以非量化的条件进行修正。如果没有任何真正问题的揭示和有效的解决建议，而仅有统计数据上的骄人成绩，那么人们会进一步质疑：这些研究成果是否已然蜕变为思想游戏和学术垃圾。总体上看，中国国际法学的各方面力量都要客观谨慎、严肃认真地面对中国国际法理论与实践的成就和问题，并在各自的领域积极进取，分离锤炼思想、创生理论、夯实贡献。

(二) 国际法人才培养的提升

中国走向世界，首先要参与国际治理，这就需要大量地了解世界、懂得国际规则和秩序的人才，需要在各种国际组织中增加中国的官员，而我国现在培养的人才普遍还不具有国际竞争力，跟不上国家发展的需要。[2]在国际法人才培养中，必须保证以下几个方面：（1）强化坚持以中国特色社会主义法治理论为指导，坚持以马克思主义法学思想、中国特色社会主义法治理论、社会主义核心价值观为指导来开展国际法学教育，加强国际法学教育的思想引领，逐步形成具有中国特色、中国气派、中国风格的中国特色社会主义国际法理论。（2）强化国际法学学科建设。在现有基础上，加强国际法学的学科体系、学术体系、话语体系、课程体系、教材体系建设，坚持中国特色社会主义法治道路，加快构建中国特色的学科体系和教材体系。[3]把参与全球

---

〔1〕 肖永平："论法治中国建设背景下的中国国际法研究"，载《法制与社会发展》2015年第4期。
〔2〕 薛捍勤："依法治国与全球治理"，载《中山大学法律评论》2016年第2期。
〔3〕 习近平：《论坚持全面依法治国》，中央文献出版社2020年版，第175页。

治理和国际法治所急需的新知识、新理论、新技能体现在相应的专业课程之中。要处理好"中"与"外"的关系,牢牢立足中国,同时借鉴国外。积极吸收借鉴世界各地法治文明的优秀成果,同时也要认真甄别,有选择地吸收和转化,而不能囫囵吞枣、照搬照抄。在国际法的人才培养上,也要处理好"古"与"今"的关系,大力传承中华法系的精华,仔细筛选,剔除糟粕,裨益当代。(3)强化国际法的实践教学。作为法学的一个部门,国际法学具有很强的实践性。所以,国际法学教育要处理好知识教学和实践教学的关系,让学生不仅具有理论知识,而且具有参与国际法治实践能力。就教育者和学习者而言,要瞄准能力培养,教授和学习真正有用的知识和技能。只有具备深厚的实证能力和全面论辩素质,才能有效地处理事务,以法律知识与技能服务于社会发展。要重视与国际法实务部门的合作,打破高校和国际法实务专家之间的壁垒,邀请有理论水平的实务专家到学校来参与国际法治人才培养,让实务部门参与制订培养方案、专业教学、指导学生等。(4)强化法学教师队伍建设。国际法学教育、国际法治人才培养,需要有一批国际法学教师队伍在思想上有定力、人格上有魅力、学术上有功力、教学上有活力、实践上有能力。现在有一些教师缺乏对国际法学的真知和热爱,在很大程度上仅仅是进行机械的教学活动,却没有用自身的行动和感情来感染学生,这样的教学一定是缺乏魅力的,这样的教师很难培养出出色的学生。必须让教师既认识到教学的职业意义,更认识到教学的事业价值,才能有效提升国际法的人才培养水平。[1](5)强化德法兼修、明法笃行。习近平总书记在考察中国政法大学时提出了这个重要的命题,它针对法学教育、法治人才培养,当然也包括国际法人才培养。国际法治人才不仅要懂法学专业知识、理论、技能,还必须要有对祖国的忠诚和高尚的品德。国际法学教育,不仅要加强专业教育,而且要加强职业伦理教育,让我们的学生首先学会做人,做一个合格的中国人,然后成为一个高素质的国际法治人才。一些人在大是大非面前走错了方向,一些人在祖国人民利益面前选择了自己的蝇头小利,这都是职业伦理走偏的结果。只有将崇高的爱国情怀与坚实的专业知识相结合,才能培养出卓越的国际法专业人才。

---

[1] 黄进:"创新法治人才培养机制",载《人民日报》2014年11月12日,第7版。

四、提升国际法教育的地位和水平

当今世界面临的不稳定性、不确定性突出,世界经济增长动能不足,恐怖主义、网络安全、能源安全、粮食安全、气候变化、重大传染性疾病等全球性非传统安全挑战不断增多。加强全球治理、推动全球治理体制变革需要国际法学学科提供理论支持和智力支撑。深入学习、贯彻、落实习近平新时代中国特色社会主义思想,推动建设持久和平、共同繁荣的和谐世界的实践需要国际法学学科去阐释、去表达、去践行。中国不能仅仅作为国际规则的接受者和适应者,而需要积极参与全球治理,做国际规则的维护者和建设者,提升在国际事务中的话语权。参与全球治理需要一大批熟悉党和国家方针政策、了解我国国情、具有全球视野、熟练运用外语、通晓国际规则、精通国际谈判的专业人才。因此亟需培养一批放眼世界、胸怀祖国、知识丰富、业务精良的涉外法治人才队伍。基于这样的形势,我们设想,在适当的时机构建国际法学一级学科。

(一) 构建国际法学一级学科的意义

学科是知识的分类,学科体系是在知识积累过程中对学科结构和研究内容进行的布局和安排。把国际法学升格为一级学科对国家政治经济和社会发展及社会主义法治体系建设具有以下几方面重要意义。

第一,有利于健全和完善社会主义法学学科体系。国际法学既是中国特色哲学社会科学学科体系的重要组成部分,也是中国特色社会主义法学学科体系的重要组成部分。经过改革开放40年来的发展建设,国际法学在中国已经逐渐成长为一门独立的学科,并日益成为构建全方位、全领域、全要素的哲学社会科学体系不可缺少的重要部分。当前国际法学作为法学一级学科下的二级学科,既与涉外法治工作在中央和国家工作全局中的重要地位不相称,也与国际法治在中国特色社会主义法治建设中的地位不相称。党的十八届四中全会作出的《中共中央关于全面推进依法治国若干重大问题的决定》开启了全面依法治国的新时代,健全和完善中国特色社会主义法学学科体系呼唤着国际法学研究的纵深发展,进而推动着中国特色社会主义国际法学学科体系的发展和完善。

第二,有助于增强和提高国际法学学科水平。国际法学作为一个成熟的二级学科，在学术研究、团队建设和人才培养方面已形成了涵盖国际法基本理论、国际法律史、国际公法、国际私法、国际经济法、国际商法、国际海洋法、国际争端解决法等方向领域，独具特色的学科优势，但是由于国际法学尚不是正式设置的一级学科，其学科方向的凝练和建设缺乏相应的学科发展平台和稳定的师资队伍，使得国际公法、国际私法、国际经济法等领域的研究水平较高，成果丰硕，其他学科领域的研究较少，学术团队不完备，影响了国际法学学科水平的提升。因此，把国际法学学科升格为一级学科，有利于加强学科规划，汇聚人才队伍，搭建学科平台，提高国际法学学科的建设水平和整体实力，加快建设能够解决中国问题乃至世界性问题，具有国际竞争力的国际法学学科体系。

第三，有益于培养和打造涉外法治人才队伍。随着我国对外开放程度加深，国家安全的内涵比任何时候都丰富，时空领域比任何时候都宽广，内外因素比任何时候都复杂。我国已进入国际重大政治、发展和经贸问题谈判的核心圈，在联合国、二十国集团、世界银行、国际货币基金组织等全球治理体系中发挥越来越重要的作用。但我国作为现行国际规则适应者、接受者的角色还没有根本改变，这与我国的综合国力和国际地位不相称。统筹国内法治和国际法治，推进全球治理体系变革，引领全球化，构建"人类命运共同体"的实践都需要从事涉外法律工作的专业人才队伍。为此，《中共中央关于全面推进依法治国若干重大问题的决定》提出要建设通晓国际法律规则、善于处理涉外法律事务的涉外法治人才队伍。这就要求把国际法学升格为一级学科，服务国家战略要求和涉外法治工作需要，培养和造就一批具有国际视野、通晓国际规则，能够参与国际法律事务、善于维护国家利益、勇于推动全球治理规则变革的高层次涉外法治人才。

(二) 构建国际法学一级学科的目标与任务

国际法学建设的总目标是在中国共产党领导下，坚持中国特色社会主义制度，贯彻中国特色社会主义法治理论，统筹推进国际法学学科建设、拔尖人才培养、科学研究创新、国际交流提升、社会服务拓展，加快构建具有中国特色、世界一流的国际法学学科体系、学术体系、话语体系和教材体系，以优良的学科内涵、优秀的学科师资、优质的学科平台、优异的学科能效为全球治理培植先进的法治文化，培养杰出的法治人才，为我国的外交实践和对外交往提供法律服务，为我国制定对外政策和外交决策提供法律建议，为实现"两个一百年"奋斗目标、实现中华民族伟大复兴的中国梦提供法治保障。

具体任务包括如下方面。

第一，增强服务重大战略需求能力。国际法学学科与国家和区域发展战略需求紧密衔接，积聚学科优势资源，瞄准学科发展的国际前沿，服务国家法治战略实施、国家治理体系和治理能力提升需要，聚焦经济社会发展中的新问题、新热点、新需求，加强学科间的交叉、渗透、融合，加强基础理论研究、应用研究和创新性研究，力争出思想、出理论、出政策建议，研究和解决全球性、区域性重大问题，服务国家重大战略的实施。

第二，创新涉外法治人才培养机制。适应经济全球化和国家对外开放的需要，探索一套符合新时代中国国情的涉外法治人才培养体制机制，建立起涉外法治人才培养的师资团队、课程体系、教学方法、教材体系和法律实践体系等。重视师资队伍建设，根据涉外法治人才培养目标，选拔精通国际法律知识、具有熟练外语能力和法律实践能力的教师授课，通过邀请国际法律实务专家来华授课、与一流名校开展视频课程合作、实现在地课堂国际化。根据涉外法学理论、课程结构以及学科设置编写涉外法律核心教材，打造立体化的课程和教材体系。重视法律实践能力培养，通过国际化的课程训练，提升学生的涉外法律文件检索能力、文书写作能力、法律谈判以及法庭辩论技巧等，鼓励学生参与国际模拟法庭比赛等方式，搭建理论和实践结合的涉外法治人才培养课程体系。

第三，促进国际法学合作交流。一国无论是要妥善处理涉及本国的涉外法律事务，还是要参与全球治理，都必须开展和不断加强国际学术和法治实践合作，大力开展国际法学领域的合作交流。国际法学学科将致力于促进高质量的国际法律交流与合作，为"一带一路"、构建"人类命运共同体"、推动全球治理机制变革等重大国际战略的实施建构强有力的法学研究、法律服务和法治保障，探讨建立立法、执法和司法领域国际法治合作的长效机制。

第四，提升涉外法律服务水平。社会服务是学科建设的重要职能之一，国际法学学科作为融通国际法律与国内法律的综合性学科，要积极为我国企业和公民走出去提供法律服务和保障，开展对出国人员的法制宣传和法律咨询服务，帮助他们了解外国有关法律制度，引导中国企业和公民自觉遵守所在国的法律法规，与当地企业、居民和谐相处。根据我国缔结或参加的条约或按照对等原则，依法维护外国人在华合法权益，积极为外国人在华依法获得司法救济、律师服务、翻译服务等提供必要的便利。

（三）构建国际法学一级学科的建设内容及举措

国际法学要遵循学科发展规律，找准特色优势，凝练学科方向，强化内涵建设，以服务国家、区域、行业需求及学生全面成长需要作为学科建设根本出发点，构建一个具有中国特色、中国风格、中国气派的，囊括国际公法、海洋法、航空和外层空间法、国际私法、国际经济法、国际环境法、国际水法、国际组织法、国际人权法、国际刑法和战时人道法等分支学科的，层次清晰、结构协调、布局合理、互为支撑的国际法学学科体系。

具体措施至少包括以下几个方面。

第一，明确学科建设内涵。国际法学学科建设要明确学术方向和回应社会需求，坚持人才培养、学术团队、科研创新"三位一体"。围绕国家战略需求和国际学术前沿，遵循学科发展规律，找准特色优势，着力凝练学科方向、增强问题意识、汇聚高水平人才队伍、搭建学科发展平台，重点建设国家政治经济社会发展急需的一些学科方向。以建设水平较高和发展较为成熟的学科方向为引领，辐射带动学科整体水平提升，形成重点明确、层次清晰、结构协调、互为支撑的学科体系，构建区别于其他学科的发展优势。

第二，促进学科交叉融合发展。加强学科协同交叉融合。整合各类资源，加大对原创性、系统性、引领性研究的支持。瞄准国家重大战略和学科前沿发展方向，以服务需求为目标，以问题为导向，以科研联合攻关为牵引，以创新人才培养模式为重点，依托科技创新平台、研究中心等，围绕重大项目、重大研究问题和国际前沿领导，开展国际法学与其他学科的交叉研究，建设交叉学科，促进国际法学与人文、社会科学等学科的交叉融合。

第三，强化教学研究团队建设。高水平学科以一流学者带领的学术团队为标志。国际法学一级学科学术团队建设坚持"以人为本"的原则，高度重视师资队伍建设，把学术梯队建设、师资队伍结构调整、高层次创造型人才培养和建立灵活有效的人才管理体系作为创新团队建设的重要内容，建立健全与国际接轨的集聚、培养高层次人才队伍的运行机制，造就和引进一批具有世界一流水平的创新型人才和学术带头人，形成一支总量稳定、结构优化、师德高尚、素质一流、富有开拓创新能力的创新团队，并逐渐形成一批能够支撑各学科发展、代表学科前沿学术水平和发展方向并在国内外产生一定影响的学术群体。在这个框架下，特别值得关注的问题是：（1）着眼国际法学学科的长远发展，构建以学科带头人为领军、以杰出人才为骨干、以优秀青年人才为支撑，衔接有序、结构合理的人才团队和梯队，注重培养团队精神，加强团队合作。充分发挥学科带头人凝练方向、引领发展的重要作用，既看重学术造诣，也看重道德品质；既注重前沿方向把握，也关注组织能力建设，保障学科带头人的人财物支配权。（2）着力抓好青年学术人才的培养，把中青年学术骨干推向国际学术前沿和国家战略前沿，承担重大项目、参与重大任务，加强博士后等青年骨干力量培养，建设一支具有长期发展能力和潜力的人才队伍。聘请一定数量的实务领域著名专家、学者、优秀法律职业者担任兼职教授，共同参加教学科研活动。以进一步充实学术研究队伍，加强校内外交流、理论与实践交流，形成良好、持续的发展态势。

第六章
积极参与全球治理与国际法治的中国方案（传统领域）

作为联合国千年首脑会议的后续行动，时任联合国秘书长科菲·安南2005年3月21日向联合国大会提交了题为"大自由：实现人人共享的发展、安全与人权"的报告，认为实现人类的自由有赖于国际社会在发展、安全与人权这三个领域开展有效的国际合作。换言之，安全、发展与人权应该是国际社会开展合作的核心领域，因此，也应成为我国积极参与全球治理与国际法治，贡献中国方案的核心领域。据此，本章分别回顾与总结在上述领域中全球治理与国际法治的历史与现状，介绍与讨论中国在上述领域参与全球治理、推进国际法治，以及提出中国方案的情况。

第一节 国际和平与安全治理

20世纪90年代以来，随着"冷战"的结束、"两极"体制的消失以及多极化趋势的加速，国际和平与安全的状况及其治理被认为朝着积极的方向发展，尤其大国之间包括"冷战"期间敌对国之间的关系明显改善。[1] 然而，近年来，国际关系中发生的一系列重大事件表明，国际和平与安全面临的传统威胁并未消失，与此同时，国际社会面临新的非传统威胁。在此情况下，国际和平与安全治理的观念与实践必须与时俱进。过去的十余年，国际和平与安全治理取得了许多重大进展，但也面临许多新的重大挑战。在这个过程中，作为负责任的新兴发展中大国，中国对国际和平与安全治理的影响和可能的贡献日益受到关注。

---

[1]《中俄关于世界多极化和建立国际新秩序的联合声明》（1997年4月23日，莫斯科）。

一、国际和平与安全治理的时代背景

国际和平与安全治理的时代背景主要体现在两个方面。第一，国家间的权力格局发生了重大变化。"二战"后出现的长达半个世纪的"两极"格局客观上对维护国际和平与安全具有一定的积极意义，尽管这种和平与安全只是一种整体意义上的、低水平的"冷"和平，即追求不再发生世界性的战争。"两极"格局抑制了联合国在维护国际和平与安全方面发挥更大的作用，但也弥补甚至掩盖了联合国集体安全体制存在的缺陷。"冷战"结束后，作为唯一超级大国的美国动辄对其他国家使用武力或以使用武力相威胁，1999年的科索沃战争和2003年的伊拉克战争就是明证。进入21世纪，随着中国等发展中国家实力的大幅增强，国际格局的多极化有了实质性进展。虽然许多国家认为多极化有助于促进国际和平与安全，但既有霸权国家却可能力图阻碍多极化进程以维护其霸权地位。事实表明，既有霸权国家正在采取各种措施，甚至不惜采取军事对抗的措施，以遏制任何可能削弱其霸权地位的新兴大国的发展。第二，不断推进的全球化进程改变了影响国际和平与安全的传统因素，同时催生了影响国际和平与安全的新的因素。虽然传统的国家间武力使用仍然是影响国际和平与安全的主要因素，但"武力"的含义被认为已经发生变化，比如"网络战"已经倾向于被认为构成武力使用的一种。不仅如此，国内武装冲突、非国家行为体等——它们的出现与发展被普遍认为与全球化进程有着密切的联系——或是成为影响国际和平与安全的新因素，或是增加了对国际和平与安全的重要性。

在此背景下，"冷战"结束后，国际和平与安全面临的传统威胁并未消失，而且面临新的非传统威胁。

传统的国际和平与安全威胁是指源于国家间的军事对抗与冲突。1999年，在未经联合国安理会批准的情况下，以美国为首的北约国家以南斯拉夫在科索沃地区实施种族灭绝为由，对南斯拉夫发动战争。科索沃战争重创了"冷战"结束以来一度明显缓和的国际关系，严重挑战《联合国宪章》确立的基本原则与集体安全体制，被许多人认为使国际法面临危机。进入21世纪，北约连续对伊拉克（2003）、利比亚（2011）和叙利亚（2017）发动战争，不仅严重侵犯了这些国家的主权，而且造成严重的人道灾难。此外，既有大国加强了对可能对削弱其霸权地位的新兴大国的遏制。尤其中国注意到，"一些国家加大在亚太军事部署，个别国家推动军事松绑"，增加了发生军备竞赛、军事对抗与冲突的风险。[1]在这方面，既有霸权国家采取的重大行动之一是，2021年9月，美国、英国与澳大利亚声称将签署《三边安保联盟协定》。如果该协定正式签署，显然会在亚太地区造成核扩散风险、诱发新一轮军备竞赛，从而损害地区和平稳定。

非传统的国际和平与安全威胁是指由于军事对抗与冲突以外的国家间行为以及非国家行为体的行为造成的威胁。"9·11"恐怖袭击，以及发生在利比亚、叙利亚等国的国内武装冲突充分表明非国家行为体对国际和平与安全可能构成的重大威胁。非国家行为体的行为还可能引发国家间军事对抗与冲突，从而演化成为传统的国际和平与安全威胁。或隐或现的"网络战"则表明国家间的对抗与冲突并不当然采取军事的方式，也可能采取技术的方式。这些事件或争议表明，威胁国际和平与安全的主体、方式以及原因更多了，影响更复杂了，由此应对非传统的国际和平与安全威胁也更复杂了。

二、国际和平与安全治理的现实状况

数百年来频频发生的国家间冲突甚至战争的历史表明，和平与安全治理始终是国际社会面临的首要挑战。1945年成立的联合国是国际社会在和平与安全治理方面取得的最重大成就，它从规范、组织以及机制等方面为维护国际和平与安全提供了重要保障。联合国成立七十余年来国际社会总体上保持着和平表明，以联合国为基础的国际和平与安全治理体系发挥了重要作用。

当然，鉴于国际和平与安全面临的传统威胁并未消失——甚至趋于恶化，而且面临新的威胁，晚近国际社会继续推进并完善传统的和平与安全治理实践；与此同时，探索新的和平与安全治理实践。以联合国为例，联合国不断推进其和平与安全机制改革，以应对国际和平与安全面临的新的威胁，提高联合国维护国际和平与安全的能力。以维和行动为例，鉴于"冷战"结束以来诱发联合国维和行动的原因已经发生了重要变化，即维和行动基本上是由于国内武装冲突而非国家间武装冲突导致的，因而对于维和行动提出新的要求。在此情况下，早在2000年，时任联合国秘书长科菲·安南就任命了以阿

---

[1] 参见中华人民共和国国务院新闻办公室：《中国的亚太安全合作政策》（2017年1月），第一部分。

尔及利亚前外长卜拉希米牵头的"联合国和平行动小组",旨在研究联合国维和行动的可能完善问题。2014年10月31日,联合国秘书长潘基文任命"和平行动问题高级别独立小组"全面评估联合国维和行动,研究如何使其更好地适应不断变化的世界。2015年6月16日,该小组向秘书长提交了报告。[1] 该报告正式提出"联合国和平行动"的概念,并获得秘书长认可。"和平行动"深化了传统的"维和行动",强调把冲突调解与预防放在突出的位置,灵活地运用联合国的所有行动选择以适应特定和平行动的需要,并且建立有效的和平与安全伙伴关系。目前,联合国正式使用"联合国和平行动"(UNPO)这一名称。再以联合国制裁为例,"冷战"结束以来,联合国更多地运用制裁手段维护国际和平与安全。更重要的是,联合国根据制裁在实施过程中暴露出来的问题逐步地予以完善。例如,逐步放弃"全面制裁"而采取"定向制裁"的方式;联合国安理会通过的制裁决议普遍地规定了人道例外;完善制裁决议实施的正当程序保障。[2]

尽管如此,现行国际和平与安全治理体系仍然无法完全适应新的时代背景,一些国家频频挑战国际和平与安全治理体系。比如,1999年的科索沃战争和2003年的伊拉克战争严重挑战联合国的权威,严重损害了国际法律秩序。尤其是进入21世纪,全球战略稳定日益受到威胁,国际和平与安全可能因此受到根本性的冲击。比如,2001年美国退出《限制反弹道导弹系统条约》(1972年)、2003年朝鲜退出《不扩散核武器条约》(1968年)、2019年美国和俄罗斯先后中止适用《苏联和美国消除两国中程和中短程导弹条约》(以下简称《中导条约》)。此外,外空军事化的迹象日益明显。其结果是,国际裁军尤其核裁军进程一再遭受重大打击,国际社会面临新的军备竞赛的危险。

全球战略稳定面临的重大挑战引起中国和俄罗斯的高度关注。2016年6月25日,中国和俄罗斯领导人在关于加强全球战略稳定的联合声明中指出:"当前,影响全球战略稳定的消极因素正在世界各地增加,我们对此感到担忧。这一趋势的危险性首先在于,个别国家和军事—政治同盟谋求在军事和

---

[1] Report of the High-level Independent Panel on Peace Operations on uniting our strengths for peace: politics, partnership and people, A/70/95 S/2015/446, 17 June 2015.

[2] See Enrico Carisch, Loraine Rickart-Martin and Shawna R. Meister eds., *The Evolution of UN Sanction: From a Tool of Warfare to a Tool of Peace, Security and Human Rights*, Springer, 2017, Chapter 5; Larissa van den Herik ed., *Research Handbook on UN Sanctions and International Law*, Elgar, 2017, Chapter 10.

军技领域获得决定性优势,以便在国际事务中毫无阻碍地通过使用或威胁使用武力来实现自身利益。他们公然无视各国安全不受减损的安全基本原则,企图以牺牲他国安全换取自身安全。这一政策导致军力增长失控,动摇了全球战略稳定体系,与在有效国际监督下实现普遍、全面裁军的理念背道而驰。一些谋求获得军事优势地位的国家和联盟顽固拒绝讨论削减和限制保障其拥有决定性军事优势的武器,这正是全球战略平衡与稳定遭到破坏的重要根源。"[1]

总之,正是由于面临新的时代背景,现行国际和平与安全治理的观念、制度与机制需要进行变革。

三、中国与国际和平与安全治理变革

(一) 中国在国际和平与安全治理中的地位

从国际法的角度来看,中国在国际和平与安全治理中始终处于关键性的地位,根本原因是,作为联合国安理会常任理事国,中国有权根据《联合国宪章》第 27 条否决在安理会提出的涉及国际和平与安全的任何非程序性决议草案。尽管如此,基于对国际格局的判断,并且囿于尚不强大的国家实力,中国在恢复联合国合法席位后的相当长时间里,在安理会中针对涉及国际和平与安全决议的投票时经常采取投弃权票,甚至不参加投票的方式。[2] 这客观上制约了中国在国际和平与安全治理中发挥更重要的作用。

20 世纪 90 年代以来,尤其进入 21 世纪,随着中国对国际关系格局的判断发生重要变化,以及中国自身实力的迅速增强,中国在国际和平与安全治理中的地位变得越来越重要。

一方面,中国被认为应当,并且事实上已经在国际和平与安全治理方面承担了更多责任。以联合国维和行动为例,2013—2015 年,中国承担的维和经费分摊比率从 2010—2012 年的 3.9%上升到 6.6%,2016—2018 年更是上升为 10.2%,中国已经成为第二大维和经费贡献国。与此同时,中国维和人员的派遣数量也快速增加。目前,中国派出的维和人员在 124 个派遣国中列第

---

〔1〕 参见《中华人民共和国主席和俄罗斯联邦总统关于加强全球战略稳定的联合声明》(2016 年 6 月 5 日)。

〔2〕 Joel Wuthnow, *Chinese Diplomacy and the UN Security Council*, Routledge, 2013, pp. 12-37.

11位，在安理会常任理事国中位列第一。尤其是，2015年9月28日，习近平主席在联合国大会一般性辩论时宣布，中国将采取多项重大措施支持国际和平与安全治理，这些措施包括决定设立为期10年、总额10亿美元的中国—联合国和平与发展基金；加入新的联合国维和能力待命机制，决定为此率先组建常备成建制维和警队，并建设8000人规模的维和待命部队；在五年内向非盟提供总额为1亿美元的无偿军事援助，以支持非洲常备军和危机应对快速反应部队建设。[1]总之，中国维和力量积极参与的监督停火、稳定局势、保护和平、安全保卫与支援保障等方面都为联合国维和行动作出了重要贡献；尤其是通过广泛参与联合国维和专题审议和政策制定，中国正在为维和行动发展贡献更多的中国智慧。[2]

另一方面，随着中国国力的不断增强，包括军事实力的快速提升，中国被一些国家认为给国际和平与安全带来了不确定性。中国一再重申将继续遵循和平共处五项原则，中国的发展已经打破了"国强必霸"的大国崛起传统模式，[3]但其他一些国家对日益强大的中国可能冲击现行国际和平与安全治理体系的担忧也是可以理解的。这些担忧促使我国更有必要努力提出具有说服力、吸引力的国际和平与安全治理方案，以便提高我国对国际和平与安全治理的贡献，并消除其他一些国家的疑虑。

（二）国际和平与安全治理变革中的中国方案

国际和平与安全治理变革的中国方案既有理念层面的，也有制度与机制层面的。

"人类命运共同体"是当前中国针对国际和平与安全治理变革提出的总方案。2015年9月28日，习近平主席在第70届联合国大会一般性辩论时从建设"人类命运共同体"的高度阐述了中国对国际和平与安全治理现状的基本判断以及中国对国际和平与安全治理变革的根本主张。比如，习近平主席指出，联合国确立的和平等崇高目标"远未完成，我们仍须努力"，因而"站在新的历史起点上，联合国需要深入思考如何在21世纪更好回答世

---

[1] 习近平："携手构建合作共赢新伙伴 同心打造人类命运共同体——在第七十届联合国大会一般性辩论时的讲话（2015年9月28日，纽约）"，载《人民日报》2015年9月29日，第2版。

[2] 中华人民共和国国务院新闻办公室：《中国军队参与联合国维和行动30年》（2020年9月）。

[3] 参见中华人民共和国国务院新闻办公室：《中国的和平发展》（2011年9月），第五部分。

和平与发展这一重大课题"。[1]习近平主席代表中国坚定地承诺,中国将始终做"世界和平的建设者""全球发展的贡献者"以及"国际秩序的维护者"。[2]建设"人类命运共同体"的主张为中国参与国际和平与安全治理变革提供了根本指南。

具体到国际和平与安全治理,早在20世纪90年代中期,中国就曾根据新的国际关系发展,尤其亚太地区特点,提出应共同培育一种新型的安全观念。这一新的安全观念"重在通过对话增进信任,通过合作促进安全"。[3]在此基础上,在2002年7月举行的东盟地区论坛外长会议上,中国代表团提交了《中国关于新安全观的立场文件》,全面系统地阐述了中方的"新安全观"。"新安全观"的核心应是"互信""互利""平等"与"协作"。"互信"是指各国应当"超越意识形态和社会制度异同,摒弃'冷战'思维和强权政治心态,互不猜疑,互不敌视。各国应经常就各自安全防务政策以及重大行动展开对话与相互通报"。"互利"是指各国应当"顺应全球化时代社会发展的客观要求,互相尊重对方的安全利益,在实现自身安全利益的同时,为对方安全创造条件,实现共同安全"。"平等"是指"国家无论大小强弱,都是国际社会的一员,应相互尊重,平等相待,不干涉别国内政,推动国际关系的民主化"。"协作"是指"以和平谈判的方式解决争端,并就共同关心的安全问题进行广泛深入的合作,消除隐患,防止战争和冲突的发生"。[4]

在2014年5月召开的亚洲相互协作与信任措施会议第四次峰会上,习近平主席代表中国提出倡导"共同、综合、合作、可持续的安全观"。"共同安全"是指"尊重和保障每一个国家安全,不能一部分国家安全而另一部分国家不安全,更不能牺牲别国安全谋求自身所谓绝对安全。要尊重并照顾各方合理安全关切。强化针对第三方的军事同盟不利于维护地区共同安全"。"综合安全"是指"要统筹维护传统领域和非传统领域安全。通盘考虑地区安全问题的历史经纬和现实状况,多管齐下、综合施策,协调推进地区安全治理。

---

[1] 习近平:"携手构建合作共赢新伙伴 同心打造人类命运共同体——在第七十届联合国大会一般性辩论时的讲话(2015年9月28日,纽约)",载《人民日报》2015年9月29日,第2版。
[2] 习近平:"携手构建合作共赢新伙伴 同心打造人类命运共同体——在第七十届联合国大会一般性辩论时的讲话(2015年9月28日,纽约)",载《人民日报》2015年9月29日,第2版。
[3] 参见《中国关于新安全观的立场文件》(2002年7月31日),第三部分。
[4] 参见《中国关于新安全观的立场文件》(2002年7月31日),第三部分。

既着力解决当前突出的安全问题,又统筹谋划应对各类潜在安全威胁"。"合作安全"是指"要通过对话合作促进各国和本地区安全。通过坦诚深入的对话沟通,增进战略互信,减少相互猜疑,求同存异、和睦相处。着眼共同挑战,积极培育合作应对意识,不断扩大合作领域、创新合作方式,以合作谋和平、以合作促安全"。"可持续安全"是指"要发展和安全并重以实现持久安全。各方应聚焦发展主题,积极改善民生,缩小贫富差距,不断夯实安全的根基。推动共同发展和区域一体化进程,推动区域经济合作和安全合作良性互动、齐头并进,以可持续发展促进可持续安全"。[1]

近年来,中国政府针对国际和平与安全治理变革涉及的具体问题提出了一系列"中国方案"。比如,2005年6月7日,中国政府发布了《中国关于联合国改革问题的立场文件》,从战争与冲突、反恐、裁军与扩散、有组织犯罪、预防与调集、制裁、使用武力、维和、建设和平、"保护的责任"等方面阐述了中国对国际和平与安全治理的中方立场。[2] 又如,2017年1月11日,国务院新闻办公室发表《中国的亚太安全合作政策》白皮书,针对朝鲜半岛核问题、反导问题、阿富汗问题、反恐问题以及海上安全问题提出了中国的立场与主张。[3]

国际和平与安全治理变革的中国方案具有以下突出的特点。

第一,维护联合国的权威。经历残酷的经验与教训,尤其"二战",国际社会普遍认识到应当建立一个权威性的多边制度与机制,以维护持续的国际和平。在此情况下,联合国和《联合国宪章》应运而生。然而,在联合国诞生后的数十年,尤其"冷战"结束后,一些霸权国家频频绕过联合国安理会,不断对一些弱小国家采取武力行动,极大地损害了联合国的权威。作为联合国安理会常任理事国中唯一的发展中国家,中国成为坚定维护《联合国宪章》的严肃性与联合国的权威的中坚力量。

第二,立足发展。中国认为,各国的共同发展是实现可持续和平与安全的关键。《中国关于新安全观的立场文件》指出:"中国把加强经济交流与合作作为营造周边持久安全的重要途径……各种地区经济合作机制的发展,不

---

[1] 中华人民共和国国务院新闻办公室:《中国的亚太安全合作政策》(2017年1月),第二部分。

[2] 中华人民共和国外交部:《中国关于联合国改革问题的立场文件》(2005年6月7日),第二部分、第三部分之(一)。

[3] 中华人民共和国国务院新闻办公室:《中国的亚太安全合作政策》(2017年1月),第四部分。

仅给有关国家带来了现实经济利益,也增进了各参与方的相互交流、信任与合作,进而促进了本地区的安全与稳定。"《中国的亚太安全合作政策》明确指出"扩大经济利益融合是国家间关系的重要基础,实现共同发展是维护和平稳定的根本保障,是解决各类安全问题的'总钥匙'"。[1] 国际经济交流对促进国际和平的观念其来有自。在《永久和平论》中,康德就断言战争与商业精神"无法共处",后者"迟早会支配每一个民族",从而"被迫不得不去促进荣誉的和平"。[2] 此后康德的这一思想被进一步发展成"贸易和平论",尽管不公正的国际交流活动也可能威胁国际和平与安全。[3] 众所周知,"冷战"后国际和平与安全威胁的根源往往是一国内部由于发展落后导致的一系列问题,如海盗、种族冲突等,因此,可以认为中国倡导的立足于发展的和平与安全观念与实践对 21 世纪的国际和平与安全治理变革具有极为重要的价值。

第三,重视互信。根据普遍接受的国际关系理论,和平与安全属于所谓的"高级政治"领域。较之经济交流等"低级政治"可以比较有效地运用法律途径——如世界贸易组织协定、投资条约——加以调整,法律在"高级政治"领域中的作用相对要小些。尤其是当前国际权力格局正在发生深刻的变化,利用法律途径有效调整和平与安全问题的难度更大。在此情况下,国家间的政治互信就具有特殊的重要性。如前所述,"互信"是中国在《中国关于新安全观的立场文件》中提出的"新安全观"的核心要素之一,它也是《中国的亚太安全合作政策》所说的"合作安全"的要义所在。不难发现,进入21 世纪,中国大力着手参加、建构和平与安全方面的各种政治互信机制,如积极参与"亚洲相互协作与信任措施会议"、东盟防长扩大会议。为了增强互信,中国尤其重视与各国加强对话,反对制造对抗与分裂。[4]

第四,追求法治。国际关系法治化已经被公认是一种历史潮流。从这个意义上说,和平与安全治理逐步迈向法治化的进程不可阻挡,尽管期间可能有波折、挫折。在这方面,中国始终坚持国际和平与安全治理应当以《联合国宪章》为基本准则,应当恪守已经达成的国际条约。中国坚定地承诺,中

---

[1] 中华人民共和国国务院新闻办公室:《中国的亚太安全合作政策》(2017 年 1 月),第一部分。
[2] [德]康德:《历史理性批判文集》,何兆武译,商务印书馆 1990 年版,第 31 页。
[3] 蔡从燕:"论国际法的财产权逻辑",载《法律科学(西北政法大学学报)》2011 年第 1 期。
[4] 《中华人民共和国和俄罗斯联邦外交部长关于当前全球治理若干问题的声明》(2021 年 3 月)。

国将是"国际法治的坚定维护者和建设者"。[1]当然,这不意味着"允许个别国家打着所谓'法治'的幌子侵犯别国合法权益"。[2]

第五,重视区域机制。诚然,中国历来主张在国际和平与安全治理中应当维护联合国的权威,但这不意味着中国不重视区域机制的作用。恰恰相反,考虑到联合国在人、财、物等方面受到的制约,以及当前威胁国际和平与安全的许多因素——如恐怖主义风险——具有常态性等特点,区域机制——当然其行动必须尊重联合国的权威,恪守《联合国宪章》的规定[3]——应对国际和平与安全威胁往往更有效率、更有实效。不难发现,进入21世纪,中国高度重视区域机制在维护国际和平与安全中的作用。比如,2001年,中国与哈萨克斯坦、吉尔吉斯斯坦、俄罗斯、塔吉克斯坦以及乌兹别克斯坦成立了上海合作组织。上海合作组织在维护区域和平与安全方面的作用日益突出。2017年6月,上海合作组织首度"扩容",接纳印度和巴基斯坦成为新的成员国。鉴于亚太地区在国际和平与安全中的地位越来越重要,中国尤其重视在亚太地区构建多层次、多形式的机制。[4]

(三) 中国参与国际和平与安全治理变革面临的挑战及对策

如前所述,随着中国国家实力的不断增强,中国在国际和平与安全治理中的地位越来越重要。中国已经通过切实的行动表明可以并且愿意为维护国际和平与安全承担更大的责任。然而,近年来的一些事件或迹象表明,一些国家倾向于对中国提出更高的要求,这是中国参与国际和平与安全治理变革面临的一个新挑战。这些事件或迹象包括:(1) 2014年4月,马绍尔群岛以中国等10个国家未能履行《不扩散核武器条约》第6条规定的就停止核军备竞赛善意地进行谈判为由诉诸国际法院。由于中国在1973年撤回对《国际法院规约》第36条第2款的接受,国际法院没有受理马绍尔群岛对中国提起的诉讼。(2) 2017年7月,联合国大会表决通过了《禁止核武器条约》,122个国家投了赞成票,但中国等5个核国家都投了反对票。截至目前,近70个国

---

[1] 王毅:"中国是国际法治的坚定维护者和建设者",载《光明日报》2014年10月24日,第2版。

[2] 中华人民共和国国务院新闻办公室:《中国的亚太安全合作政策》(2017年1月),第一部分。

[3] 参见《联合国宪章》第八章。

[4] 中华人民共和国国务院新闻办公室:《中国的亚太安全合作政策》(2017年1月),第五部分。

家已经批准了该条约。可以预见,包括中国在内的核国家在未来的核裁军谈判中可能面临更大的政治压力。(3) 一些国家企图鼓吹《中导条约》多边化以达到把中国纳入该条约适用范围的目的,[1]甚至有舆论企图把美国中止适用《中导条约》部分归咎于该条约未能约束中国。

面对这一新挑战,我国似乎可以采取两个方面的对策。第一,中国参与国际和平与安全治理不能损害中国的核心利益,中国应当坚决拒绝在国际和平与安全治理方面承担与中国的国家实力、安全环境不成比例的义务。以如何对待《中导条约》为例,诚如有学者指出的,在所有大国当中,中国的地缘政治环境是最差的,而中程弹道导弹是中国主要的威慑手段。[2]因此,加入《中导条约》将严重损害中国的战略安全,因此中国理当坚决地拒绝一些国家提出的《中导条约》多边化的主张。[3]第二,中国应当更加积极地倡导与践行中国的新安全观,展示中国作为负责任的新兴大国的形象,减少其他国家对中国的疑虑。

第二节 国际人权议题

在全球化的世界,很多人权危机与挑战无法再由单个国家或区域独自应对。大量难民跨越边境,恐怖袭击频繁发生,极右翼势力和单边主义抬头,仇恨与不宽容蔓延,贫困和饥饿依旧严峻,这些关系到全球发展与安全的问题,也同样是亟待全球解决的人权问题。中国是世界大国,也是发展中国家的一员。中国对全球治理与国际法治中人权议题的参与程度与态度,提出的理念与方案,都将对人权领域的发展与合作产生直接影响。

一、全球治理、国际法治与人权

全球治理尚未有统一、明确的定义,但此概念的出现与发展,都与人权息息相关。詹姆斯·N. 罗西瑙在 1992 年出版的《没有政府的治理》一书中

---

〔1〕 韩克敌:"美俄中导条约之争与中国之处境",载《战略决策研究》2018 年第 6 期。
〔2〕 韩克敌:"美俄中导条约之争与中国之处境",载《战略决策研究》2018 年第 6 期。
〔3〕 Foreign Ministry Spokesperson Geng Shuang's Remarks on the US Suspending INF Treaty Obligations and Beginning Withdrawl Process (2 February 2019), available at https://www.fmprc.gov.cn/mfa_eng/xwfw_665399/s2510_665401/2535_665405/t1635268.shtml.

提出了"全球治理"（global governance）的表述，该书被认为将全球治理推上了学术层面的讨论。[1]罗西瑙认为，世界已经到了一个机遇与挑战共存的转折点，其变革的程度和速度使全球秩序和治理成为重要议题，"和平的合作，扩展的人权，以及更高的生活水平，这些机遇与愈演愈烈的冲突、恶化的社会体系和自然环境一样显著"。[2]其认为，全球化不只是广泛的也是集约的，个人和小集团等微观层面也应得到重视，因此全球治理应涵盖从家庭到国际组织各层次人类活动的规则体系。[3]1995年，联合国全球治理委员会的《天涯成比邻——全球治理委员会的报告》出版，其对"全球治理"进行了更为详尽的阐述并得到各界广泛认可。报告写道，"治理是各种各样的个人、团体——公共的或个人的——处理其共同事务的总和"，从全球角度来说，治理事务不仅包括处理政府间的关系，也涉及"非政府组织、公民的迁移、跨国公司以及全球性资本市场"。[4]虽然此报告没有专门就人权议题展开论述，但其中有关全球公民权利和责任的伦理准则、反贫困斗争和移民等内容都与人权紧密相关。

随着全球治理概念的发展，以及国际社会对人权的重视，全球治理与人权被越发频繁地联系在一起，全球治理的主体和客体也呈现出以下趋势。首先，更多层、多元的全球治理主体或基本单元受到关注，此趋势也对人权领域产生影响。传统主流的全球治理研究主要关注主权国家和以国家为中心建构的国际组织，但随着跨国公司、非政府组织，甚至关键的个人在治理中所扮演的角色越发重要，这种趋势也使不同等级、更多元的主体，尤其是各国政府和联合国以外的其他主体逐渐获得人权研究的关注。[5]其次，人权越发广泛地涉及和贯穿全球治理客体，与安全、经济和发展等议题紧密相连。被

---

[1] [美]马丁·休伊森、蒂莫西·辛克莱："全球治理理论的兴起"，载俞可平主编：《全球化：全球治理》，社会科学文献出版社2003年版，第35页。

[2] James N. Rosenau, "Governance, Order and Change in the World Politics", in James N. Rosenau and Ernst-Otto Czempiel (eds.), *Governance without Government: Order and Change in World Politics*, Cambridge University Press, 1992, p. 1.

[3] James N. Rosenau, "Governance in the Twenty-First Century", *Global Governance*, Vol. 1, No. 1, Winter 1995, p. 13.

[4] [瑞典]英瓦尔·卡尔松、[圭]什里达特·兰法尔主编：《天涯成比邻——全球治理委员会的报告》，中国对外翻译出版公司1995年版，第2页。

[5] William H. Meyer, "Global Governance, Human Rights, and International Justice", *Poroi*, Vol. 4, Issue 2, 2005, p. 92.

第六章 积极参与全球治理与国际法治的中国方案（传统领域）

纳入全球治理的议题非常广泛，大致可分为：（1）全球安全，包括武装冲突、核武器和恐怖主义等；（2）经济管理，包括全球经济的安全与稳定、贫困问题，《天涯成比邻——全球治理委员会的报告》将移民和生态环境也纳入其中；（3）基本人权，如疾病的传染、种族灭绝等严重的人权侵害。[1]但不能否认的是，人权议题的分布早已不再局限于此种分类，而是成为许多其他全球治理议题中的重要组成内容。例如，贫困和饥饿，就不再只是经济范畴内有关资金援助和发展中国家债务的问题，而是保证生存权和发展权、适当生活水准权等人权的问题。全球共同面对的恐怖主义挑战，以及大规模难民和移民的跨国流动，也不再只属于安全和发展的范畴，而是分别贯穿着保护公民生命和财产等权利不受侵害，保护难民和移民，尤其是妇女、儿童和少数群体不受剥削和侵害的人权问题。可见，全球治理的发展趋势与内容都与人权紧密相连。全球治理不能脱离人权讨论，而人权的保护与发展也离不开有效的全球治理。即便如此，现存国际人权体系从何种角度和程度来说属于全球治理的规制，其对全球治理又产生何种影响，仍存在一定争议。[2]

全球治理需要通过维护国际社会正常秩序，实现全球规制，规制包括所有用于调节国际关系和规范国际秩序的跨国性原则、规范、标准、政策、协议、程序。国际法是主要支配和调节国家间法律关系的规则，国际法治则要求"作为国际社会基本成员的国家接受国际法的约束，并依据国际法处理彼此关系，维持国际秩序，公平解决国际争端的目标"。[3]《天涯成比邻——全球治理委员会的报告》肯定了在全世界加强法治的重要性，并呼吁加强国际法，以发挥国际法在全球治理中的潜能。就人权领域，一方面，国际法治推动了全球治理中的人权发展与保障；另一方面，全球治理的特性与人权议题的复杂性，为通过国际法治推动人权保护提出了挑战。第二次世界大战后国

---

[1] 对议题无统一的分类，如《全球化：全球治理》一书中将治理对象分为全球安全、生态环境、国际经济、跨国犯罪、基本人权五类；《全球治理与联合国：未完成的旅程》一书中（Global Governance and the UN: An Unfinished Journey）则依据联合国三大支柱安全、发展和人权分类，将贸易、金融、援助、可持续发展和环境问题归入"发展"，"人权"部分则主要讨论了疾病和保护责任等。

[2] James W. Nickel, "Is Today's International Human Rights System a Global Governance Regime?", *The Journal of Ethics*, Vol. 6, No. 4, 2002, pp. 353-371; Martti Koskenniemi, "Global Governance and Public International Law", *Kritische Justiz*, Vol. 37, No. 3, 2004, pp. 241-254.

[3] 林灿铃："全球化与全球法治"，载蔡拓、刘贞晔主编：《全球学的构建与全球治理》，中国政法大学出版社2013年版，第242页。

际人权法逐渐形成并得到显著发展。《联合国宪章》成为首次对人权问题作出原则性规定的普遍性国际公约，此后由《人权宣言》《经济、社会及文化权利国际公约》《公民权利和政治权利国际公约》及其议定书组成的"国际人权宪章"成为国际人权法的基石。如今，除了在联合国主持下通过的九项核心国际人权公约及其议定书，还有众多国际和区域层面涉及人权的公约、国际习惯、一般法律原则和司法判例为全球治理提供或宽泛或具体的规则与指导，不断发展和成熟的人权机制也推动了对人权保护的监督和落实。但从另一方面来说，通过构建国际法治应对人权议题并非易事，全球治理使国家以外的其他主体参与其中并越发活跃，但与此同时国家在许多人权领域促成和遵守国际法的意愿并不强烈。全球治理要求建立一个不局限于国家的新的治理模式，这将弱化国际法中的国家本位理念和国家主权原则，使国际法在全球治理规制中的作用受到一定限制。[1]此外，人权议题的复杂与敏感性使各国有时不愿甚至无法接受通过国际人权规则或机制来解决人权问题，以人权为借口干涉他国内政的做法也是主权国家对其忌惮的重要原因。因此，在人权领域平衡全球治理和国际法治的关系，以最大限度发挥两者对人权的积极作用十分重要。

二、中国参与全球治理中的人权议题

虽然全球治理的主体不局限于联合国，但联合国仍是全球治理的重要平台，也在推动国际法治与人权保护领域发挥着不可取代的作用。中国政府和其他各方在积极参与联合国层面的人权议题之外，还与其他国际和区域组织、国家政府、多边集团、研究机构与智库等主体开展交流合作，从多层面推动人权发展。

（一）在联合国层面参与人权议题

作为全球最大的国际组织，联合国在全球治理中发挥着至关重要的作用，其为全球各国共同参与包括人权在内的各项国际议题与事务提供了平台。与此同时，联合国与全球治理的其他主体，包括国际组织和区域组织、民间社会，甚至私人企业等建立了联系，为各国与其他非国家行为体就人权议题展开交流合作，共同参与全球治理创造了条件。这也决定了联合国在构建国际

---

[1] 孙建："论全球治理中的国际法制"，载蔡拓、刘贞晔主编：《全球学的构建与全球治理》，中国政法大学出版社2013年版，第268页。

法治，推动人权保护与发展方面所扮演的关键角色。虽然中国与联合国的关系在不同历史阶段不断变化，但随着中华人民共和国于1971年10月25日恢复联合国合法席位，尤其是1978年中共十一届三中全会以后，中国逐渐以更加开放和积极的姿态参与联合国的人权议题与活动，并主动加入联合国公约，在人权领域发挥越发重要的作用。[1]

1. 中国与人权规则的制定

1945年6月26日，中国成为《联合国宪章》的第一个签署国。《联合国宪章》在序言中重申对基本人权与尊严的信念，并提出"不分种族、性别、语言或宗教，增进并激励对于全体人类之人权及基本自由之尊重"。可见，尊重与保护人权是联合国自创始以来就设立的宗旨与目标，中国作为联合国的创始国和联合国安理会常任理事国，也一直依照此要求参与全球治理。

联合国成立后便致力于制定人权保障的国际文件，后《人权宣言》于1948年12月10日通过，成为国际人权法的基础和价值指引。《人权宣言》首次规定人人应享有基本人权保护，并尝试列举和阐述人权的具体内容，以"作为所有人民和所有国家努力实现的共同标准"。中国代表张彭春作为《人权宣言》起草委员会的重要成员，为其制定发挥了积极作用，使其得以兼顾西方思想以外的其他多元思想。在起草过程中，张彭春提出了"仁"的理念，并认为此文件不应包括如"上帝"这种只反映西方人权来源及宗教的表述。[2]《人权宣言》中涉及人权基础、不歧视和平等保护等11项条款的讨论和形成都直接与张彭春有关。[3]除《人权宣言》外，中国还参与了多项国际人权文件的起草。中国参加了《禁止酷刑和其他残忍、不人道或有辱人格的待遇或处罚公约》《儿童权利公约》《残疾人权利公约》《保护所有移徙工人及其家庭成员权利国际公约》，以及《经济、社会及文化权利国际公约任择议定书》等重要人权文件的制定工作组会议，参与了《发展权利宣言》的起草工作，

---

[1] 罗艳华：" 改革开放与中国参与国际人权合作的进程"，载《人权》2018年第4期。

[2] Sun Pinghua, "Zhang Pengchun's Contributions to the Drafting of the UDHR", *China Legal Science*, Vol. 4：114，2016, p. 117.

[3] 鞠成伟："儒家思想对世界新人权理论的贡献：从张彭春对《世界人权宣言》订立的贡献出发"，载《环球法律评论》2011年第1期。

并积极参与劳工保护、人道主义等领域国际规则制定。[1]中国还参与了《维也纳宣言和行动纲领》的讨论、起草和制定,提出了许多建设性的意见。[2]此文件明确将促进和保护人权作为"国际社会的一件优先事项",及"各国政府的首要责任",并强调"促进和保护所有的人权和基本自由必须按照联合国的宗旨和原则,特别是国际合作的宗旨"。[3]中国在起草和制定这些国际人权标准和规则中所发挥的积极作用有力推动了人权领域的国际法治。

2. 中国与《联合国宪章》机制

中国与联合国众多机构的互动都涉及人权议题,尤其是根据《联合国宪章》设立的人权监督机制中的机构。宪章机制以人权理事会为核心,并涵盖了联合国大会、经济及社会理事会等联合国主要机构。[4]中国通过参与此机制为人权保护与发展提供了中国视角与智慧。

联合国人权理事会是负责促进和保障人权的机构,于2006年成立,取代了此前根据经社理事会决议成立的人权委员会。其工作包括讨论人权问题、推动人权领域的合作、就侵犯人权的局势提出建议等。人权理事会由47个理事国组成,理事会成员任期三年,最多连任一次。中国曾在2006年至2012年、2014年至2016年、2017年至2019年担任人权理事会成员,并于第75届联合国大会上再次成功当选,任期为2021年至2023年。[5]人权理事会每年举办不少于三次的常规会议,中国积极通过此平台表明人权立场,提出人权议题。2017年3月1日,中国代表在人权理事会第34次会议上代表140个国家发表题为"促进和保护人权,共建人类命运共同体"的联合声明,全面宣介"人类命运共同体"理念及其对推动国际人权事业发展的重要意义,引起

---

[1] 中华人民共和国国务院新闻办公室,《为人民谋幸福:新中国人权事业发展70年》白皮书(2019年9月)。

[2] 罗艳华:"联合国层面的全球人权治理:中国的参与和贡献",载《人权》2017年第2期。

[3] 《维也纳宣言和行动纲领》,世界人权会议1993年6月25日在维也纳通过,序言、第一(1)(4)条。

[4] 根据《联合国宪章》设立的人权监督机制包括联合国大会、联合国经济及社会理事会、联合国安理会、联合国人权事务高级专员、国际法院、人权理事会、联合国妇女地位委员会、处理大规模侵犯人权的程序、实地工作组、世界人权大会。参见 Thomas Buergenthal, Dinah Shelton, David P. Stewart, *International Human Rights*, 4th Edition, St. Paul: Thomson Reuters, 2009, pp. 116-151. 中国与此机制外的其他联合国机构,如属于联合国专门机构的国际劳工组织和联合国教科文组织,也就人权议题展开过积极互动。

[5] 新华社联合国10月13日电:"中国再次当选联合国人权理事会成员"。

第六章　积极参与全球治理与国际法治的中国方案（传统领域）

广泛共鸣。[1]

在人权理事会的特别程序下，独立专家就不同人权专题或国家人权状况进行研究、提供建议和报告。例如，负责粮食专题的特别报告员奥利维尔·德·舒特先生就曾应中方邀请，于 2010 年 12 月访华，并对中国在推动和保障粮食权方面所取得的成就表示赞赏。1994 年至今，中国先后邀请宗教信仰自由特别报告员、任意拘留问题工作组、教育权特别报告员、酷刑问题特别报告员、粮食权特别报告员、消除对妇女歧视问题工作组、外债对人权影响问题独立专家、极端贫困与人权问题特别报告员 8 个特别机制 10 次访华。[2]此外，国家间相互评估人权状况的普遍定期审议也由联合国人权理事会主持。中国一直积极参与、配合此审议，本着开放、认真的态度接受其他国家的建议。继 2009 年和 2013 年之后，中国于 2018 年 11 月参加了联合国人权理事会第三轮普遍定期审议，介绍了中国人权事业的情况和进展，并就其他国家代表的提问进行了回应。

联合国大会是联合国的主要审议、决策和代表性机构，所有联合国会员国都有权参加。根据《联合国宪章》规定，大会有职责"发动研究并提出建议"，以"助成全体人类之人权及基本自由之实现"。大会每年 9 月到 12 月举行常会，其间包括一般性辩论阶段，中国通过此平台提出人权关切和倡议，表达自己的观点。2020 年 9 月 22 日，国家主席习近平在第 75 届联合国大会一般性辩论上发表重要讲话，指出面对新冠疫情，各国应践行人民至上、生命至上理念，并要加强团结。[3]讲话还提出"全球治理体系亟待改革和完善"，"全球治理应该秉持共商共建共享原则，推动各国权利平等、机会平等、规则平等，使全球治理体系符合变化了的世界政治经济，满足应对全球性挑战的现实需要，顺应和平发展合作共赢的历史趋势"。[4]此外，联合国大会设立了六个主要委员会来处理相关事务。其中第三委员会，即社会、人道和文

---

[1] 吴刚："中国代表近 140 个国家发表关于促进和保护人权共建人类命运共同体的联合声明"，载《人民日报》2017 年 3 月 2 日，第 3 版。

[2] 中华人民共和国国务院新闻办公室：《为人民谋幸福：新中国人权事业发展 70 年》白皮书（2019 年 9 月）。

[3] "习近平在第七十五届联合国大会一般性辩论上的讲话（全文）"，载新华网，http://www.xinhuanet.com/world/2020-09/22/c_1126527652.htm，最后访问日期：2022 年 1 月 22 日。

[4] "习近平在第七十五届联合国大会一般性辩论上的讲话（全文）"，载新华网，http://www.xinhuanet.com/world/2020-09/22/c_1126527652.htm，最后访问日期：2022 年 1 月 22 日。

化委员会，通常负责有关提高妇女地位、保护儿童权利、消除种族主义和种族歧视、老年人和残疾人的权利保障等有关人权的议程。中方在参与2018年第73届联合国大会第三委员会人权议题的一般性辩论时就全球治理中的人权机制发表了观点。中方代表提出"要完善全球治理。多边人权机制应严格根据授权客观公正履职，推动各类人权均衡发展，扩大发展中国家代表性和发言权，加强对弱势群体权利的保护，维护国际公平正义"。[1]

联合国经济及社会理事会由54个理事国组成。[2]根据《联合国宪章》的规定，其职责包括"为增进全体人类之人权及基本自由之尊重及维护起见，得做成建议案"，并被授权设立"以人权为目的之各种委员会"。人权理事会的前身人权委员会就是由经济及社会理事会设立。经济及社会理事会的附属机构，如属于司职委员会范畴的社会发展委员会和妇女地位委员会等机构的工作，也与不同领域的人权议题紧密相关。中国通过参选为委员会会员国、参与会议等形式，推动相关人权议题。[3]社会发展委员会负责协助经济及社会理事会监督、审查和评价《哥本哈根宣言和行动纲领》执行过程中所取得的进展和遇到的问题，并长期关注老年人、年轻人与残疾人的权利与发展，消除贫困，就业与体面的工作等问题。在2019年社会发展委员会第57届会议上"通过财政、薪酬和社会保障政策应对社会融合中的不平等和挑战"议题下，中国代表就通过以人为本的就业与社会保障政策促进社会融入的内容进行了分享。[4]妇女地位委员会则主要关注妇女权利保护和性别平等，监督于1995年在北京召开的第四次世界妇女大会通过的《北京宣言》和《北京行动纲领》得以落实，并将性别视角纳入联合国的活动中。2020年10月1日，国家主席习近平在联合国大会纪念北京世界妇女大会25周年高级别会议上通过视频发表重要讲话。习近平主席强调，"25年来，北京世界妇女大会精神不断催生

---

〔1〕"吴海涛大使在第73届联大三委人权议题一般性辩论的发言"，载 https://www.mfa.gov.cn/ce/ceun/chn/zgylhg/shhrq/liandawanwei1/t1608049.htm，最后访问日期：2022年1月22日。

〔2〕经济及社会理事会会员国代表任期3年，中国届满年份为2019年。

〔3〕社会发展委员会（CSOCD）有46个会员国，会员国代表任期四年，中国届满年份为2021年；妇女地位委员会（CSW）有45个会员国，会员国代表任期四年，中国届满年份为2021年。

〔4〕Commission for Social Development, "Adhere to the People-Centered Development Concept Social Inclusion through Employment and Social Protection Policies by Mr. Hao Bin, Ministry of Human Resources and Social Security, China", 2019, https://www.un.org/development/desa/dspd/wp-content/uploads/sites/22/2019/02/HAO-un-commission-for-social-development-1.pdf, last visited on January, 23, 2022.

积极变化。妇女社会地位显著提高",在抗击新冠疫情和推动经济社会复苏进程中,"尤其要关注妇女特殊需要,落实《北京宣言》和《行动纲领》"。[1]

3. 中国与联合国人权条约机制

联合国在全球治理中面临的重大挑战之一就是确保规则的遵守,因为即使有生效的公约、现存的机构,也通常因为缺少依靠这些机构和程序并为其提供资源的政治意愿,在人权领域无论硬法或软法,联合国都缺少落实的能力。[2]因此,人权规则的遵守和落实在很大程度上都需要依靠各国政府的自觉自愿。中国已先后批准或加入了26项国际人权文书,其中包括《经济、社会及文化权利国际公约》《消除对妇女一切形式歧视公约》《消除一切形式种族歧视国际公约》《儿童权利公约》《禁止酷刑和其他残忍、不人道或有辱人格的待遇或处罚公约》《残疾人权利公约》6项联合国核心人权公约。中国以身作则地遵守和维护国际人权标准,履行国际人权公约义务,对推动国际人权公约的落实发挥了积极作用。

联合国现已有9项联合国核心人权公约,各公约都设有委员会来监督缔约国对公约的落实情况,由此建立起联合国的人权条约机制。相较于联合国宪章机制,人权条约机制根据专门的法律文书设立,任务范围更窄更具有针对性,且受众为法律文书的缔约国。[3]各核心公约的委员会由独立专家组成,其主要工作包括通过一般性意见对公约条款进行解释,审议缔约方定期提交的履约报告,有职权的委员会还可审议个人来文和国家间指控。缔约方通过履约报告向委员会汇报本国对公约的落实情况,提供相关人权状况的信息,包括取得的进展和遇到的挑战。委员会则在对履约报告进行审议后给出结论性意见,指出缔约方的积极实践和对相关人权问题的关切,并提出建议和意见。虽然定期报告制度存在工作积压、审议拖延和偏颇、给缔约方带来重复工作等问题,但对于已批准的人权条约,中国坚持积极履行报告义务,努力

---

[1] "习近平在联合国大会纪念北京世界妇女大会25周年高级别会议上发表重要讲话",载中国政府网,http://www.gov.cn/xinwen/2020-10/01/content_5548947.htm,最后访问日期:2022年1月22日。

[2] Ralph Bunche Institute for International Studies: "The UN's Role in Global Governance", http://www.unhistory.org/briefing/15GlobalGov.pdf, last visited on January, 23, 2022.

[3] "Treaty-based Bodies", the United Nations, https://research.un.org/en/docs/humanrights/treaties.

与条约机构开展建设性对话,结合国情对其建议进行积极采纳,得到国际社会的认可。

截至2019年3月,中国已向各条约机构提交履约报告27次,总计43期,接受审议26次。[1]其中,中国向经济、社会及文化权利委员会提交了2份履约报告。第二份报告指出,中国政府重视经济、社会及文化权利委员会对中国首次履约报告的结论性意见,在制定和实施《中华人民共和国国民经济和社会发展第十一个五年规划纲要》(2006—2010年)的过程中充分考虑了公约要求及委员会合理建议,努力将其转化为符合中国国情的政策措施。[2]中国还分7次向消除种族歧视委员会提交了17份履约报告。其中,2017年提交的第14次至第17次履约报告介绍了2008年至2015年中国履行公约的进展,并对包括消除地区经济和社会发展差异,使少数民族受益于经济增长等委员会提出的关切进行了回应,阐述了深入实施西部大开发、制定少数民族发展规划、开展民族地区扶贫工作等政策和实践对推动少数民族权利保障的作用。[3]中国分5次向消除对妇女歧视委员会提交了8份履约报告。2012年提交的第7次和第8次履约报告介绍了中国为实现妇女合法权利制定修订的相关法律法规,以及采取的一系列措施,包括《中华人民共和国国民经济和社会发展第十一个五年规划纲要》(2006—2010年)设立的"保障妇女儿童权益"部分、《中国反对拐卖妇女儿童行动计划(2008—2012年)》《关于预防和制止家庭暴力的若干意见》等。[4]中国分5次向禁止酷刑委员会提交了6份履约报告。其中,2013年提交的第6次履约报告重点阐述了2008年以来中国为执行公约所采取的举措和取得的成果,包括2011年的《中华人民共和国行政强制法》、2012年的《全国人民代表大会常务委员会关于修改〈中华人民共和国刑事诉讼法〉的决定》等防止酷刑的立法、行政及司法措施。[5]中国分三次向儿童权利委员会提交了4份履约报告。2010年提交的第三次和第四次履约报告介绍了中国2002年至2009年落实公约的情况,包括不断健全和完善保护儿童

---

[1] 中华人民共和国国务院新闻办公室:《为人民谋幸福:新中国人权事业发展70年》白皮书(2019年9月)。

[2] U. N. Doc. E/C. 12/CHN/2, 6 July 2012, p. 3.

[3] U. N. Doc. CERD/C/CHN/14-17, 18 April 2017, pp. 4-9.

[4] U. N. Doc. CEDAW/C/CHN/7-8, 17 January 2013, pp. 8-9.

[5] U. N. Doc. CAT/C/CHN/5, 4 April 2014, pp. 5-9.

权利的立法、批准涉及儿童权利的国际条约、继续按照《中国儿童发展纲要（2001—2010年）》逐步推进儿童事业的发展等。[1]此外，中国还批准了《儿童权利公约》的两项议定书。中国分别于2005年和2010年提交了履行《〈儿童权利公约〉关于买卖儿童、儿童卖淫和儿童色情制品问题的任择议定书》的报告，并于2010年提交了履行《〈儿童权利公约〉关于儿童卷入武装冲突问题的任择议定书》的初次报告。中国分两次向残疾人权利委员会提供了3份履约报告。2018年提交的第二次和第三次履约报告汇报了中国执行公约的最新情况，并就委员会上次结论性意见中提出的疑问进行了回应。如对委员会就残疾人的国家行动计划的疑问，报告介绍了中国不同时期《国家人权行动计划》中有关保障残疾人的目标及落实情况。

（二）在其他层面参与人权议题

中国积极在联合国以外的其他层面参与人权治理。第一，中国在双边和多边交流中与其他国家进行人权议题的沟通。中国进行双边会谈和磋商，组织研讨会和考察等形式就人权议题与其他国家交换意见，相互了解与学习。自20世纪90年代起，中国陆续与20多个国家建立人权对话或磋商机制，同美国、欧盟、英国、德国、瑞士、荷兰、澳大利亚、新西兰等西方国家或国际组织进行人权对话，同俄罗斯、埃及、南非、巴西、马来西亚、巴基斯坦、白俄罗斯、古巴、非盟等开展人权磋商。[2]中国还通过举办"南南人权论坛"和"中欧人权研讨会"等国际论坛，与其他国家的官员和学者就人权问题展开探讨，为进一步开展人权领域的交流与合作搭建平台。第二，中国通过与区域组织进行合作交流参与人权议题。1996年中国与东盟自由贸易区成为全面对话伙伴国，2003年建立面向和平与繁荣的战略伙伴关系，在一系列领域展开合作。2013年10月，习近平主席访问印尼时提出愿同东盟国家共建"21世纪海上丝绸之路"，携手建设更为紧密的中国—东盟命运共同体。[3]中国与非盟的合作与交流也涉及人权议题。2017年，中国提出将对接彼此发展

---

[1] U. N. Doc. CRC/C/CHN/3-4, p. 7.

[2] 中华人民共和国国务院新闻办公室：《为人民谋幸福：新中国人权事业发展70年》白皮书（2019年9月）。

[3] 中华人民共和国国务院副总理韩正："打造更高水平战略伙伴关系 迈向更为紧密的中国—东盟命运共同体"，载《人民日报》2018年9月13日，第4版。

战略、开展和平安全合作、加强公共卫生合作、开展人力资源开发合作、密切国际地区事务协调作为中国与非盟合作的五个优先领域。2004年，中国成为美国国家组织观察员，其共同参与的活动及制定的文件都涉及人权议题。例如，2015年双方制定的《中国与拉美和加勒比国家合作规划（2015—2019）》就主张在教育、环保、消除贫困和全球疾病等多个人权领域加强合作。2003年，中国与欧盟建立了"全面战略伙伴关系"，至今双方已建立近70个磋商和对话机制，包括中国—欧盟领导人年度会晤机制，就涉及人权的多项议题展开对话。第三，中国与其他国际组织就人权议题展开互动。七十七国集团是发展中国家政府间国际组织，中国虽不是此集团成员，但与其保持良好合作关系，并以"七十七国集团加中国"的模式表达过共同立场。[1]七十七国集团对发展权等集体性人权的强调，以及对国家主权的尊重，都成为中国与之开展合作的共识基础。世界银行是有189个成员国的国际组织，致力于减少贫困，推动共同繁荣和促进可持续发展，其5个机构负责向发展中国家，以及最贫困国家等国家政府提供资金、政策咨询和技术援助，也与私营企业进行合作。2014年，中国决定出资5000万美元，在世界银行成立中国基金，以促进中国和其他发展中国家的共同发展。2008年，中国以创始捐资国身份向世界银行南南知识合作基金捐款30万美元，并于2013年追加捐款100万美元。第四，中国推动多国集团参与人权议题。2017年，中国和其他金砖国家领导人第九次会晤在厦门举行，各国在会中就落实2030年可持续发展议程，增强粮食安全、消除贫困、提升就业等人权议题上达成共识，并通过《金砖国家领导人厦门宣言》。宣言重申"各国应本着平等相待和相互尊重的原则开展合作，促进和保护人权与基本自由"。[2]G20作为国际经济合作主要论坛，也同样涉及众多人权议题。2018年，G20第13次峰会在阿根廷布宜诺斯艾利斯举行，与会领导人围绕"为公平与可持续发展凝聚共识"交换了意见。习近平主席在会议讲话中指出，"……坚持普惠共赢，促进全球包容发展。我们要坚持以人民为中心的发展思想，将人民的获得感、幸福感、安全

---

[1] 常建："南南合作对世界人权发展的贡献"，载中国人权研究会编：《构建人类命运共同体：南南人权发展的新机遇》，五洲传播出版社2018年版，第430—443页。
[2] 参见金砖国家领导人第九次会晤于2017年9月4日通过的《金砖国家领导人厦门宣言》，第54段。

感作为工作出发点和落脚点"。[1]中国通过参与联合国以外不同层面的全球治理，推动人权领域的合作与发展，为人权议题贡献中国智慧。

三、全球治理的中国方案：构建"人类命运共同体"

面对越发全球化的人权危机和挑战，发达国家开始对现有全球治理进行反思，发展中国家也在寻求新的治理模式，期待更加公平公正的秩序与环境，以及在人权领域拥有更有分量的话语权。"构建人类命运共同体"理念的提出，为全球治理中的人权议题构建了一个求同存异、互助共赢的理想蓝图，为如何在大发展大变革大调整时期应对全球挑战提供了中国智慧。

2013年习近平任党和国家最高领导人后首次出访时，在莫斯科国际关系学院发表演讲并指出，当今人类社会"越来越成为你中有我、我中有你的命运共同体"，此后"命运共同体"的表述多次出现在习近平主席的外交活动中。2017年1月18日，习近平主席在日内瓦万国宫的"共商共筑人类命运共同体"高级别会议上发表题为"共同构建人类命运共同体"的演讲，首次在联合国总部系统阐述"构建人类命运共同体"的重大理念。同年2月10日，联合国社会发展委员会第55届会议协商一致通过"非洲发展新伙伴关系的社会层面"决议，呼吁国际社会本着合作共赢和构建"人类命运共同体"的精神，加强对非洲经济社会发展的支持。此理念随后又被载入联合国安理会和人权理事会的决议，受到全球各界的关注并引起热议。

习近平主席在日内瓦的演讲中指出："中国方案是：构建人类命运共同体，实现共赢共享。"[2]要坚持对话协商，建设一个持久和平的世界；坚持共建共享，建设一个普遍安全的世界；坚持合作共赢，建设一个共同繁荣的世界；坚持交流互鉴，建设一个开放包容的世界；坚持绿色低碳，建设一个清洁美丽的世界。中国愿同广大成员国、国际组织和机构一道，共同推进"构建人类命运共同体"的伟大进程。"构建人类命运共同体"的理念不仅为多项人权发展提供了动力，也为加强人权领域的国际合作指明了方向。中国通过分享自身经验，加强南南合作等途径积极实践此理念，使其在全球治理中发

---

[1] "习近平出席二十国集团领导人第十三次峰会并发表重要讲话"，载新华网，http://www.xinhuanet.com/politics/leaders/2018-12/01/c_1123792388.htm，最后访问日期：2019年2月23日。

[2] 习近平："共同构建人类命运共同体——在联合国日内瓦总部的演讲"，载人民网，http://politics.people.com.cn/n1/2017/0119/c1001-29033860.html，最后访问日期：2022年1月22日。

挥越发重要的作用。

(一) 中国方案的人权意义

"构建人类命运共同体"为发展权等集体性人权得到进一步发展提供了动力。同时,此理念主张的主权平等,以及求同存异的人权观,将大力促进各国在人权领域加强国际合作的意愿,为全球治理创造更加包容、平等的大环境。

1. 推动发展权等集体性人权

向巴平措指出,"构建人类命运共同体"理念正是人权事业发展在生存权、发展权、健康权、和平权、安全权、环境权等方面的具体表现。[1]根据时任联合国教科文组织人权与和平处处长卡雷尔·瓦萨克"三代人权"的概念,人权可被分为:第一代人权,即公民权利和政治权利;第二代人权,经济、社会和文化权利;第三代人权,如发展权、和平与安全权、环境权等权利。虽然此种分法主要是从历史发展角度而非人权的重要性或普遍性排序的,但相比第一代和第二代人权,第三代人权通常会因其集体性人权的性质受到更多争议。"构建人类命运共同体"理念主张将发展权作为人权保障的基本立足点,将和平与安全作为人权保障的基本前提,[2]为推动集体性人权的发展和落实发挥了积极作用。

20世纪70年代,发展中国家呼吁建立新的经济秩序并提出发展权的概念。1986年12月4日,联合国大会通过了《发展权利宣言》,明确"发展权利是一项不可剥夺的人权",并呼吁各国"促进基于主权平等、相互依赖、各国互利与合作的新的国际经济秩序""促进发展中国家更迅速的发展"。然而仍有部分西方学者质疑甚至不承认发展权。发展权没有得到应有的重视,在全球治理中发挥其应有的作用,这使得发展中国家在包括人权等众多领域难以改变劣势地位,分享全球发展的成果。在临近2015年联合国千年发展目标结束之际,国际社会发现虽然全球财富在不断增长,但国家间的不平等并未得到改善,甚至有恶化的趋势。根据联合国2013年的数据,虽然通过某些指标来看,国际收入的不平等比起20世纪80年代有所下降,但这主要归功于

---

[1] 向巴平措:"'构建人类命运共同体与全球人权治理'理论研讨会开幕式致辞",载中国人权研究会编:《构建人类命运共同体与全球人权治理》,五洲传播出版社2018年版,第3页。

[2] 陈佑武:"以人类命运共同体理念为指导促进全球人权治理改革",载《求是》2018年第8期。

第六章 积极参与全球治理与国际法治的中国方案（传统领域）

中国的发展。[1]面对这种状况，联合国发展政策委员会指出，现存的全球治理结构体现了全球化的不平衡，发展中国家对现有规则只能产生有限影响，却需要遵守或者承担这些规则的结果，全球治理亟须改革。[2]只有切实保护属于个人与集体的发展，促进发展中国家发展，全球才能更好地应对新时代的人权挑战。而继千年发展目标之后，2015年通过的《2030年可持续发展议程》对发展权重要性的肯定，也表明中国方案是符合全球发展趋势的。2016年习近平主席在致"纪念《发展权利宣言》通过30周年国际研讨会"的贺信中指出，"发展是人类社会永恒的主题。联合国《发展权利宣言》确认发展权利是一项不可剥夺的人权"。"……中国希望国际社会以联合国2030年可持续发展议程为新起点，努力走出一条公平、开放、全面、创新的发展之路，实现各国共同发展"，并表示"中国积极参与全球治理，着力推进包容性发展，努力为各国特别是发展中国家人民共享发展成果创造条件和机会"。[3]

同时，"构建人类命运共同体"理念也意识到，权利不是孤立存在而是相互关联和依赖的，只有和平与安全的环境才能为发展提供保障，因此和平权、安全权等其他集体性人权也不能被全球治理所忽视。"构建人类命运共同体"的中国方案有力推动了发展权以及其他对全球治理有重要意义的集体性人权发展，使这些权利得到更广泛的认可与支持，为国际法治和全球治理发挥了积极作用。

2. 推动人权领域的国际合作

国际合作是实现有效全球治理的关键，但让拥有不同文化、历史、宗教、社会制度的主权国家在人权领域开展合作实属不易。"构建人类命运共同体"首先强调主权平等。主权是人权领域国家合作的基本保障，破坏或不尊重国家主权是导致国际社会在人权议题上不合作的首要根源，因此在治理中必须尊重主权，反对霸权，杜绝人权政治化等现象。[4]2017年1月18日，习近平

---

[1] United Nations, *Report of the World Social Situation* 2013: *Inequality Matters*, United Nations Publication, Sales No. 13. Ⅳ. 2.

[2] Committee for Development Policy, *Global Governance and Global Rules for Development in the Post-2015 Era*, United Nations Publication, Sales No. E. 14. Ⅱ. A. 1, p.5.

[3] "习近平致'纪念《发展权利宣言》通过30周年国际研讨会'的贺信"，载新华网，http://www.xinhuanet.com/politics/2016-12/04/c_1120048817.htm，最后访问日期：2022年1月22日。

[4] 陈佑武："人类命运共同体的全球人权治理理念"，载中国人权研究会编：《构建人类命运共同体：南岸人权发展的新机遇》，五洲传播出版社2018年版，第36页。

主席在联合国日内瓦总部的演讲中指出,"主权平等,真谛在于国家不分大小、强弱、贫富,主权和尊严必须得到尊重,内政不容干涉,都有权自主选择社会制度和发展道路"。中国历来秉持和奉行各国相互尊重主权,由周恩来总理首次完整提出的和平共处五项原则即包括互相尊重领土主权、互不侵犯、互不干涉内政、平等互惠与和平共处。《联合国宪章》也规定,会员国应遵行主权平等之原则。虽然在人权领域达成国际合作可能会要求国家自愿让渡部分主权,但这并不代表可以弱化或无视主权平等。

"构建人类命运共同体"理念还主张求同存异,在寻求共享价值的同时,坚持不同国家、文明的兼容并蓄、互相尊重,以构建包容、多元的人权观来推动和达成国际合作,有效地应对和解决全球治理中的人权议题。"构建人类命运共同体"是面向所有人,以全人类为中心的理念。这意味着此理念要考虑来自不同文明的个体与集体。习近平主席在日内瓦的演讲中指出,"文明没有高下、优劣之分,只有特色、地域之别。文明差异不应该成为世界冲突的根源,而应该成为人类文明进步的动力"。文明多样性及受其影响而形成的不同发展道路和阶段,使人类在人权领域虽然有共同的价值、利益与目标,也存在着难以消除的隔阂与分歧,如仍有观点认为公民权利和社会权利是不言自明的,地位高于经济、社会和文化权利,或认为人权只能属于个人,不能属于集体。虽然在人权制度与实践方面难免存在不同理解和立场,但没有任何一个国家可以因此更有优越感地要求或指责其他国家,这种强行求"同"而不容"异"的人权观只会带来更多冲突与对抗。随着各国相互依存与影响的程度越发增强,各国在面对波及区域甚至全球的人权挑战时,不能再因对人权标准或理解的分歧而延误或排斥合作的进行。"构建人类命运共同体"主张求同存异,包容互鉴,为全人类的未来放下狭隘和有偏见的人权观。这种和而不同、有容乃大的智慧,以及天下为公的精神,不仅体现了源远流长的中华文化,也适用于当代全球治理。

(二)中国方案的实践及影响

南南国家在人权领域的合作是"构建人类命运共同体"的生动实践。被侵略、殖民的历史,以及全球规则和秩序中不公正、不平等的因素,使发展中国家虽然承担着主要的人口压力,却无法充分享受全球经济发展和财富增长所带来的益处。全球化并未使南北差距得到有效改善,反而使撒哈拉以南的非洲、拉丁美洲和一些最不发达国家与发达国家的收入差距拉大，一些国家和人民被逐渐边缘化，面临无法实现其发展潜能并得到人权保护的危险。南南国家对和平发展的追求，以及能在互助互惠的全球治理中地位提升的愿望，使"构建人类命运共同体"的理念得到广泛支持。

中国提出"一带一路"倡议，为南南合作创造机遇。2013年由习近平主席提出的"丝绸之路经济带"和"21世纪海上丝绸之路"共同组成"一带一路"倡议。"一带一路"沿线多为发展中国家，南南国家将在政策沟通、设施联通、贸易畅通、资金融通、民心相通的"五通发展"框架内获得切实发展，改善民生，更好地保护人权。在"一带一路"倡议下，非洲第一条跨国电气化铁路埃塞俄比亚的斯亚贝巴—吉布提铁路建成通车，中巴经济走廊确定16项优先实施项目已有8项启动建设，与"一带一路"沿线20个国家建设56个经贸合作区，与55个国家缔结了涵盖不同护照种类的互免签证协议。[1]通过在共建"一带一路"国家实施的民生工程，中国帮助科特迪瓦、喀麦隆、埃塞俄比亚、吉布提等国建设供水系统，解决了民众饮水难、水质差等问题；为斯里兰卡、塞内加尔、几内亚、尼日尔、莫桑比克、刚果（金）、南苏丹、牙买加、苏里南、多米尼克等国援建医院，提升了当地医疗服务水平；帮助白俄罗斯建设社会保障住房，改善了弱势群体的居住条件和生活条件；帮助斯里兰卡、巴基斯坦、乌兹别克斯坦等国2000余名白内障患者重见光明。[2]还有在基础设施、经贸合作、人文交流、生态环保等领域所取得的众多成果，让发展中国家看到，建立并参与包容的经济体系，通过互利共赢的发展促进和保障人权并非不可能。

中国为南南国家提供支持和援助。这些支持和援助涵盖经济发展、气候变化、粮食安全、教育医疗等众多领域，为发展中国家更好地发展与保护人权创造条件。2001年至2013年，中国对外援助额的年均增长率高达21.20%。[3]2013年"一带一路"倡议提出后，中国对外援助金额更是超过了之前的十年之和。2015年9月26日，习近平主席宣布，中国将设立"南南合作援助基金"，首期提供20亿美元，支持发展中国家落实2015年后发展议程；未来5

---

[1] "'一带一路'成果清单"，载《北京日报》2017年5月14日，第5版。
[2] 中华人民共和国国务院新闻办公室：《新时代的中国国际发展合作》白皮书（2021年1月）。
[3] 胡鞍钢、张君忆、高宇宁："对外援助与国家软实力：中国的现状与对策"，载《武汉大学学报（人文科学版）》2017年第3期。

年,中国将向发展中国家提供"6个100"项目支持,包括100个减贫项目、100个农业合作项目、100个促贸援助项目、100个生态保护和应对气候变化项目、100所医院和诊所、100所学校和职业培训中心;未来5年,中国将向发展中国家提供12万个来华培训和15万个奖学金名额,为发展中国家培养50万名职业技术人员。[1]2020年5月18日,在第73届世界卫生大会视频会议开幕式上,习近平主席宣布两年内提供20亿美元国际援助、与联合国合作在华设立全球人道主义应急仓库和枢纽、建立30个中非对口医院合作机制、中国新冠疫苗研发完成并投入使用后将作为全球公共产品、同二十国集团成员一道落实"暂缓最贫困国家债务偿付倡议"等中国支持全球抗疫的一系列重大举措。[2]

中国为南南合作搭建交流平台,并将成果以国际文件的形式确定下来。2017年国务院新闻办公室、外交部在北京举办首届"南南人权论坛",主题为"构建人类命运共同体:南南人权发展的新机遇"。有超过300名来自70多个国家和国际组织的代表出席。习近平主席向论坛致以贺信并指出,"当今世界,发展中国家人口占80%以上,全球人权事业发展离不开广大发展中国家共同努力。人权事业必须也只能按照各国国情和人民需求加以推进"。[3]与会人士就南南合作的经验、困难和未来规划展开了讨论,并最后达成《北京宣言》。宣言明确了发展中国家在人权领域合作与发展的共识,指明了发展方向,宣告"人权的实现必须考虑区域和国家情境""人权是所有文明的内在组成部分,应承认所有文明平等,都应受到尊重""生存权和发展权是首要的基本人权"。

2018年9月,中非合作论坛北京峰会举行,主题为"合作共赢,携手构建更加紧密的中非命运共同体",中国国家主席习近平同论坛共同主席国南非总统拉马福萨共同主持峰会。与会代表来自54个论坛非洲成员,包括40位总统、10位总理、1位副总统以及非盟委员会主席等。中非双方一致决定携手构建责任共担、合作共赢、幸福共享、文化共兴、安全共筑、和谐共生的

---

[1] 唐晓蓉、孟祥麟:"数说南南合作中的中国足迹",载人民网,http://politics.people.com.cn/n/2015/0927/c1001-27639743.html,最后访问日期:2022年1月22日。

[2] 中华人民共和国国务院新闻办公室:《新时代的中国国际发展合作》白皮书(2021年1月)。

[3] "习近平致首届'南南人权论坛'的贺信",载人民网,http://world.people.com.cn/n1/2017/1207/c1002-29692397.html,最后访问日期:2022年1月22日。

中非命运共同体,推进中非共建"一带一路"合作,将"一带一路"建设同非盟《2063年议程》、联合国2030年可持续发展议程、非洲各国发展战略紧密对接,重点实施"八大行动",全面加强中非各领域务实合作。峰会通过了《关于构建更加紧密的中非命运共同体的北京宣言》和《中非合作论坛—北京行动计划(2019—2021年)》两个重要成果文件。

中国提出的"构建人类命运共同体"的理念,已经不局限于积极参与,而是主动引领全球治理。在这个过程中,中国充分发挥了联合国和其他全球治理主体的作用,通过"一带一路"倡议等实践助力南南合作,为构建人权领域的国际法治,促进人权发展与合作作出了贡献,使全人类向更加公正、合理、包容的全球治理又迈进了一步。

四、中国参与全球人权议题的对策

中国参与全球治理的姿态与程度在不同历史阶段不断变化,但总体来说是朝着更加积极的趋势发展,并开始由参与者向引领者转变。1949年中华人民共和国成立后,中国曾一度被排斥在联合国之外,与联合国的互动也充满对立。在这个阶段,中国尚未恢复在联合国的合法席位。尽管如此,中国仍然努力参与、融入和利用联合国平台。改革开放后,中国一改封闭、抵制的状态,以积极的姿态参与国际事务,加入联合国机构和公约,并逐渐和其他国际与区域组织,以及全球治理的主体建立联系,开展合作。中国在自身飞速发展的同时,也逐渐从受惠者、参与者变为回馈者、引领者。无论是在联合国还是其他层面,中国已经可以凭借自身实力与影响力,为体制和规则的建立与调整提出意见和建议,为其他国家提供支持和援助,为推动全球治理体系变革提出中国方案。

但同时我们也必须清楚地认识到,想在参与和引领全球人权议题时得到国际社会的广泛接受和认可并非易事。这不仅是因为人权议题的敏感性,也因为人权的含义,其规则的制定与保护都涉及法律和其他多学科的结合,提出新的概念或理念不仅在理论层面困难重重,在实践中也可能为自身带来风险,需要谨慎对待。未来中国在参与和引领全球治理中的人权议题时,可以注意以下几点。第一,以法治为原则治理。联合国全球治理委员会在《天涯成比邻——全球治理委员会的报告》中就已明确指出法治在全球治理中的重要性,"尊重法治是友邻关系基本价值的所在。在正在出现的全球友邻关系中，这一价值观肯定是人们所必需的"。全球治理的主体应该通过推动法律概念，构建法治建设来实现有效的全球治理。只有在以法治文化为支柱的环境下推动和引领全球治理，才能为治理提出更加明晰、有切实指导作用的规则。第二，在现有国际人权体制内寻找与中国人权强项契合的突破口。要更有底气地参与全球治理，或以中国方案取代原有方案，必须以身作则，用本国的人权保护与发展作为最好的说明。例如，中国在消除贫困和饥饿方面所取得的成果，就是中国有能力引领和推动生存权、发展权以及适当生活水准权等权利的最好证明。除此之外，中国还可以选取其他几项基本权利，或是需要重点保护和关注的群体，作为进一步引领人权议题的突破口。这种突破需要一方面结合国内的人权发展，如对残疾人权利保护的进步；另一方面结合国际人权规则与机构，如《残疾人权利公约》和残疾人权利委员会。只有累积这种具体而非宽泛和模糊的引领成果，才能切实提高治理参与者的地位。第三，充分发挥多层、多元全球治理者的作用，包括人权智库、研究机构和企业等。全球治理就是要建立一个不局限于国家的治理模式，多层、多元主体的参与趋势已不可改变，且正在发挥越发重要的作用。人权智库和研究机构等非政府机构的参与，不仅可以为中国方案提供有力的学术支持，指出方案的不足和风险，还可以通过更加灵活、便利的方式与其他治理主体展开交流，对方案的可行性和接受度进行及时反馈。企业作为治理主体的作用也日益凸显，工商业与人权不仅是全球治理的热点，也对中国推动"一带一路"倡议有至关重要的作用。让更多层、多元的治理者参与中国方案的制定、推广和实践，将从长远角度帮助中国提升全球治理的地位，成为人权领域的开拓者与引领者。

第三节　国际经济治理

20世纪90年代中期以来，受到"冷战"结束以及世界贸易组织成立等因素的推动，以自由化、一体化为基本特征的经济全球化进程明显加速。这一进程导致国际经济发生了一系列重要而复杂的变化，从而促使不少国家寻求调整有关经济全球化的政策。总体而言，尽管各国对经济全球化、国际经济治理观念与制度的理解并不当然地相同，在一些情形下甚至大相径庭，但多数国家认为既有的国际经济治理观念与制度已经不能适应经济全球化的要求。为此，不少国家竞相提出变革既有国际经济治理观念与制度的方案。尤其值得注意的是，个别国家基于狭窄的国家利益计算采取了一些对国际经济具有重大消极影响的霸凌主义措施。[1] 其结果是，当前国际经济治理面临着"二战"结束以来最广泛、最深刻，但充满不确定性的变革。在这一重要的历史阶段，作为第二大经济体的中国——一个经由持续实施国内改革与积极参与经济全球化迅速摆脱积贫积弱状态，创造经济发展奇迹的国家——对于国际经济治理变革的态度、政策及其影响举世瞩目。显然，提出恰当的国际经济治理方案从而推动国际经济的可持续发展既是许多国家对中国怀有的重大期待，也是中国作为新兴大国对国际社会承担的应有责任。

一、国际经济治理变革的时代背景

进入21世纪，尤其2008年源于美国金融危机进而衍化为全球经济衰退以来，自20世纪90年代中期以来加速推进的经济全球化进程使得国际经济发生了一系列重要而复杂的变化，这些变化构成了催生或增强变革国际经济治理的时代背景。这些变化主要体现在以下四个方面。

第一，从国家间关系的角度来看，国际经济格局发生了深刻而复杂的变化。经由持续的国内改革与积极参与经济全球化进程，以中国为代表的一些发展中国家的经济实力大幅提升，以美国为代表的发达国家在全球经济总量中的份额则趋于下降，国际经济格局总体上朝着有利于发展中国家的方向发展。然而，国家间发展不平衡问题仍然是当今国际社会面临的主要挑战之一。尤其值得注意的是，较之以往，这一问题变得更为复杂。一方面，为了维持在国际经济格局中的传统主导地位，一些发达国家改变了对经济全球化的态度，企图采取多种措施遏制发展中国家，尤其是中国等经济实力迅速增强的新兴国家的发展。另一方面，由于认为自身在国际经济格局中的弱势地位并未获得明显改善，甚至还趋于恶化，[2] 许多发展中国家继续主张其变革国际经济治理的基本诉求，而其诉求对象不仅像以往那样继续针对发达国家，而且针对在晚近经济全球化进程中大幅提升经济实力的新兴发展中国家。其结

---

[1] 参见中华人民共和国国务院新闻办公室：《关于中美经贸摩擦的事实与中方立场》（2018年9月），第三至五部分。

[2] 例如，最贫困国家遭受始于2008年的全球性经济衰退的冲击"最为严重"。参见《金砖国家领导人第二次会晤联合声明》（2010年4月15日，巴西利亚），第16段。

果,较之以往,虽然更多的国家具有变革既有国际经济治理的动力,但它们的动机与诉求更加多元——这并不意味着它们之间完全没有相同性或相似性,这使得国际经济治理变革的过程变得更加复杂,如变革国际经济治理的方案更多了、协调不同国家的立场的难度更大了。

第二,从经济活动的特征来看,经济活动内容与形式的日新月异大大增加了政府有效规制经济活动的难度。自由化与一体化是"冷战"结束后经济全球化的两大基本特征,自由化意味着政府放松对经济活动的管制,一体化则意味着经济活动的全球性开展。其结果是,经济活动的内容与形式途径日新月异,创新成为经济行为体提高国际竞争力的重要保障。然而,自由化与一体化也使得经济活动潜在的风险更大。在此情况下,政府尤其有必要能够对经济活动进行有效但不是过度的规制,以便防范经济风险。然而,既有的国际经济治理观念与制度未能充分反映经济全球化背景下经济活动在内容、形式以及途径等方面发生的重要变化,进而也未能充分适应国家增强规制经济活动的能力的正当需求。

第三,从经济活动的价值角度来看,非经济关切在经济活动的价值系统中的地位日益重要。在经济活动中,经济关切(如市场准入、交易成本)与非经济关切(如环境保护、公共健康)往往密不可分,二者相互影响。整体来看,为了更快地推动经济全球化进程,非经济关切——诸如良好的生态环境之类的非经济关切最终而言其实是经济活动的主要目标——在经济全球化进程中很大程度上被有意或无意地忽视了。晚近,过度重视经济关切而轻视非经济关切的风险逐步显现。比如,过度保护知识产权损害了政府保障公共健康的能力乃至意愿,过度保护投资权益则损害了政府保护环境的能力乃至意愿。总体来看,各国已经普遍认识到应当确保恰当地权衡经济活动中的经济关切与非经济关切。然而,价值多元也可能干扰正常的经济活动,尤其是,政府可能不正当地利用非经济关切妨碍经济活动的正常进行,损害经济行为体的正当权益。一个重要的例子是,近年来一些国家不时否决中国企业的投资计划,然而其本质实为以维护国家安全之名行投资保护主义之实。

第四,从公私关系的角度来看,政府的公共权威日益受到私人资本的挑战。如所周知,绝大多数的国际经济活动由私人主体进行,而各国政府则作为规制者影响国际经济的运行。诚然,各国政府针对私人经济活动行使广泛的规制权,甚至利用规制权不当侵害私人的正当权益。然而,较之以往,晚近的经济全球化在国际层面上催生了许多可以被私人用于挑战正当的政府规制权的制度与机制，而这些制度与机制原本被许多国家认为是通过维护私人权益以促进一国经济发展的重要比较优势。突出的一个例子是投资条约制度。20世纪90年代以来缔结的投资条约普遍向投资者提供高标准的投资待遇与投资保护，并且允许投资者把其与东道国间发生的法律争端诉诸国际仲裁庭。其结果是，外国投资以其投资权益受到损害为由对超过100个的东道国——既包括发展中国家，也包括发达国家——提起了900多个仲裁案件。这表明，国际经济活动中的矛盾不仅发生在主权国家之间，而且发生在政府与私人资本之间。质言之，公共权威受到私人资本的不当挑战成为各国的普遍关切。

如前所述，晚近私人日益复杂的经济活动不仅增加了政府的规制难度，他们还频频挑战政府的公共权威，这促使许多国家认识到有必要强化对私人资本的约束。然而，较之广大发展中国家，发达国家在维护私人资本方面拥有更大的利益导致它们未能或者无意寻求对私人资本的充分约束。鉴于此，习近平主席在第70届联合国大会一般性辩论中阐述的见解尤其重要，表达了广大发展中国家寻求强化维护公共权威、约束私人资本的共同心声。习近平主席深刻地指出，"2008年爆发的国际经济金融危机告诉我们，放任资本逐利，其结果将是引发新一轮危机。缺乏道德的市场，难以撑起世界繁荣发展的大厦……要用好'看不见的手'和'看得见的手'，努力形成市场作用和政府作用有机统一、相互促进，打造兼顾效率和公平的规范格局"。[1]

二、国际经济治理变革的现实状况

当前，国际经济治理变革呈现出三个突出的特征：一是动机不同；二是议题广泛；三是方案众多。准确地把握这些特征有助于我国充分地认识当前国际经济治理变革的复杂性，也有助于我国合理地制定、推动国际经济治理的中国方案。

第一，各国推动国际经济治理变革的动机不同。一些国家主张变革国际经济治理是立足于国际社会多数成员的共同呼声，旨在推动国际经济秩序向着更加公正、合理的方向发展。与此不同，另一些国家主张变革国际经济治

---

[1] 习近平："携手构建合作共赢新伙伴 同心打造人类命运共同体——在第七十届联合国大会一般性辩论时的讲话（2015年9月28日，纽约）"，载《人民日报》2015年9月29日，第2版。

理则是立足于本国狭窄的国家利益计算，旨在维护国际经济秩序中既有的不公正、不合理的内容，甚至要逆转国际经济秩序中经过国际社会多数成员努力奋斗已经变得较为公正、合理的内容。前者如金砖国家强烈要求国际货币基金组织和世界银行应当加快治理改革，以回应广大发展中国家的长期期待。[1]后者的代表无疑是近年来美国立足于所谓的"美国优先"政策，以多边贸易体制存在缺陷为由采取的一系列贸易霸凌主义措施。这些措施包括不惜瘫痪世界贸易组织上诉机构而多次阻挠上诉机构成员的遴选工作、不惜对中国发动历史上最大的贸易战。这些措施被普遍认为是美国以变革多边贸易体制之名行贸易保护主义之实，其根本目的是维护美国在国际贸易秩序中的主导地位。美国的贸易霸凌主义措施破坏了国际经济秩序、阻碍了全球经济复苏，并且冲击了全球价值链。[2]可以认为，只有立足于国际社会的整体利益，切实回应国际社会多数成员的共同关切，一国提出的变革国际经济治理的主张才有可能获得广泛的支持。

第二，国际经济治理变革涉及的议题广泛。随着经济全球化进程的全面推进，国际经济治理暴露出来的风险广泛地发生于包括国际贸易、投资以及金融在内的诸领域，这决定了国际经济治理变革具有广泛性特征，即涉及贸易、投资以及金融等有关的国际法律制度、机制以及组织都面临变革问题，或者既有的变革要求变得更加迫切。例如，进入21世纪，基于投资条约发生的投资者—东道国投资争端急剧增加，尤其国际仲裁庭对投资条约的解释频频引发争议，这使得变革投资条约制度成为当前国际社会中最受关注的议题之一。又如，针对国际货币基金组织与世界银行未能及时、充分地回应广大

---

[1] 比如，金砖国家领导人发表联合声明指出："国际货币基金组织和世界银行应尽快解决其合法性不足的问题。治理结构改革的首要目标是向新兴市场和发展中国家实质性转移投票权，使其在世界经济中的决策权与份量相匹配。我们呼吁世行于今年春季会议兑现投票权改革方面的承诺，期待国际货币基金组织份额改革于今年11月二十国集团峰会前完成。我们同意，基金组织和世行高管职位的遴选应本着公开、择优的原则，无需考虑人选国籍。上述机构的职员组成需更好反映其成员的多样性。需特别注意增加发展中国家的参与度。国际社会必须推动上述改革产生我们预期的结果，否则有关国际机构将面临出局的风险。"《金砖国家领导人第二次会晤联合声明》（2010年4月15日，巴西利亚），第11段。也可参见《金砖国家领导人第四次会晤德里宣言》（2012年3月29日，新德里），第9段、第12段。

[2] 参见中华人民共和国国务院新闻办公室：《关于中美经贸摩擦的事实与中方立场》（2018年9月），第五部分。

发展中国家的变革诉求,金砖国家提出了严正批评。[1]金砖国家甚至认为,如果相关国际金融机构继续罔顾广大发展中国家的正当诉求,则可能"面临出局的风险"。[2]

第三,国际经济治理变革的方案众多。由于不同国家与经济全球化进程以及相应的国际法律制度的关系不同(如各国在经济全球化进程中作出的承诺不同、从经济全球化进程中获取的收益不同、应对经济全球化进程衍生风险的能力不同,等等),许多国家意识到,为了更好地表达本国的关切,进而更好地维护本国的利益,必须自行提出变革国际经济治理的方案。其结果是,针对同一议题往往存在多种改革方案,它们之间可能大相径庭。以投资者—东道国争端解决机制改革为例,一些国家认为目前的特设投资仲裁机制仍然是最好的选择,只需要进行适当的修正(如美国、日本),另一些国家则认为应当建立常设性的投资法院(如欧盟),还有一些国家则认为应当废除既有的国际争端解决机制而选择适用国内争端解决机制(如印度、南非、巴西)。[3]

三、中国与国际经济治理变革

(一) 中国在国际经济治理变革中的地位

当前,随着整体经济实力大幅提升与低成本等推动经济快速发展的传统优势可能降低,我国"参与经济全球化的基础和条件正在发生重大变化"。[4]我国在国际经济治理中的地位变得更加复杂。时任副总理汪洋指出:"随着综合国力提升,我国在国际经济治理体系中的话语权和影响力不断增加,各方在重大国际和地区问题上更加关注中国的立场,更加注重对我国的借重与合作。同时,我国被加速推向国际事务前台,一些发达国家在全球经济再平衡、应对气候变化、人民币汇率、知识产权保护、市场开放等方面对我国的要求越来越高,一些发展中国家对我国的期待也越来越多。我国仍处于并将长期处于社会主义初级阶段的基本国情没有变,作为世界最大发展中国家的国际地

---

[1] 参见《金砖国家领导人第四次会晤德里宣言》(2012年3月29日,新德里),第9段。
[2] 参见《金砖国家领导人第二次会晤联合声明》(2010年4月15日,巴西利亚),第11段。
[3] Anthea Rothers, "Increment, Systemic, and Paradigmatic Reform of Investor-State Arbitration", *American Journal of International Law*, Vol. 112, 2018, pp. 410-431.
[4] 汪洋:"构建开放型经济新体制",载《人民日报》2013年11月22日,第6版。

位没有变。外界认知同我国实际情况的落差,给我参与国际经济合作带来复杂影响。"[1]

同样重要的,汪洋指出:"规则和标准的竞争是最高层次的竞争。我国加入了世界贸易组织,进入了重大经贸问题谈判的核心圈,在全球经济治理中发挥着越来越重要的作用。但是我国作为现行国际经贸规则适应者、遵循者的角色没有根本改变。"[2]

正是基于对国际规则重要性的认识以及我国在国际规则制定中的地位的判断,《中共中央关于全面推进依法治国若干重大问题的决定》明确规定我国要"积极参与国际规则制定……增强我国在国际法律事务中的话语权和影响力"。[3]这为我国参与当前的国际经济治理变革提供了重要依据,明确了我国参与国际经济治理变革的基本方式,规定了衡量我国参与国际经济治理变革有效性的基本标准。

(二) 国际经济治理变革中的中国方案:主要内容与基本特点

国际经济治理变革中的中国方案是指中国为推动建立更加公正、合理的国际经济秩序而提出的一系列主张,它既涉及观念和原则层面,也涉及操作层面;既涉及系统性的制度建构,也涉及局部性的制度完善。中国提出的国际经济治理的变革方案受到国际社会的广泛关注,一些方案已经被接受。

中国针对国际经济治理变革提出的一系列改革方案体现了习近平主席代表中国提出的"人类命运共同体"理念,[4]基于此理念,中国针对国际经济治理变革的具体问题采取了一系列重大措施,提出了一系列方案。

在国际贸易治理方面,针对当前多边贸易体制受到单边主义严重威胁的状况,中国于2018年11月提出了世界贸易组织改革的中国方案。这一方案包括"三个基本原则"和"五点主张"。三个基本原则包括:(1)世界贸易组织改革应维护多边贸易体制的核心价值;(2)世界贸易组织改革应保障发展中成员的发展利益;(3)世界贸易组织改革应遵循协商一致的决策机制。

---

[1] 汪洋:"构建开放型经济新体制",载《人民日报》2013年11月22日,第6版。
[2] 汪洋:"构建开放型经济新体制",载《人民日报》2013年11月22日,第6版。
[3] 《中共中央关于全面推进依法治国若干重大问题的决定》(2014年10月23日中国共产党第十八届中央委员会第四次全体会议通过)第七部分之(七)。
[4] 参见习近平:"携手构建合作共赢新伙伴 同心打造人类命运共同体——在第七十届联合国大会一般性辩论时的讲话(2015年9月28日,纽约)",载《人民日报》2015年9月29日,第2版。

五点主张包括：（1）世界贸易组织改革应维护多边贸易体制的主渠道地位；（2）世界贸易组织改革应优先处理危及世界贸易组织生存的关键问题；（3）世界贸易组织改革应解决贸易规则的公平问题并回应时代需要；（4）世界贸易组织改革应保证发展中成员的特殊与差别待遇；（5）世界贸易组织改革应尊重成员各自的发展模式。〔1〕在此基础上，2019年5月13日，中国向世界贸易组织总理事会提交了中国关于世界贸易组织改革的建议方案，对于2018年11月提出的中国方案作了进一步阐述。〔2〕

在国际投资治理变革方面，在中国的倡导下，2016年二十国集团杭州峰会通过了非约束性的《二十国集团全球投资指导原则》。〔3〕在此基础上，中国寻求在各国不存在重大分歧的议题方面引领推动国际投资治理变革。投资便利化是中国选择的第一个议题。2017年4月，中国在世界贸易组织体制内发起"投资便利化之友"，〔4〕并且提出了投资便利化基本构成要素的主张。〔5〕中国倡导提出的投资便利化议题受到世界贸易组织成员方的广泛支持。在2017年12月举行的世界贸易组织部长级会议上，70个世界贸易组织成员方签署了《关于投资便利化的部长联合声明》，呼吁就制定关于投资便利化的多边框架展开讨论。〔6〕

与贸易和投资领域相比，中国在参与国际金融治理变革方面的成就尤其

---

〔1〕 中华人民共和国商务部：《中国关于世贸组织改革的立场文件》（2018年11月23日）。

〔2〕 China's Proposal on WTO Reform, Communication from China, WT/GC/W/773, 13 May 2019.

〔3〕 这些原则包括：（1）政府应避免与跨境投资有关的保护主义。（2）投资政策应设置开放、非歧视、透明以及可预见的投资条件。（3）投资政策应为投资者和投资提供有形、无形的法律确定性和强有力的保护，包括可使用有效的预防机制、争端解决机制和实施程序。争端解决程序应公平、开放、透明，有适当的保障措施防止滥用权力。（4）投资相关规定的制定应保证透明及所有利益相关方有机会参与，并将其纳入以法律为基础的机制性框架。（5）投资及对投资产生影响的政策应在国际、国内层面保持协调，以促进投资为宗旨，与可持续发展和包容性增长的目标相一致。（6）政府重申有权为合法公共政策目的而管制投资。（7）投资促进政策应使经济效益最大化，具备效用和效率，以吸引、维持投资为目标，同时与促进透明的便利化举措相配合，有助于投资者开创、经营并扩大业务。（8）投资政策应促进和便利投资者遵循负责任企业行为和公司治理方面的国际最佳范例。（9）国际社会应继续合作，开展对话，以维护开放、有益投资政策环境，解决共同面临的投资政策挑战。

〔4〕 Proposal for A WTO Informal Dialogue on Investment Facilitation for Development, Joint Communication from the Friends of Investment Facilitation for Development, JOB/GC/122, 26 April 2017.

〔5〕 Possible Elements of Investment Facilitation, Communication From China, GOB/GC/123, 26 April 2017.

〔6〕 Joint Ministerial Statement on Investment Facilitation for Development, WT/MIN (17) /59, 13 December 2017.

显著,中国提出的方案被越来越多的国家所接受,对完善国际金融治理的积极效果正在显现。在这一方面,中国提出的最重要的方案无疑是发起设立亚洲基础设施投资银行。2013年10月7日,在亚太经合组织工商领导人峰会上,习近平主席代表中国提出筹建亚洲基础设施投资银行的倡议。这一倡议迅速获得亚洲国家以及域外国家的大力支持。2014年10月,首批21个意向创始国签署了《筹建亚洲基础设施投资银行备忘录》。2015年6月,50个意向创始国代表签署了《亚洲基础设施投资银行协定》。2016年1月1日,亚洲基础设施投资银行正式开业,创始国达到57个。截至2018年底,亚洲基础设施投资银行成员国(含意向成员国)达到80个。较之既有的多边发展金融机构,亚洲基础设施投资银行在机构宗旨、治理机制以及投资与融资政策方面都取得重要的创新。[1]亚洲基础设施投资银行的实际运营获得高度赞誉。[2]亚洲基础设施投资银行成员国数量的迅速增加以及运营获得高度赞誉体现了中国方案的吸引力与有效性。

中国提出的国际经济治理的变革方案具有四个重要的特征。

第一,坚持立足于现有国际制度与机制,尤其多边制度与机制,改革国际经济治理。经过国际社会,尤其广大发展中国家的努力——尤其包括20世纪六七十年代的国际经济新秩序运动,国际经济制度与机制总体上不断朝着公正、合理的方向发展。正是基于对当前国际经济治理现状的准确判断,中国提出的方案既有别于一些发达国家从狭窄的国家利益计算出发提出的,旨在维护其在现行国际经济秩序中的主导地位的方案,也有别于一些发展中国家由于缺乏对当前国际经济治理现状的准确判断而提出的抛弃现行相关国际经济制度与机制的方案。质言之,中国是以"建设者""贡献者"和"维护者",[3]而非"革命者""利己者"和"破坏者"的身份提出方案,务实、稳健地推动国际经济治理变革,努力促使国际经济秩序继续朝着更加公正、合理的方向发展,避免使国际经济治理发生重大的动荡。在这一方面,我国实施"一带一路"倡议采取的路径是一个突出的体现。在实施"一带一路"

---

〔1〕 参见顾宾:《亚投行法律:全球治理新机制》,人民出版社2018年版。

〔2〕 "AIIB Receives Third Triple - A Credit Rating", available at https://www.aiib.org/en/news-events/news/2017/20170718_001.html.

〔3〕 参见习近平:"携手构建合作共赢新伙伴 同心打造人类命运共同体——在第七十届联合国大会一般性辩论时的讲话(2015年9月28日,纽约)",载《人民日报》2015年9月29日,第2版。

倡议方面，中国一再强调积极利用现有的国际机制与平台。[1]习近平主席一再强调，"一带一路"建设"不是另起炉灶、推倒重来，而是实现战略对接、优势互补"。[2]

第二，坚持以发展为导向。发展问题仍然是当前国际社会面临的最重要的挑战之一，更是当前国际经济治理存在的最重要缺陷。它不仅表现为发达国家与发展中国家之间的结构性发展失衡问题，也体现为发展中国家面临的发展能力不足问题。中国方案敏锐地注意到了国际经济治理中的"发展赤字"，并且善意地作出了回应。就前者而言，中国始终认为在国际经济治理变革中发展中国家应当获得特殊与差别待遇，[3]以便有效地改善广大发展中国家在国际经济秩序中的不利地位。就后者而言，亚洲基础设施投资银行之所以专注于基础设施领域，其主要原因是中国准确地认识到制约许多发展中国家发展的自身"瓶颈"。[4]

第三，坚持包容性。随着经济全球化进程的进一步发展以及国际经济格局的进一步演化，不同的国家发展模式、不同的国际制度以及不同的国际组织之间互动的范围与程度将日益扩大、深化，在此情况下，包容性有助于有效、稳健地推动国际经济治理变革，避免给国际经济秩序造成过度动荡。中国在提出各类改革方案时均强调了包容性。比如，习近平主席指出，亚洲基础设施投资银行与其他国际发展机构"可以通过开展联合融资、知识共享、能力建设等多种形式的合作和良性竞争，相互促进，取长补短，共同提高，提升多边开发机构对亚洲基础设施互联互通和经济可持续发展的贡献度"，亚洲基础设施投资银行应当"充分借鉴现有多边开发银行在治理机构、环境和社会保障政策、采购政策、债务可持续性等方面好的经验和做法"。[5]

第四，不断扩大自身开放来推动国际经济治理变革。当前，各国都在主

---

[1] 国家发展改革委、外交部、商务部："推动共建丝绸之路经济带和21世纪海上丝绸之路的愿景与行动"，2015年3月，第五部分、第八部分。

[2] 习近平："携手推进'一带一路'建设——在'一带一路'国际合作高峰论坛开幕式上的演讲（2017年5月14日，北京）"，载《人民日报》2017年5月15日，第3版。

[3] 参见中华人民共和国商务部：《中国关于世贸组织改革的立场文件》（2018年11月23日）。

[4] 习近平："深化改革开放 共创美好亚太——在亚太经合组织工商领导人峰会上的演讲（2013年10月7日）"，载《人民日报》2013年10月8日，第3版。

[5] 习近平："在亚洲基础设施投资银行开业仪式上的致辞（2016年1月16日上午，钓鱼台国宾馆）"，载《人民日报》2016年1月17日，第2版。

张推动国际经济治理变革，但一些国家，尤其美国等大国同时采取一系列保护主义的经济政策与措施。换言之，这些国家是以推动国际经济治理变革为名行保护主义之实。在这种情况下，国际经济治理变革很难获得真正的推动。与此不同，中国实行全方位的开放政策，通过让国际社会分享"中国红利"，切实地推动国际经济治理变革，从而使得中国关于国际经济治理变革的方案更有可能获得国际社会的支持。[1]

（三）中国参与国际经济治理变革面临的挑战及对策

在积极参与国际经济治理变革过程中，我国必然面临一系列重要挑战。这些挑战尤其包括如下方面。

第一，如何处理复杂身份问题。从根本上说，一国对国际经济治理变革所坚持的立场和所采取的政策取决于该国在国际经济秩序中的地位，中国也不例外。人们普遍认识到，中国在国际经济秩序中的地位具有特殊性，拥有彼此间存在张力的多重身份。因此，能否准确理解、主动调整在国际经济秩序中的身份对于中国在参与国际经济治理变革中既能有效地维护我国的正当权益，又能促使国际经济秩序朝着更加公正、合理的方向发展具有重要意义。

第二，如何应对"方案竞争"问题。前文已指出，近年来国际经济治理变革的一个重要特征是，各国纷纷提出本国的改革方案。这表明，中国提出的方案可能只是诸多备选方案之一，而不是必选方案。因此，我国应当致力于提出高质量、符合国际社会多数成员期待的方案，这是中国方案获得其他国家支持，并且能够取得实效的基础。

为了应对上述挑战，有效参与国际经济治理变革，有必要特别强调以下三点。

第一，在适当的情形下从"议题"而非"国家"的角度界定中国的身份。如所周知，在中国始终主张自己是发展中国家的情况下，中国同样还具有"第一大出口国、第二大进口国、第二大吸收外资国、第三大对外投资国、第一大外汇储备国"等多重身份。[2] 目前，中国主要是采取区别"总量"与"人均"的思路试图消解多重身份给中国在国际经济秩序中的地位造成的压

---

[1] 中华人民共和国国务院新闻办公室：《新时代的中国与世界》（2019年9月），第二部分之（二）。

[2] 汪洋："构建开放型经济新体制"，载《人民日报》2013年11月22日，第6版。

力，从"人均"角度主张中国的发展中国家身份而回避从"总量"角度被认为不再属于发展中国家。但是不难发现，不仅一些发达国家，而且一些发展中国家也不接受中国的这一思路。尤其是随着"总量"的不断扩大，这种思路可能越来越不会被接受。事实上，随着国际经济治理中涉及的议题越来越多，晚近不少国家出现了以"议题"（如投资、贸易）而非"国家"（发展中国家、发达国家）界定自身身份的做法。在这一方面，中国发起的"投资便利化之友"是一个重要的实践。

第二，加速国内经济治理变革。与诸如和平与安全领域的传统国际治理较少涉及国内治理不同，国际经济治理与国内经济治理之间的互动往往非常密切。一国对于国际经济治理所采取的态度与政策不仅受到其他国家的外在制约，而且受到其本国经济治理的内在制约；在一些情形下，后者的影响可能比前者更大。应该承认，我国在国内经济治理方面还存在许多不足，这制约了我国有效参与国际经济治理变革，尤其是提出能够获得国际社会多数成员接受的提案方面。因此，有必要从实现我国有效参与国际经济治理的高度认识并加速推进社会主义市场经济制度的完善，而不宜简单地以尊重包容性为由拒绝推进改革。

第三，强化法律能力建设。当前，法律是国际经济治理的最主要方式。因此，从操作的层面来看，我国能否有效地参与国际经济治理变革实际上取决于我国的法律官员能否起草出高质量的法律草案，以及能否说服其他国家接受我国提出的法律草案。总体来看，我国参与国际经济治理的方式更多的是阐述原则性的法律主张，或者是评论其他国家提交的法律草案，较少提出自己的法律草案，成功促使其他国家接受中国提出的法律草案的例子则更少。因而，我国有必要采取各种措施，如加强公私合作，重视政策部门与中外国际法专业人士的合作，[1]强化法律能力建设，以提高我国参与国际经济治理变革的有效性。

第四节　国际法治人才培养

一、加强国际法治人才培养的意义

当今世界正处于百年未有之大变局，我国则日益走近世界舞台中央，我

---

[1] 参见蔡从燕："中国国际法学会在国际法实践的作用"，载《中国法律评论》2016年第2期。

国企业和公民也越来越多地走向世界，我国参与全球治理体系改革和建设、推进国际法治的责任任重而道远。在这个过程中，我国亟需加强涉外法治工作，加强国际法研究和运用，提高涉外工作法治化水平；亟需培养一大批具有家国情怀和世界眼光、通晓国际法律规则、善于处理国际法律事务的高素质国际法治人才。而国际法治人才的培养在国际法治建设中具有基础性、战略性、先导性的地位和作用，因此，完善法学学科体系，创新国际法治人才培养机制，不断提高人才培养质量，就显得特别重要。

习近平总书记强调指出，全面依法治国是一个系统工程，法治人才培养是其重要组成部分。法治人才培养上不去，法治领域不能人才辈出，全面依法治国就不可能做好。高校是法治人才培养的第一阵地，要加强涉外法治专业人才培养，法治专业人才培养要跟上。[1]

总的来说，改革开放以来，我国在国际法治人才培养方面取得了很大的成绩，不仅为国际法治领域输送了一大批国际法治人才，而且培养出了联合国副秘书长、国际民航组织秘书长、国际法院法官、国际海洋法庭法官、WTO争端解决上诉机构法官、联合国国际法委员会委员、常设仲裁法院仲裁员、国际投资争端解决中心仲裁员和调解员、国际法研究院院士等杰出人才。但我们必须看到，我国国际法治人才培养也存在一些问题和不足，现有的国际法治人才储备还远远不能满足新时代扩大对外开放的实际需要，主要表现为数量不足、能力不足、经验不足、培养不足。一是真正能够熟练处理国际法律事务的国际法治人才数量不足，与实际需要有很大的差距；二是现在在国际立法、执法、司法、法律服务、学术交流、法治国际传播等各领域都需要国际法治专门人才，而我国在有些领域还缺少合格的人才；三是我国在各类国际组织尤其是国际立法机构、司法机构、仲裁机构、调解机构、法律服务组织、法学学术组织等任职的人员偏少，即使在一些机构有我国的任职人员，但处于领导层、发挥领袖作用的不多，高端国际法治人才尤其匮乏；四

---

[1] 参见习近平：“关于《中共中央关于全面推进依法治国若干重大问题的决定》的说明”，载中共中央文献研究室编：《十八大以来重要文献选编（中）》，中央文献出版社2016年版，第154页；"习近平在中国政法大学考察"，载央视新闻网，http://news.cctv.com/2017/05/03/ARTIz36xZ93XhHjtfbmFaszU170503.shtml，最后访问日期：2020年5月1日；"习近平主持召开中央全面依法治国委员会第二次会议"，载新华网，http://www.xinhuanet.com/politics/leaders/2019-02/25/c_1124161654.htm，最后访问日期：2020年5月1日。

是我国高等教育对国际法治人才培养重视不够,在过去一段时间里,压缩了国际法学科、取消了国际法专业、削减了国际法课程、脱离了国际法实践、忽视了学科交叉融合、减少了国际法治人才培养数量,降低了国际法治人才培养质量。1997年我们在进行学科专业调整时,取消国际法本科专业,取消国际公法、国际私法和国际经济法3个法学二级学科,将这3个二级学科合并为一个"国际法学"二级学科,[1]可以说耽误了我国国际法治人才培养20多年。当然,我国法学法律界对法治工作队伍的继续教育和在职培训也不够。

由此可见,在中国参与全球治理与国际法治的进程中,必须高度重视国际法治人才的培养,要完善法学学科体系、构建国际法学科体系、创新国际法治人才培养机制,不断提高人才培养质量。

二、创新国际法治人才培养机制

加强国际法治人才的培养,创新国际法治人才培养机制,要从以下几个方面入手。

第一,完善法学学科体系,构建国际法学科体系,将国际法学确立为法学学科门类下的一级学科。学科专业是相对独立的知识体系,也是学术分类后形成的功能单位,更是高级专门人才培养的载体,对高级专门人才培养至关重要。在我国目前设置的法学学科门类中,有法学、政治学、社会学、民族学、马克思主义理论、公安学6个一级学科。[2]法学学科门类下的6个一级学科只有一个法学一级学科,其他5个均不是严格意义上的法学学科,与经济学(含理论经济学、应用经济学2个一级学科)、教育学(含教育学、心

---

[1] 参见中华人民共和国教育部学位管理与研究生教育司1997年颁布的《授予博士、硕士学位和培养研究生的学科、专业目录》、中华人民共和国教育部1998年颁布的《普通高等学校本科专业目录》。按照该目录,"法学"是一个学科门类,在法学学科门类下,有法学、政治学、社会学、民族学、马克思主义理论5个一级学科;在法学一级学科下,有法理论、法律史、宪法学与行政法学、刑法学、民商法学(含劳动法学、社会保障法学)、诉讼法学、经济法学、环境与资源保护法学、国际法学(含国际公法、国际私法、国际经济法)、军事法学10个二级学科。

[2] 参见"国务院学位委员会、教育部2011年发布的《学位授予和人才培养学科目录(2011年)》",载教育部政策法规司、教育部高等教育司编:《中国特色现代大学制度文件辑要》(2013年版),教育科学出版社2013年版,第340-346页。该目录在法学学科门类下增设"公安学"为一级学科。

理学、体育学 3 个一级学科）、文学（含中国语言文学、外国语言文学、新闻传播学 3 个一级学科）、历史学（含考古学、中国史、世界史 3 个一级学科）、管理学（含管理科学与工程、工商管理、农林经济管理、公共管理、图书情报与档案管理 5 个一级学科）等学科门类相比，极不平衡。同时，在普通高等学校本科专业目录中，哲学类有 3 个本科专业、经济学类有 10 个本科专业、教育学类有 8 个本科专业、中国语言文学类有 5 个本科专业、历史学类有 4 个本科专业，管理学类就更多了，仅工商管理类就有 10 个本科专业，而法学类只有孤零零的一个法学本科专业。[1]这种情况极大地弱化了法学学科专业在整个社会科学领域的地位，极不利于专门培养国际法治人才。因此，建议将国际法学确立为法学学科门类下的一级学科，在高校设置国际法学本科专业，设立国际公法、国际私法、国际经济法、国际商法、国际刑法等硕士、博士学位授权点，打造汇聚高素质国际法教师和专门培养国际法治人才的平台。这样，在法学学科门类下建立法学（以国内法学为主）和国际法学两个严格意义上的法学一级学科。

第二，优化国际法治人才培养方案。在高等教育领域，人才培养方案是高校关于人才培养总体要求，组织开展教学活动，安排教学任务的规范性文件，是实施人才培养的基本依据，它要对培养目标、课程设置、学时安排、实践环节、毕业要求等作出明确的既有共性又有个性的规定。显然，国际法治人才培养方案应与一般法学人才培养方案有所区别。法学院校要在夯实法科学生法学基本知识理论的基础上，一是建立跨学科人才培养模式，培养复合型、应用型、创新型、国际型法治人才，不仅要增设国际法专业课程，而且要强化外语、国际政治、国际关系、国际经济与贸易、世界历史、跨文化交流等课程教学；二是建立健全"法学+"双专业双学位培养机制，加大法学专业与外语、工商管理、国际商务、金融工程、电子商务、公共管理、信息管理、网络与新媒体等专业的交叉融合培养力度；三是积极探索"国内+海外"中外合作培养机制，进一步拓宽与世界上高水平大学的合作交流渠道，加强教师互派、学生互换、课程互通、学分互认、学位互授联授，构建国际

---

[1] 参见教育部："普通高等学校本科专业目录（2012 年）"，载教育部政策法规司、教育部高等教育司编：《中国特色现代大学制度文件辑要》（2013 年版），教育科学出版社 2013 年版，第 306-339 页。

法治人才培养新格局。

第三，强化涉外法律实践教学。法学学科专业是实践性很强的学科专业。法学教育尤其是国际法治人才培养，一定要处理好法学知识教学和实践教学的关系，要在打牢学生法学基本知识理论的基础上，强化涉外法律实践教学，切实提升学生实践动手能力和解决实际问题的能力。一是建立法学院校与涉外政府部门、司法机关、公司企业、法律服务机构等涉外法治实务部门联合培养国际法治人才的协同工作机制，打破法学院校和社会之间的体制壁垒，将涉外实际工作部门的优质实践教学资源引进法学院校，发挥涉外实际工作部门在国际法治人才培养中的积极作用，让学生更多地参与涉外法务实习实践；二是建立健全切实有效的涉外法治实务部门与法学院校、法学研究机构人员双向交流机制，特别是激励机制，实施高校和法治实际工作部门人员互聘计划，安排大学教师到涉外法治实务部门挂职或研修，同时安排从事涉外法治实务的专家到法学院校任教；三是在法学院校设立实务教师岗位，吸收涉外法治实务部门的专家实质性地参与国际法治人才培养，包括参与人才培养方案制定、课程体系设计、教材编写、课程教学、实习实践指导等；四是拿出经费有计划、有组织地持续支持我国大学本科生和研究生到国际组织实习实践。

第四，加强法律服务队伍的在职培训。法律服务队伍是一个庞大的群体，包括律师、仲裁员、调解员、公证员、法律援助工作者、基层法律服务工作者等，如全国仅律师数量已接近 50 万。他们在涉外法治工作中发挥着重要的作用。我国相关部门、行业协会和法学院校要采取得力措施，通过多种形式，有针对性地、分门别类地对法律服务队伍开展涉外法律和国际法培训，提升其涉外法治意识、国际法治意识，提高其涉外法律服务能力和水平。

第五，加大对外法律培训力度。我国要立足长远，针对外国的在华留学生、青年法学法律工作者、企业法务人员、立法执法司法官员，适度开展中国法和国际法教育与培训，培养知华、亲华、友华的法界朋友，不断扩大我国在世界法学法律界的朋友圈。

第六，各法学院校要在国际法治人才培养方面凸显特色。各政法院校要根据自身学科专业实力、办学特色和区位优势，有侧重地确定不同的国际法治人才培养功能定位，走差异化、特色化发展道路。例如，西南地区法学院校聚焦培养面向东南亚国家的国际法治人才，西北地区法学院校着力培养面向中亚国家或者"上合组织"国家的国际法治人才。如果各法学院校在国际法治人才培养方面各展所长、各尽所能,尽力做到"人无我有,人有我优,人优我特",那么我国国际法治人才培养就一定会出现百舸争流、欣欣向荣的局面。

第七章
参与全球治理与国际法治的中国方案（新兴领域）

除国际和平与安全、人权保护、国际经济等较早受到关注的全球治理领域（见本书第六章的相关讨论）外，网络空间、外层空间、海洋和极地日益被各国视为"战略新疆域"，并提出了大量与全球治理相关的新问题。同时，全球气候治理也正在成为一个全球治理中的热点问题。本章拟对这些全球治理新领域分别加以探讨，并分别针对各领域提出积极参与全球治理与国际法治的中国方案。

第一节 网络空间治理

作为陆地、海洋、空气空间、外层空间之后的人类生活"第五空间"，网络空间对人类生活所产生的深远影响，无疑已经超过了此前人类历史上的任何一项科技发明。正因如此，网络空间治理现已成为各国普遍关注的一个重要问题，但是，网络空间目前仍处于"建章立制"阶段，还存在着非常突出的"治理赤字"，这为我国提出积极参与网络空间治理和国际法治的中国方案提供了一个难得的战略机遇期。

一、网络空间治理的现状与问题

在20世纪后期互联网发展和网络空间形成的较长时间内，倡导网络空间自我规制和"自由放任"、反对国家主权适用于网络空间的"去主权化"观念十分盛行，[1]这不仅使得国家和政府管制发挥的作用十分有限，也在客观

---

[1] 美国网络活动家约翰·巴洛1996年发表的《网络空间独立宣言》，就是这一观念的突出表现。该宣言以网民代言人的姿态向世界各国政府声称："你们在我们中间不受欢迎。你们在我们居住的地方没有主权。你们没有道义上的权利来统治我们；你们也不拥有我们确实需要害怕的执行手段。网

上导致了这一阶段网络空间的"去国际法化"。

但是,"不以规矩,不能成方圆"。20世纪90年代中后期以来互联网的普及和网络用户群的扩大,导致各种不法行为和安全威胁增多,国家不得不通过制定各种国内法规和政策"回归"到网络空间治理中,并导致现实世界的国际关系和国际秩序开始向网络空间延伸。由于国际法的产生和发展是以主权国家彼此交往形成的国际关系和整个国际社会的存在为社会基础的,[1]这就为国际法在网络空间的适用提供了必要的前提。此外,网络空间跨越国界、全球联通的特点,决定了各国必须通过国际法规则来共同应对网络空间治理中的有关问题。例如,在网络空间这个全球性空间,即便一国对其国民利用其领土范围内的网络基础设施从事的网络行为加以监控和管理,往往也会产生超出该国领土之外的效果和影响,由此而来的问题是,国家主权及相应的管辖权应当如何适用于网络空间?这些问题涉及国际社会的整体利益和国家的权利义务,不可能由各国通过其国内法单独加以解决,而必须依照各国共同制定和遵循的国际法规则来解决。

正因如此,进入2010年以来,国际法在网络空间的"回归"态势趋于明朗化,国际法在网络空间治理中的作用日益受到各国的重视。例如,在2011年出台的《网络空间国际战略》中,美国奥巴马政府较早提出了"网络空间法治"的概念,并强调国际法适用于网络空间。[2]中国政府也在多个重要国际场合中,大力倡导"我们需要一个国际法治的网络空间……法治应当成为网络治理的基本方式"。[3]尤其值得一提的是,联合国信息安全政府专家组在2013年6月达成的一份共识性文件中指出,国际法特别是《联合国宪章》的适用,对维持国际和平与稳定及促进创造开放、安全、和平和无障碍的信息和

(接上页)络空间不存在于你们的边界之内。" John Barlow, A Cyberspace Independence Declaration, 8 February 1996, http://w2.eff.org/Censorship/Internet_ censorship_ bills/barlow_ 0296. declaration (last visited on October 22, 2021).

[1] 梁西主编:《国际法》,武汉大学出版社2011年版,第5页。

[2] The White House, *International Strategy for Cyberspace: Prosperity, Security, and Openness in a Networked World*, May 2011, http://www.whitehouse.gov/sites/default/files/rss_ viewer/international_ strategy_ for_ cyberspace.pdf, p.9, last visited on March 12, 2021.

[3] "中国代表在中美互联网论坛上的发言",载中国国际法学会主编:《中国国际法年刊》,法律出版社2014年版,第666页。

第七章 参与全球治理与国际法治的中国方案（新兴领域）

通信技术环境至关重要。[1]这就表明，网络空间的秩序构建离不开国际法规则的适用，已成为国际社会普遍接受的观念。

但是，应当看到的是，目前国际社会对于网络空间治理和国际法治的许多重大问题仍然存在较大分歧。例如，就网络空间国际规则的形式而言，是应当首先立足于既有国际法规则（主要是习惯国际法）在网络空间的适用，还是应当强调为这一新的虚拟空间"量身定制"新的国际法规则（特别是达成新的国际条约）？就网络空间国际规则的内容而言，应当主要通过哪些领域、何种内容的国际规则来确立网络空间的国际秩序，是要推动自卫权、交战规则、反措施等制裁手段在网络空间的适用，还是要尊重主权、和平解决争端、不干涉内政？就网络空间国际规则的制定场所而言，是应当通过西方国家力推的"多利益攸关方"网络空间治理模式来澄清和发展网络空间国际规则，还是以国家主导的联合国等政府间国际组织发展网络空间国际法的主渠道？等等。[2]这些分歧，导致联合国信息安全政府专家组在2017年的谈判走向失败，并给网络空间国际法治的前景蒙上了阴影。[3]

国际社会围绕国际法适用于网络空间问题存在的分歧和博弈，一个深层次的原因是有关国家在意识形态、价值观以及现实国家利益等方面的差异乃至对立，并由此形成了以美国为首的西方发达国家阵营和以中国、俄罗斯为代表的新兴国家阵营之间的对立。总体而言，西方国家作为现有国际秩序的主导者，在网络空间相关事务中有着明显的技术和话语优势，迄今为止也牢牢把握着该领域的主导权。这些国家以"互联网自由"和"网络空间法治"为主要旗帜，通过在国际层面大力倡导它们所支持的网络空间国际法规则，

---

[1] See United Nations General Assembly, Report of the Group of Governmental Experts on Developments in the Field of Information and Telecommunications in the Context of International Security, 24 June 2013, Sixty-eighth session, A/68/98, p.11, pp.19-20. 联合国信息安全政府专家组全称为"国际安全背景下信息和电信领域的发展政府专家组"，由中国、俄罗斯、美国、英国等主要国家的代表组成，具有广泛的国际代表性，并且在网络空间国际法规则的制定中发挥着越来越重要的作用。

[2] 相关讨论可参见黄志雄："国际法在网络空间的适用：秩序构建中的规则博弈"，载《环球法律评论》2016年第3期。

[3] See Michael Schmitt & LiisVihul, *International Cyber Law Politicized: The UN GGE's Failure to Advance Cyber Norms*, https://www.justsecurity.org/42768/international-cyber-law-politicized-gges-failure-advance-cyber-norms/, last visited on February 28, 2019; Arun Mohan Sukumar, *The UN GGE Failed. Is International Law in Cyberspace Doomed As Well*? https://lawfareblog.com/un-gge-failed-international-law-cyberspace-doomed-well, last visited on February 28, 2019.

积极地推动和塑造对其有利的网络空间国际秩序。时任美国国务院法律顾问高洪柱在其 2012 年 9 月的一次演讲中，就直言不讳地提出，推动在网络空间遵守国际法，是美国"巧实力"策略的体现。[1]中国、俄罗斯等国家在网络空间国际秩序构建中处于少数和弱势地位，一直受到西方国家的价值观和规则地打压，但它们日益重视通过倡导网络主权等主张来维护其合法权益、谋求国际话语权和规则制定权。随着网络空间秩序构建和规则博弈的深入推进，各国在有关问题上的分歧和斗争还有可能加剧。

此外，人类对网络空间这一新领域的认识还相对有限，网络空间治理究竟应当依靠什么样的法律规则，特别是在现实世界形成的国际法规则能否适应网络空间秩序构建的需要，还有待通过进一步的观察和国家实践来确认。例如，经过长时间的探索与实践，各国对于现实世界何种情形构成《联合国宪章》第 2 条第 4 款所禁止的"使用武力"和第 51 条所指的"武力攻击"（这是国家行使自卫权的前提条件），已经存在若干基本共识（尽管仍然不乏分歧和争议）；但是网络攻击能否以及依据何种标准构成"使用武力"和"武力攻击"？从 2007 年爱沙尼亚遭到的大规模网络攻击、2010 年伊朗核设施遭到的"震网"病毒攻击，到 2019 年委内瑞拉电力系统遭到的网络攻击，各国政府和学界对于这一问题始终众说纷纭。[2]

习近平主席 2015 年 12 月在第二届世界互联网大会开幕式上的讲话中指出，"互联网领域发展不平衡、规则不健全、秩序不合理等问题日益凸显。不同国家和地区信息鸿沟不断拉大，现有网络空间治理规则难以反映大多数国家意愿和利益；世界范围内侵害个人隐私、侵犯知识产权、网络犯罪等时有发生，网络监听、网络攻击、网络恐怖主义活动等成为全球公害"。[3]近年来网络空间的很多事件和问题，包括 2017 年席卷全球并在 2021 年"卷土重来"的勒索软件攻击，进一步暴露了网络空间规则制定停滞不前、"治理赤字"和"规则赤字"不断加大等问题，国际社会有必要对此保持警醒。

---

〔1〕 See Harold Koh, "International Law in Cyberspace: Remarks as Prepared for Delivery by Harold Hongju Koh to the USCYBERCOM Inter-Agency Legal Conference Ft. Meade, MD, Sept. 18, 2012", *Harvard International Law Journal Online*, Vol. 54, December 2012, p. 10.

〔2〕 相关讨论可参见黄志雄："国际法视角下的'网络战'及中国的对策——以诉诸武力权为中心"，载《现代法学》2015 年第 5 期。

〔3〕 "习近平在第二届世界互联网大会开幕式上的讲话（全文）"，载新华网，http://news.xinhuanet.com/politics/2015-12/16/c_1117481089.htm，最后访问日期：2021 年 10 月 22 日。

二、中国推进网络空间治理与国际法治的契机

自中国在 1994 年获准加入互联网以来的 20 多年中，互联网在中国得到了长足的发展。截至 2021 年 6 月底，我国网民规模达 10.11 亿。[1]目前，中国互联网是全球第一大网，网民人数最多，联网区域最广。中国已经成为网络空间的核心利益攸关方之一，网络空间对我国的经济发展、社会稳定和国家安全都有着极大的重要性。[2]从网络空间在国内外的发展现状来看，提出积极参与网络空间治理和国际法治的中国方案，在以下几个方面面临着难得的机遇和有利条件。

第一，我国在网络领域已经拥有较为可观的硬实力，这为相关软实力的提升创造了良好的条件。从一国对网络空间内网络技术的垄断、关键设施的控制、核心资源的分配等方面来衡量，美国凭借其超群的技术能力以及拥有的巨大的网络空间资源，迄今为止拥有着无可置疑的实力优势。[3]不过，中国互联网在过去 20 多年从无到有、从小到大、从弱到强，快速崛起和急起直追的态势非常明显。中国互联网的快速发展和硬实力的增长，使我国积极参与网络空间国际治理、赢得更大的国际话语权和制度性权利成为可能。

第二，中国政府和社会各方面对网络空间治理问题高度重视，这为我国积极参与网络空间治理、推进网络空间国际法治营造了良好的外部环境。特别是 2014 年 2 月由习近平总书记任组长的中央网络安全和信息化领导小组（2018 年 3 月起改为中央网络安全和信息化委员会）成立以来，我国对网络空间治理和发展的关注达到了前所未有的程度。这期间的官方文件和最高领导人讲话，[4]已就推动网络空间治理和建设网络强国等问题提出了一系列重

---

[1] 中国互联网络信息中心:"第 48 次中国互联网络发展状况统计报告"，载中国互联网络信息中心官网，http://www.cnnic.net.cn/hlwfzyj/hlwxzbg/hlwtjbg/202109/P020210915523670981527.pdf，最后访问日期：2021 年 10 月 29 日。

[2] 例如，2013 年 6 月美国国家安全局承包商雇员爱德华·斯诺登叛逃引发的"棱镜门"事件，使得"没有网络安全就没有国家安全"的观念日益得到广泛接受。关于美国对全球和中国进行秘密监听的行径，参见互联网新闻研究中心编著：《美国是如何监视中国的——美国全球监听行动记录》，人民出版社 2014 年版，第 2 页。

[3] 参见李杨："大数据时代中美网络空间博弈探究"，载《世界经济与政治论坛》2016 年第 6 期。

[4] 这包括但不限于 2015 年 12 月习近平总书记在第二届世界互联网大会开幕式上的讲话、2016 年 3 月 16 日由十二届全国人大四次会议批准的"十三五"规划、2016 年 10 月 9 日习近平总书记在中央政治局集体学习时的重要讲话和 2017 年 3 月《网络空间国际合作战略》的发布等。

要主张，这为积极参与网络空间治理和国际法治的中国方案奠定了重要的思想和理论基础，也契合了我国"加快提升我国对网络空间的国际话语权和规则制定权"[1]的要求。

第三，网络空间治理和国际法治正处于发展的起步阶段，这为我国深度参与和积极影响这一进程、提出中国方案提供了前所未有的契机。由于种种历史原因，中国在全球治理的大多数领域长期扮演着国际规则和治理方案的"被动接受者"角色，很少能够在规则形成阶段就参与相关国际规则和治理方案的制定、反映自身利益和诉求。[2]而在网络空间治理领域，尽管国际社会已经就国际法适用于网络空间达成共识，但在从网络主权、管辖权到网络攻击的国家责任、网络空间的人权保护等一系列问题上，相关国际法规则和制度尚未成型，各国在这一领域基本处于同一起跑线上。前述网络空间规则制定停滞不前、"治理赤字"和"规则赤字"不断加大等问题，更是加大了国际社会对网络空间治理新主张、新理念和新方案的需求。因此，我国完全有可能在兼顾本国利益和诉求以及国际社会共同利益的基础上，尽可能地使本国的主张以"全球公共产品"的形式表达出来，真正成为规则制定者和方案主导者。

当然，也应看到，我国参与网络空间治理和国际法治的底蕴还存在较大欠缺，相关理论研究、实践能力、人才培养等方面都还存在若干薄弱环节；网络空间治理和国际法治作为全球治理和国际法治的新领域，产生出很多新问题和不确定性，这都对我国推进网络空间治理和国际法治、提升国际话语权和规则制定权提出了很大的挑战。我国政府和学界需要以时不我待的危机感、只争朝夕的紧迫感和舍我其谁的使命感，投入网络空间治理和国际法治中国方案的推进中。

---

[1] 习近平总书记在主持2016年10月9日第三十六次中共中央政治局集体学习时，对网络强国建设提出了六个"加快"的要求，其中之一就是"加快提升我国对网络空间的国际话语权和规则制定权"。"中共中央政治局就实施网络强国战略进行第三十六次集体学习"，载中国政府网，http://www.gov.cn/xinwen/2016-10/09/content_5116444.htm，最后访问日期：2021年10月22日。

[2] 例如，尽管1980年代以来我国经贸实力显著增强，并最终在2001年加入世界贸易组织，但在为现有国际经贸规则奠定基础并催生世界贸易组织的乌拉圭回合谈判（1986—1994年）中，中国只是作为观察员列席谈判，实际影响十分有限。参见曾令良：《世界贸易组织法》，武汉大学出版社1996年版，第62-72页。

三、网络空间治理与国际法治中国方案的核心内容

近年来,中国政府致力于推动网络空间治理和国际法治,并提出了一系列相关重要主张。例如,习近平主席在第二届世界互联网大会开幕式上的讲话中指出,面对网络空间治理中的各种问题和挑战,"国际社会应该在相互尊重、相互信任的基础上,加强对话合作,推动互联网全球治理体系变革,共同构建和平、安全、开放、合作的网络空间,建立多边、民主、透明的全球互联网治理体系"。他还阐述了推进全球互联网治理体系变革的"四项原则"和构建网络空间命运共同体的"五点主张"。[1]在此基础上,2017年3月1日由中国外交部和国家互联网信息办公室共同发布的《网络空间国际合作战略》,以和平发展、合作共赢为主题,以构建网络空间命运共同体为目标,就推动网络空间国际交流合作首次全面系统提出中国主张,为破解全球网络空间治理难题贡献中国方案,是指导中国参与网络空间国际交流与合作的战略性文件。[2]

结合中国政府的相关主张,积极参与网络空间治理和国际法治的中国方案可以概括为,以推动网络空间国际法治作为网络空间治理的基石,以"网络主权"和"网络空间命运共同体"作为网络空间治理的两大核心理念。

(一) 推动网络空间国际法治

推动网络空间国际法治,是网络空间治理的客观需要。由于各国在网络空间有着"一荣俱荣,一损俱损"的相互依存关系,必须通过规则和法治来构建良好秩序、维护共同利益,带动各国从"同床异梦"走向"求同存异"乃至"同舟共济"。中国政府一贯旗帜鲜明地支持网络空间的国际法治,主张法治应当成为网络治理的基本方式。[3]《网络空间国际合作战略》也将"推动网络空间国际法治"列为中国参与网络空间国际合作的战略目标之一,并

---

[1] "习近平在第二届世界互联网大会开幕式上的讲话(全文)",载新华网,http://news.xinhuanet.com/politics/2015-12/16/c_1117481089.htm,最后访问日期:2021年10月22日。

[2] "中国发布《网络空间国际合作战略》",载新华网,http://www.xinhuanet.com/world/2017-03/01/c_1120552256.htm,最后访问日期:2021年10月22日。

[3] 例如,在2013年中美互联网论坛上,中国代表提出:"我们需要一个国际法治的网络空间……互联网发展到今天,我们需要法律规则的引领。法治应当成为网络治理的基本方式。""中国代表在中美互联网论坛上的发言",载中国国际法学会主编:《中国国际法年刊》,法律出版社2014年版,第665页。

多次提出应"以规则为基础实现网络空间全球治理""推动构建以规则为基础的网络空间秩序"。[1]

为了推动网络空间的良法善治，我国应当大力加强有关网络空间国际法治的理论研究，并基于本国利益和各国共同利益相结合的原则，在网络空间"建章立制"的进程中实质性地引领国际议题、主导规则内容、影响相关国际规则的制定和形成。具体而言，未来我国在议题设定上应当"有攻有防"，即着眼于推动制定网络反恐、打击网络犯罪等方面规则，防范西方国家将有关使用武力、人权保护等方面的既有国际法规则加以扩大解释并适用于网络空间；在规则形式上应当"软硬兼施"，既要重视国际条约、习惯等"硬法"规则，也要高度关注国际组织决议、非约束性行为准则等"软法"的重要影响；在谈判场所上应当"区分主次"，既注重发挥联合国（特别是联合国信息安全政府专家组和 2020 年新成立的联合国信息安全开放式工作组）的主渠道作用，又注重发挥各种区域和双边安排灵活务实的优势，特别是充分发挥我国在乌镇世界互联网大会、上海合作组织、亚非法律协商组织等机制内的话语权和影响力，以此引领谈判议题、引导规则内容。[2]

(二) 尊重网络主权

网络主权问题，是当前网络空间治理中的一个焦点问题，也是网络空间秩序构建和规则博弈中最为复杂、最具根本性的问题之一。中国政府最早对网络主权这一概念加以系统、明确的阐释，并对这一原则的确立作出了最大的贡献。同时，中国所倡导的尊重网络主权原则也在国际上受到不少指责和

---

[1] 中华人民共和国外交部："网络空间国际合作战略"，载中华人民共和国外交部官网，https://www.fmprc.gov.cn/web/ziliao_674904/tytj_674911/zcwj_674915/t1442389.shtml，最后访问日期：2021年10月22日。

[2] 我国在亚非法律协商组织推动对网络空间国际法议题的讨论，在一定程度上体现了我国议题设定能力和规则主导能力的增强。在中国政府倡议下，亚非法律协商组织在 2014 年第 53 届年会上第一次将该问题列为正式议题，并在 2015 年第 54 届年会上决定设立网络空间国际法工作组，由中国政府推荐的中国籍专家成功当选为该工作组报告员。该工作组不仅是亚非法律协商组织目前唯一的一个正式工作组，也是现有政府间国际组织中唯一一个关于网络空间国际法的常设磋商合作机制。从 2016 年 5 月到 2019 年 2 月，该工作组已经先后在印度新德里、肯尼亚内罗毕、日本东京、中国杭州成功举行了四次会议，并计划继续通过开展专题研究、举办会间会等形式，凝聚各成员方共识，提升亚非国家在网络空间国际规则制定的影响力。See e.g. AALCO, Second Meeting of the Open-Ended Working Group on International Law in Cyberspace, from 9-10 February, 2017: Report, http://www.aalco.int/Working%20Group%20Report%202017.pdf, last visited on October 22, 2021.

曲解，如认为网络主权将"分割全球互联网""威胁跨境数据流动""侵犯网络人权"等。不过，网络主权作为应对主权国家在网络空间正当安全关切的必然产物，有其长期存在的必然性和合理性。当然，各国在行使网络主权的时候，也必须要维护而不能妨碍网络空间的互联互通，不能有损其他国家的正当利益。

为此，我国一方面应针对西方国家试图对网络主权加以限制性解释（如主张网络主权只是一项抽象法律原则而不是可以确立法律义务的具体规则、片面强调国家对有形网络基础设施的主权）的倾向，坚持网络主权概念和内涵的完整性，主张网络主权是一项具有法律约束力的原则和规则，[1]国家的网络主权既包括对其境内有形网络基础设施（网络空间物理层）的主权，也包括对网络数据（网络空间逻辑层）的"数据主权"和对网络信息（网络空间社会层）的"信息主权"，三者缺一不可；[2]另一方面也必须认识到，无论是传统国家主权还是网络主权，都不可能赋予任何国家绝对和无限制的权利；网络空间"全球一网、互联互通"的特性，更要求各国在行使网络主权时，都应当顾及国际社会的共同利益，切实履行维护网络基础设施安全、保障网络空间互联互通和保护公民在网络空间合法权益等义务。在此基础上，我国应在国际上大力增信释疑，强调我国所倡导的网络主权观不会导致所谓的网络空间"碎片化"，有力地回击西方国家对我国网络主权主张的"妖魔化"。为此，我国应在国内继续大力奉行"依法治网"，加快改革和完善互联网监管政策；对外积极推动数据主权、互联网信息监管等问题的谈判议题，使正在酝酿和形成中的网络主权国际法规则、制度真正反映和维护本国利益。

（三）构建网络空间命运共同体

构建网络空间命运共同体，是中国政府有关网络空间治理的另一个核心

---

[1] 黄志雄等："网络主权：理论与实践（3.0版）"，载世界互联网大会官网，http://www.wicwuzhen.cn/web21/information/Release/202109/t20210928_23157328.shtml，最后访问日期：2021年10月29日。

[2] 中国政府2017年出台的《网络空间国际合作战略》在阐释"主权原则"时指出："各国政府有权依法管网，对本国境内信息通信基础设施和资源、信息通信活动拥有管辖权，有权保护本国信息系统和信息资源免受威胁、干扰、攻击和破坏，保障公民在网络空间的合法权益……各国在根据主权平等原则行使自身权利的同时，也需履行相应的义务。"应该说，这是一种较为完整、科学的网络主权观。中华人民共和国外交部："网络空间国际合作战略"，载中华人民共和国外交部官网，https://www.fmprc.gov.cn/web/ziliao_674904/tytj_674911/zcwj_674915/t1442389.shtml，最后访问日期：2021年10月22日。

理念，也是"人类命运共同体"思想中一个重要而独特的范畴，它与网络空间"全球一网、互联互通"的现实和以合作共赢为核心的新型国际关系理念高度契合，因而对网络空间治理具有十分重要的指导意义。

习近平主席在致第四届世界互联网大会的贺信中，提出了"发展共同推进、安全共同维护、治理共同参与、成果共同分享"，[1]这"四个共同"构成网络空间命运共同体的核心内涵。为此，网络空间命运共同体的国际法构建，应当在求同存异、互信共治的价值目标下，包含以下四大体系：（1）围绕网络空间相关资本、技术、信息、人才等要素的流动和合作，加快推动制定完善的数字经济和贸易规则，为各国在网络空间的发展利益提供国际法治保障；（2）围绕反对网络空间军备竞赛、深化打击网络恐怖主义和网络犯罪国际合作、维护全球关键信息基础设施安全等问题，加快制定网络空间的国家行为准则，为网络空间安全维护提供国际法治保障；（3）围绕各种政府间和非政府治理机制的运行和参与问题，加快建立公正合理的全球网络空间治理体系，为网络空间共同治理提供国际法治保障；（4）围绕网络空间信息传播、文化繁荣和社会生活的其他领域，构建网络空间交流合作的国际规则，为网络空间成果共享提供国际法治保障。

总之，积极参与网络空间治理和国际法治的中国方案，应当基于本国国情和发展阶段，坚定不移地维护自身在网络空间的核心利益，同时最大限度地兼顾各国国家利益和国际社会共同利益，为建设一个安全、稳定、繁荣的网络空间作出更大贡献。

第二节 外层空间治理

一、外层空间的最新发展

（一）我国在外层空间的最新发展动态

从 1970 年我国在酒泉卫星发射中心发射升空的首颗卫星开始，中国的太空项目开始发展，目前正在进入成熟期。最新的发展情况简述如下。首先，我

---

[1]"习近平致第四届世界互联网大会的贺信"，载新华网，http://www.xinhuanet.com/politics/2017-12/03/c_1122050306.htm，最后访问日期：2021 年 10 月 22 日。

国发射火箭的数量居世界之首。2018年,中国发射抵达地球轨道的火箭数量位居世界之首。[1] 2020年,中国已成功完成76次发射,位居世界第二。[2] 截至2020年,中国在外空事务厅总共注册发射外空物体471件。[3] 其次,我国具有开发重型火箭的技术能力和财政实力。为了发射太空舱、大型通信卫星或将人类送入月球甚至火星,还需要开发重型火箭。中国的航天航空企业实力雄厚,尤其是国有企业。这些企业正在打造国产重型运载火箭"长征五号",还在发展"长征九号"超重型火箭,运力140吨,其将超过美国的运力130吨的SLS火箭。同时,中国的计划一直得到国家政府的支持。[4] 再次,在对月球的探测方面,2018年12月8日,载有"嫦娥四号"的"长征三号乙"运载火箭在西昌卫星发射中心升空,中国"嫦娥四号"探测器成功在月球冯·卡门(Von Kármán)环形山着陆,中国成为首个尝试使探测器在月球背面着陆的国家。在着陆后,静态着陆器和月球车将被分别部署到月球表面,两者都携带了一系列探测仪器,以探测该地区的地质特征,并进行一项生物实验。[5] 嫦娥工程于2003年启动,前两次任务("嫦娥一号""嫦娥二号")的目标是从绕月轨道进行远程探测并收集数据,而第三次和第四次则要"登陆作战"。2013年,"嫦娥三号"带着月球车"玉兔"软着陆在月球表面,成为继1976年苏联探测器"月球24号"后,首个在月球表面软着陆的探测器。根据计划,"嫦娥五号"和"嫦娥六号"将携带采样返回装置,采集月球岩石和土壤并送回地球。中国计划在2025年前把人送上月球,并执行一次飞往火星的太空任务。[6]

---

〔1〕[美]琼·约翰逊·弗里泽:"2018年中国比任何其他国家发射更多进入轨道的火箭",王会聪译,载《麻省理工科技评论》2018年12月20日。

〔2〕United Nations Office for Outer Space Affairs, UNOOSA Annual Report 2020, p.71.

〔3〕United Nations Office for Outer Space Affairs, UNOOSA Annual Report 2017, p.6; United Nations Office for Outer Space Affairs, UNOOSA Annual Report 2020, p.71; United Nations Office for Outer Space Affairs, UNOOSA Annual Report 2019, p.70; United Nations Office for Outer Space Affairs, UNOOSA Annual Report 2018, p.63.

〔4〕[美]琼·约翰逊·弗里泽:"2018年中国比任何其他国家发射更多进入轨道的火箭",王会聪译,载《麻省理工科技评论》2018年12月20日。

〔5〕"中国宣布'嫦娥四号'着陆成功 实现人类探测器首访月球背面",载《BBC News 中文》2019年1月3日。

〔6〕"中国宣布'嫦娥四号'着陆成功 实现人类探测器首访月球背面",载《BBC News 中文》2019年1月3日。

最后，民营企业也步入中国外空领域的竞争，外空发展百花齐放。2018年10月，中国发射首枚由民营企业研制的旨在将卫星送入轨道的火箭。该枚火箭携带一颗小卫星从酒泉卫星发射中心升空。如今，中国多家民营太空企业正竞相开展卫星发射业务。私人出资的太空初创企业正在改变中国太空产业的布局。[1]

(二) 其他国家在外层空间的最新发展动态

目前全球航天领域的探索和发展，主要由几个大国主导。截至2017年，美国在外空事务厅总共注册发射外空物体2547件，中国260件，日本203件，法国141件，印度88件，英国78件，欧洲航天局70件，德国57件，加拿大46件，比利时32件，意大利27件。[2]其他国家也发射过外空物体，但数量较少，并且多是由其他国家协助发射，或者将发射活动外包给其他国家的公司。例如，美国太空探索技术公司（SpaceX）的"猎鹰9"火箭，在2018年5月和8月先后将一颗孟加拉国通信卫星和一颗印度尼西亚通信卫星送入太空。[3]美国是航天领域的大国，2018年12月3日，在美国加州范登堡空军基地，SpaceX的"猎鹰9"火箭成功将64颗小型卫星送入太空。发射完成后，火箭的第一级成功降落在海上无人船上被回收。这是美国本土单次发射卫星数量最多的一次。这些卫星来自30多个不同的机构，它们将被送到近地太阳同步轨道上，执行各自的任务。[4]作为新一代公司，SpaceX已经深刻改变了美国航空航天产业。该趋势也影响着世界其他国家航天产业的走向。正如前文所述，中国的航天领域也出现国有企业、民营企业共同发展、百花齐放的局面。

二、有关外层空间治理的国际组织和国际法规则

(一) 有关外层空间的国际组织的现状及动态

当前有关外层空间的国际组织主要有联合国和平利用外层空间委员会以

---

〔1〕［美］琼·约翰逊·弗里泽："2018年中国比任何其他国家发射更多进入轨道的火箭"，王会聪译，载《麻省理工科技评论》2018年12月20日。

〔2〕United Nations Office for Outer Space Affairs, UNOOSA Annual Report 2017, pp. 6-9.

〔3〕张艾京："美国再次发射二手'猎鹰9'火箭将64颗卫星送入太空"，载中国新闻网，https://world.huanqiu.com/article/9CaKrnKfyhB，最后访问日期：2022年1月22日。

〔4〕张艾京："美国再次发射二手'猎鹰9'火箭将64颗卫星送入太空"，载中国新闻网，https://world.huanqiu.com/article/9CaKrnKfyhB，最后访问日期：2022年1月22日。

及联合国外空事务厅。后者是前者的秘书处。联合国大会根据联合国和平利用外层空间委员会的建议，分别于1968年8月、1982年8月、1999年7月在维也纳召开了三次联合国探索及和平利用外层空间会议，并于2018年召开第四次外空大会。本节将介绍这些有关外层空间的国际组织的组织结构以及工作任务，并总结近年的活动。

1. 联合国和平利用外层空间委员会

（1）组织结构。

联合国和平利用外层空间委员会（United Nations Committee on the Peaceful Uses of Outer Space，COPUOS，以下简称外空委）是联合国大会于1959年根据联合国大会1472号决议设立的特别委员会。联合国成员需要申请才能成为外空委的成员。外空委现有成员67个，中国也是其成员之一。[1] 外空委有两个子委员会，即科学技术委员会和法律委员会，分别由外空委全体成员国组成。

（2）成立以来的宗旨和成就。

外空委的使命是"考察在外层空间和平利用方面的国际合作，设计在联合国的框架下的有关该领域的项目，鼓励关于外层空间的持续的科学研究以及信息共享，研究在外层空间探索方面存在的法律问题"。科学技术委员会主要审议和研究与探索及和平利用外空有关的科技问题以及促进空间技术的国际合作和应用问题；法律委员会主要审议和研究和平利用外层空间活动中产生的法律问题，拟订有关的法律文件和公约草案。外空委自成立以来，已拟订三项宣言、三套原则和五个国际公约，并均已提交联合国大会审议通过。外空委监督五个有关外层空间的条约的执行，并向联合国大会提出报告和建议。[2]

2. 联合国外空事务厅

（1）组织结构。

联合国秘书处下设联合外层空间事务厅（United Nations Office for Outer Space Affairs，UNOOSA，以下简称外空事务厅），作为外空委的秘书处，是负责促进和平利用外层空间国际合作的联合国机构。外空事务厅属联合国维也

---

[1] UNOOSA, "Committee on the Peaceful Uses of Outer Space", available at http://www.unoosa.org/oosa/en/ourwork/copuos/index.html, last visited on Feb. 20, 2019.

[2] UNOOSA, "Committee on the Peaceful Uses of Outer Space", available at http://www.unoosa.org/oosa/en/ourwork/copuos/index.html, last visited on Feb. 20, 2019.

纳办事处的一部分。

(2) 成立以来的宗旨和成就。

外空事务厅执行联合国空间应用方案，致力于促进空间科学技术的应用。外空事务厅开展遥感、通信、卫星气象学、搜救、基础空间科学和卫星导航等主题领域的培训课程、讲习班、研讨会及其他活动。外空事务厅代表秘书长管理《射入外层空间物体登记册》并通过其网站发布该登记册记录的信息。外空事务厅还编制和分发空间科学与技术应用以及国际空间法等各方面的文件、报告、研究和出版物。

3. 最新的活动与提案

在上述国际组织的主持和工作下开展了多项外层空间活动。现就外层空间的最新活动与提案简介如下。[1]2015 年 9 月，世界各国领导人在联合国峰会上通过了《变革我们的世界：2030 年可持续发展议程》（2030 Agenda for Sustainable Development），该议程涵盖 17 个可持续发展目标［17 Sustainable Development Goals（SDGs）］，于 2016 年生效。这些新目标适用于所有国家，各国将致力于消除一切形式的贫穷、实现平等和应对气候变化。[2]在全球社会的发展中，外层空间的发展也将促进可持续发展目标的实现，如监测气候变暖和污染、调查农作物以及土壤陆地情况、应对灾难、远程学习、促进性别平等、预测公共健康和疾病等。[3]例如，联合国/奥地利有关可持续发展的空间方面的论坛于 2018 年 9 月召开。联合国/德国高端论坛"外空会议 50 周年及外空 2030 外空计划"于 2018 年 11 月召开。这些会议和论坛为外空领域方面实现可持续发展目标提供了建议和意见。[4]

---

〔1〕 鉴于2018 年的年报将于2019 年3 月或者5 月出台，因此本书撰写之时，最新的年报是2017 年的年度报告。

〔2〕 联合国："可持续发展目标：可持续发展议程"，载 https://www.un.org/sustainabledevelopment/zh/development-agenda/，最后访问日期：2019 年 2 月 20 日。

〔3〕 United Nations Office for Outer Space Affairs, UNOOSA Annual Report 2017, p. 3; Committee on the Peaceful Uses of Outer Space Sixty-first session, Draft resolution entitled "Fiftieth anniversary of the first United Nations Conference on the Exploration and Peaceful Uses of Outer Space: space as a driver of sustainable development", Note by the Secretariat, A/AC. 105/L. 313. Vienna, 20-29 June 2018.

〔4〕 Committee on the Peaceful Uses of Outer Space Sixty-first session, Draft resolution entitled "Fiftieth anniversary of the first United Nations Conference on the Exploration and Peaceful Uses of Outer Space: space as a driver of sustainable development", Note by the Secretariat, A/AC. 105/L. 313. Vienna, 20-29 June 2018.

第七章　参与全球治理与国际法治的中国方案（新兴领域）

2018年6月在奥地利联合国本部召开了第四届联合国外空会议。此次会议距离1968年的第一次会议已有50年，联合国将此届会议命名为"外空会议50周年"（UNISPACE+50），由外空委主办，是继1999年第三届会议以来时隔20年再次举办。外空委84个成员方的100多个国际机构代表参加，同时还有联合国的观察员、联合国各组织、空间机构、非政府组织、学术界、民间社团、学生、私营部门和行业代表参加。此次会议就和平利用外层空间的国际合作等事宜交换了意见。会上审议通过了关于敦促各国通过外空开发为地球的可持续发展履行责任的决议草案，并提交至第73届联合国大会审议。此次会议为倡导消除贫困、保护地球、为实现2030年全球可持续发展目标作出了贡献。[1]会议设定了全球空间合作的目标，为实现2030年可持续发展议程，邀请外空委开展"2030空间（Space 2030）"议程以及执行计划，强调政府、非政府、国际组织、行业、私领域主体之间的全球合作的重要性和作用，并设定了具体的工作组致力于此。[2]

近年来，外空领域的全球合作进一步加强。各个国家、国际组织、非政府组织、私领域主体等之间就空间领域展开了合作。例如，2016年联合国召开空间法的研讨会，并建议外空事务厅与国际航空组织、大学科研机构等共同召开一些会议。由此，此类研讨会议在外空事务厅的主持下不断召开。[3]外空事务厅与行业以及私领域进一步合作，并且为这样的合作制定了合理的程序。[4]国际组织与大学的科研项目合作也逐渐开展，如外空事务厅与日本宇宙航空研究开发机构合作、[5]外空事务厅与德国波恩大学开展合作项目；外空事务厅与瑞士政府签订有关利用空间技术促进2030年可持续发展议程的合作备忘录；外空事务厅与美国政府有关部门签订了有关为全球卫星导航系统委员会（International Committee on Global Navigation Satellite Systems）提供

---

〔1〕 UNOOSA, "Fifty years since the first United Nations Conference on the Exploration and Peaceful Uses of Outer Space (1968—2018): UNISPACE+50," available at http://www.unoosa.org/oosa/en/ourwork/unispaceplus50/index.html, last visited on Feb. 20, 2019.

〔2〕 Committee on the Peaceful Uses of Outer Space Sixty-first session, Draft resolution entitled "Fiftieth anniversary of the first United Nations Conference on the Exploration and Peaceful Uses of Outer Space: space as a driver of sustainable development", Note by the Secretariat, A/AC. 105/L. 313. Vienna, 20-29 June 2018.

〔3〕 United Nations Office for Outer Space Affairs, UNOOSA Annual Report 2017, p. 19.

〔4〕 United Nations Office for Outer Space Affairs, UNOOSA Annual Report 2017, p. 12.

〔5〕 United Nations Office for Outer Space Affairs, UNOOSA Annual Report 2017, p. 12.

行政支持的谅解备忘录；外空事务厅与World Space Week Association签订了有关促进世界空间周的合作事项的备忘录；外空事务厅与阿拉伯联合酋长国的空间机构签订了有关增强外层空间和平利用方面合作的备忘录；外空事务厅与意大利政府签订了有关和平利用和探索外层空间的空间科技的合作协议；外空事务厅与意大利空间机构签订了有关联合合作的备忘录；外空事务厅推进与中国人民保险集团股份有限公司的协议；联合国与Digital Globe Inc.的合作持续到2019年等。[1]此外，外空事务厅于2017年与联合国的其他机构签订了一系列合作备忘录，包括与联合国培训和研究机构、联合国发展项目机构等，旨在实现可持续发展目标，并加强空间技术方面的合作。[2]

外层空间领域与其他领域的交叉发展也日益凸显。例如，外空领域与公共健康领域的交叉发展。在外空事务厅的支持下，一个全球健康专家组成立，该专家组提出了一系列有关如何为全球健康问题加强空间领域合作的建议。世界卫生组织也参与其中。[3]又如，在外空领域与社会学领域的性别平等之间的交叉发展，以及加强女性参与空间领域方面，2017年在纽约召开的女性空间专家会议，旨在将全球的女性科学家、工程师、数学专家等会聚在一起，共同商讨如何促进女性在宇航空间领域的发展。[4]2017年在北京召开了第7届年度联合国关于减少灾难风险的空间技术国际会议。此外，外空委通过联合国空间应用方案同联合国粮农组织、联合国教科文组织、欧洲空间局、国际宇航联合会、国际空间法学会等机构合作，开展技术和学术交流活动；通过联合国开发计划署援助有关国家发展将空间技术应用于经济和社会发展。

（二）有关外层空间的国际法规则

当前的外层空间法的条约体系有1967年1月27日《关于各国探索和利用包括月球和其他天体的外层空间活动所应遵守原则的条约》（以下简称《外层空间条约》）、1967年12月19日《关于援救航天员、送回航天员及送回射入外空之物体之协定》（以下简称《援救协定》）、1971年11月29日《外空物体所造成损害之国际责任公约》（以下简称《国际责任公约》）、1974年

---

[1] United Nations Office for Outer Space Affairs, UNOOSA Annual Report 2017, pp. 24-25.
[2] United Nations Office for Outer Space Affairs, UNOOSA Annual Report 2017, p. 15.
[3] United Nations Office for Outer Space Affairs, UNOOSA Annual Report 2017, p. 20.
[4] United Nations Office for Outer Space Affairs, UNOOSA Annual Report 2017, p. 13.

11月12日《关于登记射入外层空间物体的公约》（以下简称《登记公约》）和1979年12月5日《关于各国在月球和其他天体上活动的协定》（以下简称《月球协定》）。

有关外层空间的非条约性国际文件的宣言和原则有1963年11月20日联合国大会一致通过的《关于各国探测及使用外空工作之法律原则宣言》、1996年12月13日联合国大会通过的《关于开展探索和利用外层空间的国际合作，促进所有国家的福利和利益，并特别要考虑到发展中国家需要的宣言》、1982年12月10日联合国大会通过的《各国利用人造地球卫星进行国际直接电视广播所应遵守的原则》、1986年12月3日联合国大会通过的《关于从外层空间遥感地球的原则》、1992年联合国大会通过《关于在外层空间使用核动力源的原则》、1999年《空间千年：关于空间和人的发展的维也纳宣言》。

具有法律拘束力的关于外空领域的五大条约（《外层空间条约》《援救协定》《国际责任公约》《登记公约》《月球协定》）的缔约国数量较为可观。虽然联合国大会决议根据《联合国宪章》的规定，属于建议性的，没有法律拘束力，但这并不妨碍各国在实践中接受这些原则，从而形成国际习惯法规则。

三、中国参与外层空间的全球治理现状

（一）中国参与外层空间的全球治理的战略需求与现实意义

1. 战略需求

2017年1月18日在联合国召开的"共商共筑人类命运共同体"高级别会议上，中国国家主席习近平发表了题为"共同构建人类命运共同体"的主旨演讲。他特别提到，"要秉持和平、主权、普惠、共治原则，把深海、极地、外空、互联网等领域打造成各方合作的新疆域，而不是相互博弈的竞技场"。[1]中国政府在其提出的《中华人民共和国国民经济和社会发展第十三个五年规划纲要》中指出：中国要"积极参与网络、深海、极地、空天等新领域国际规则制定"。外层空间是新领域之一，外层空间的拓展一开始主要是美国、苏联两个超级大国的太空军备竞争。经过数十年参与新疆域开发和治理实践活

---

[1] 习近平："共同构建人类命运共同体——在联合国日内瓦总部的演讲（2017年1月18日，日内瓦）"，载《人民日报》2017年1月20日，第2版。

动,中国迅速地从新领域的"边缘国家"发展成为新领域的核心国家。因此,参与外层空间领域的治理与发展是提高我国综合能力的一个方面,也是响应外层空间的全球治理对中国的期待,更体现了中国作为全球大国的担当。

我国参与外层空间的全球治理是全球治理理论与实践的需要。全球治理包括各个方面,如全球贸易治理、全球投资环境治理、全球气候治理、全球环境治理、海洋极地治理、全球网络空间治理、全球法治的发展、外层空间的全球治理等。外层空间的全球治理是全球治理理论与实践的一个重要方面。

积极参与外层空间的全球治理也是我国"人类命运共同体"思想理论的内在需要之一。太空等新疆域中都存在着很大一部分"人类共同财产",需要处理好新疆域中"公有之地"与"私有之物"的关系。"人类命运共同体"思想是对中国几千年文明的传承和发扬。这正是解决当今全球问题,特别是新疆域治理最需要的核心价值。以"人类命运共同体"思想为伦理基础构建新疆域治理制度,通过国际合作在新疆域中践行"人类命运共同体"治理思想,将是中国未来与世界其他国家和国际组织一起努力的方向。[1]

2. 现实意义

中国参与外层空间的全球治理也是国际合作的需要。对新疆域开展科学探索是人类共同的使命,外层空间自然条件严酷,科学探索的成本和风险极高,需要各国科学技术界的通力合作。从现实需要出发,农业发展、可持续发展、监管灾难、交通、教育、环境等方面都与外层空间的发展密切相关。监测全球气候变暖和污染、调查农作物以及土壤陆地情况、应对灾难、远程学习、预测公共健康和疾病等方面,都需要来自外层空间方面的科研成果的配合与辅助。《外层空间条约》也要求,希望在和平探索和利用外层空间的科学和法律方面,促进广泛的国际合作。此外,国际组织如外空事务厅办公室,也期待中国进一步地参与外层空间领域的全球治理,像在地球观测数据方面的合作。[2]

---

[1] 杨剑:"以'人类命运共同体'思想引领新疆域的国际治理",载人民网,http://cpc.people.com.cn/n1/2017/0623/c191095-29358375.html,最后访问日期:2022年1月22日。

[2] 朱旌:"中国为和平利用外层空间作出积极贡献",载《经济日报》2017年4月23日,第2版。

(二) 中国参与外层空间全球治理的现状

1. 中国参与有关外层空间治理国际组织的现状

(1) 中国公民在这些国际组织的任职情况。

虽然很多国际组织的任职人员是国际公务员,并且需要符合独立公正的要求,不代表自己所属的国籍国,也并不为自己所属的国籍国服务。但是,从现实的意义出发,观察一个国际组织中高级别负责人、管理人的所属国籍,可以看出该国在该国际组织中的现实作用和在现实中无法消除的影响力。有关中国公民在这些国际组织中的任职情况经调查如下。外空委的主要负责人是主席阿迪贡·阿德·阿比奥顿（Adigun Ade Abiodun,尼日利亚人）,第一副主席希罗·阿雷瓦洛·耶佩斯（Ciro Arevalo Yepes,哥伦比亚人）,第二副主席兼报告员帕尔维兹·塔里希（Parviz Tarikhi,伊朗人）。外空事务厅中的工作人员都是国际公务员。现任外空事务厅的干事 Di Pippo 是意大利人。[1] 外空事务厅下的两个委员会分别是政策法律事务委员会、空间应用委员会。这两个部门的主要负责人分别是 Niklas Hedman 和 Luc St-Pierre。前者是瑞典人,从 2006 年一直担任主要负责人至今。后者是加拿大人。[2] 可以发现,中国公民在这些国际组织中担任要职的情况并不多见。

(2) 中国在这些国际组织中提出的最新议案和活动。

中国派代表团出席了联合国第二次、第三次、第四次外空大会。1980 年 6 月,中国派出观察员代表团参加了外空委第 23 届会议。1980 年 11 月 3 日,联合国正式接纳中国为该委员会成员国。此后,中国参加了历届外空委及其下属的科技和法律小组委员会届会。

中国近年来积极参与这些国际组织的活动。一方面,中国一直促进这些国际组织对中国在外空领域活动的了解和支持。2017 年,外空事务厅的干事以及其他几位高级官员在海南文昌航天发射场参观了中国第一艘货运飞船"天舟号"的发射。这是第一次有外国人访问文昌航天发射场。他们还访问了

---

[1] UNOOSA: "About Us: background", available at http://www.unoosa.org/oosa/en/aboutus/director/background.html, last visited on Feb. 20, 2019.

[2] UNOOSA: "About Us: office structure", available at http://www.unoosa.org/oosa/en/aboutus/structure.html, last visited on Feb. 20, 2019.

其他空间设备、大学、机构等。[1]

另一方面，中国也积极主动地支持、主持一些活动的举行。由联合国外空事务厅和中国国家航天局共同组织的"联合国/中国关于空间方案论坛：实现可持续发展目标"（United Nations/China Forum on Space Solutions Realizing the Sustainable Development Goals）于2019年在中国举行，中国外交部也大力支持该论坛。该论坛是"一带一路"空间信息走廊的一部分。外空事务厅代表联合国和中国国家航天局在"一带一路"空间信息通道上进行合作。该论坛也将有助于"一带一路"倡议，有利于"一带一路"沿线国家。[2]不仅如此，该论坛将为实现可持续发展以及全球合作提供有关外空领域的建议和解决方案。中国与约旦、美国于2017年创设并共同主持"探索与创新的行动组"，旨在多次探讨有关国际探索与创新的未来，并试图提出有关全球空间探索合作的建议。2017年，全球空间探索会议在北京举行。[3]同时，外空事务厅办公室与中国载人航天局的联合项目为联合国会员国，尤其是发展中国家进入中国未来空间站提供了机会。[4]

此外，中国与俄罗斯于2014年联合提出了新的议案《防止在外空放置武器、对外空物体使用或威胁使用武力的条约草案》（Draft Treaty on the Prevention of the Placement of Weapons in Outer Space, the Threat or Use of Force Against Outer Space Objects, PPWT）。该草案旨在防止太空军备竞赛。根据该草案，凡是属于位于外层空间，基于任何物理原理，经专门制造或改造，用来消灭、损害或干扰在外层空间、地球上或大气层物体的正常功能，以及用来消灭人口和对人类至关重要的生物圈组成部分或对其造成损害的任何装置，都是太空武器，均需要被禁止。[5]该提案还对另外一些定义进行调整，并对自卫权进行调整。

---

〔1〕 United Nations Office for Outer Space Affairs, UNOOSA Annual Report 2017, p. 29.

〔2〕 请参阅 COPUOS 科学和技术小组委员会第五十五届会议期间的技术报告，即 Committee on the Peaceful Uses of Outer Space Sixty-first session, Draft resolution entitled "Fiftieth anniversary of the first United Nations Conference on the Exploration and Peaceful Uses of Outer Space: space as a driver of sustainable development", Note by the Secretariat, A/AC. 105/L. 313. Vienna, 20-29 June 2018.

〔3〕 United Nations Office for Outer Space Affairs, UNOOSA Annual Report 2017, p. 19.

〔4〕 朱旌："中国为和平利用外层空间作出积极贡献"，载《经济日报》2017年4月23日，第2版。

〔5〕 Article 1, Draft treaty on the Prevention of the Placement of Weapons in Outer Space, the Threat or Use of Force Against Outer Space Objects.

2. 中国主导建立的亚太空间合作组织

亚太空间合作组织是中国参与全球治理以及国际组织发挥作用的很好体现。亚太空间合作组织（Asia-Pacific Space Cooperation Organization）是亚太地区国家参加的政府间国际组织。中国、泰国、巴基斯坦于1992年共同提出倡议，2001年正式开展筹建工作，2005年10月28日在北京举行了《亚太空间合作组织公约》签字仪式。2008年，亚太空间合作组织正式成立，总部设于中国北京，是亚太地区的政府间国际组织，也是继欧洲空间局之后全球第二个政府间区域空间合作组织。目前，亚太空间合作组织有中国、孟加拉国、伊朗、蒙古国、巴基斯坦、秘鲁、泰国7个成员国，还有印度尼西亚、土耳其2个签约国。

该组织的宗旨是为该地区国家提供技术合作平台，在和平利用外层空间的准则下，开展空间科学、技术及其应用领域的多边合作，并在技术研发、应用、教育、培训以及资源共享等方面，加强发展中国家的空间能力建设，促进区域经济和社会的可持续发展。自成立以来，亚太空间合作组织利用优势资源共享，开展了人才培养与学位教育。结合项目联合发展及研究，建立了数据共享网络、空间段网络和地面系统互联、地基空间物体观测网络、灾害监测网络、空间应用网络以及教育培训网络6个项目合作网络，为亚太区域提供了多种资源共享平台。该组织还为航天领域科技及管理人员搭建了相应的技术、政策、法律交流与知识共享平台，得到世界30多个国家和地区的积极参与。亚太空间合作组织为亚太地区国家的社会、经济、可持续发展提供动力，将努力实现《亚太空间合作组织2030年发展愿景》。

作为该组织的发起国和东道国，中国提出与各成员国共同构建"一带一路"空间信息走廊的倡议，并与各成员国共同发布《亚太空间合作组织发展战略高层论坛北京宣言》，以共同提升航天基础能力、共享服务能力、快速响应能力、产业驱动能力和互联互通能力。中国提出并牵头实施联合多任务小卫星星座、大学生小卫星等重大合作项目，为亚太地区空间技术合作提供重要载体。中国向亚太空间合作组织提供了22万幅卫星图像，广泛应用于成员国灾害管理、环境监测与评估、自然资源和农业产量评估等各个方面，并为各成员国的研究工作提供了便利。[1]

---

[1] "亚太空间合作组织成立十周年高层论坛在京举行"，载国家航天局官网，http://www.cnsa.gov.cn/n6758823/n6758844/n6759927/n6759928/c6803948/content.html，最后访问日期：2022年1月22日。

3. 中国参与的有关外层空间治理的国际条约以及履约情况

中国于1983年12月加入《外层空间条约》，于1988年12月加入《援救协定》《国际责任公约》和《登记公约》。以上4个条约，我国均已批准。但我国并未加入《月球协定》。截至2017年，中国根据《登记公约》在联合国外空事务厅总共注册发射外空物体260件。[1] 自1980年成为联合国外空委成员后，中国派代表参加了历届外空委会议以及其下属的科技和法律小组委员会届会，并在会上介绍中国的航天活动以及履约情况。例如，2003年，中国代表团出席了外空委及其两个小组委员会的届会，并参与了各项议题的审议，还介绍了中国的重要航天活动，包括圆满完成"神舟三号"和"神舟四号"试验飞船的发射和回收；2002年5月成功地进行了一箭双星的发射，将第四颗极轨气象卫星"风云一号D"和第一颗海洋卫星"海洋一号"送入预定轨道，提高了中国的全球气象观测能力，并将为海洋资源的合理开发、海洋污染、海洋灾害监测和治理以及海洋环境保护提供科学依据；2003年5月成功地将第三颗"北斗一号"导航定位卫星准确送入预定轨道，组成了区域导航定位系统。

四、中国参与外层空间全球治理的未来展望与建议

（一）有关外层空间治理国际法规则的议题设置、规则引导方面

在条约的制定与谈判方面，我国应该积极参与谈判。有关外层空间的5个主要条约，我国并未参加条约草案形成的谈判全程。一般而言，现在的国际公约的出台，首先，会由国际组织牵头，征询各国或各成员方的意见和想法，由成员方组成的委员会或者理事会或其他决策机构来决定是否就这个议题进行进一步探讨和交流，继而再进一步决定是否成立一个专家组或者工作小组就这个议题进行研究，包括学术研究和对各国实践和法律的调查研究。该专家组的某些结论和建议，主要是关于是否继续这个议题，或者就这个议题出台一个公约的必要性和可行性的分析。由成员方组成的决策机构将对专家组的意见进行讨论，决定是否继续该项目，并授权该专家组或者工作小组起草草案。专家组或工作小组由各成员方推荐该领域的专家权威组成。早期的专家组成员往往具有独立性，并不代表其国家，仅仅就该问题提供专业意

---

[1] United Nations Office for Outer Space Affairs, UNOOSA Annual Report 2017, p. 6.

见和建议。当然,其具有的一定的政治性并不能完全被排除。这些专家往往是各成员方自己推荐的,人员往往是大学教授、权威专家、政府官员等。因此,虽然最终提出的专家意见是以个人名义,但这些专家在专家组会议的讨论中在一定程度上会不自觉或者有意识地将自己国家的利益作为一个因素考虑。我国应该积极在条约、公约的最初讨论、征求意见阶段,即派遣专家参与这些专家组团体,从而在公约草案的第一版或者最初版中就体现我国的全面参与,在议题设置和规则引领方面体现我国的意见和想法,从而维护我国的利益。

其次,在初步的公约草案形成后,各成员方会对该草案进行谈判,提出各种提案。不管我国最后是否会签署或加入该公约,都应该积极提出不同的提案,全程参与谈判过程,据理力争,努力使得最终的公约草案符合我国的利益。而不是在公约形成或生效后,才被动地决定自己是否加入该公约,到时必然已无多少改变公约条文的可能性,最多是作出一些保留。

(二)不同主体参与外层空间的全球治理方面

就不同主体参与外层空间的全球治理方面而言,一方面,我国应积极鼓励不同主体参与国际组织的任职和工作;另一方面,应积极鼓励不同主体参与国际组织的活动,并与国际组织合作开展一些活动。具体建议如下。

就政府主体而言,我国应该积极参与这些国际组织的活动,甚至可以成为一些活动的倡导者、主办方、主持者。例如,奥地利和赞比亚驻纽约联合国的使团于2017年发起"外空事务厅之友团"(Group of Friends of UNOOSA),旨在让各国驻联合国使团以及联合国组织体系意识到外空事务厅及其工作的重要性。[1]中国也可多组织这样的活动和提案。

就政府各个部门和在政府中任职的公务人员而言,我国应该积极鼓励各部门和人员参与这些国际组织的活动。如外空委及其下属的两个子委员会,其成员是各成员国。虽然委员会主席往往具有行政性的、主持会议的功能,并不比其他各国代表有更多的发言权或投票权,并且往往由政治性因素决定每一届委员会的主席或者各成员国轮流担任委员会主席。但是担任这些委员会主席也是一国参与国际组织活动的深度体现。在一定程度上,担任这些委

---

[1] United Nations Office for Outer Space Affairs, UNOOSA Annual Report 2017, p.15.

员会的主席,可以更多地参与这些国际组织秘书处的工作,如外空委的秘书处是外空事务厅,而担任外空委的主席则能有更多机会与外空事务厅进行工作上的交流和沟通,如此至少可以更多地体现我国的身影和声音。另外,担任这些委员会的主席,往往会增加该个人的背景经历,为日后担任国际公务员(如在外空事务厅中工作)提供更多的可能性。

我国应鼓励非政府组织、大学等学术机构、科研机构、公司企业、行业社团、民间个人等积极参与国际组织的活动和工作,具体可以体现为在国际组织工作任职、实习、担任国际公务员、与国际组织合作开展项目、与国际组织合作举办研讨会议与论坛等。上述非政府组织、机构、团体、企业、个人等可以来自各个领域,就涉及外层空间的不同主题进行活动,如涉及外层空间领域的不同主题包括但不限于有关外层空间探索与创新的全球合作;外层空间以及全球空间治理的法制发展;加强有关空间物体和事件的信息交换;空间气象服务的国际框架;加强全球健康的外空合作;促进低排放社会的国际合作;21 世纪的能力建设等。[1]这些领域涉及法律法制、技术科学的研发与创新、气象领域、公共健康领域、气候变化领域、各国发展与能力建设、国际合作等。

(三) 在外层空间全球治理的价值理念文化输出方面

为响应我国提出的"人类命运共同体",我国应积极将此理念贯彻到有关外层空间治理的各个方面。2017 年 2 月 10 日,联合国社会发展委员会通过"非洲发展新伙伴关系的社会层面"决议,首次将"构建人类命运共同体"理念载入联合国决议。2017 年 3 月 17 日,联合国安理会通过关于阿富汗问题的第 2344 号决议,"构建人类命运共同体"理念首次被载入安理会决议。2017 年 3 月 23 日,联合国人权理事会通过关于"经济、社会、文化权利"和"粮食权"两个决议,"构建人类命运共同体"首次被载入联合国人权理事会决议。2017 年 9 月,第 71 届联合国大会通过了关于"联合国与全球经济治理"的决议,把中国提出的共商共建共享理念纳入其中。2017 年 11 月,第 72 届联合国大会负责裁军和国际安全事务第一委员会再次将"人类命运共同体"理念载入联合国决议。这表明构建"人类命运共同体"理念正成为广泛

---

〔1〕 United Nations Office for Outer Space Affairs, UNOOSA Annual Report 2017, p. 18.

的国际共识，得到国际社会的普遍认同。[1]从中国倡议到国际共识，这一历程是我国文化价值输出方面的一个典范。而这离不开我国积极在国际组织、国际社会、国际活动上倡导该理念的努力。

外层空间领域属于新领域，更需要践行"人类命运共同体"，并将之贯彻在外层空间领域全球治理的各个方面。践行"人类命运共同体"思想的国际合作包括制度建设、科技探索、和平利用以及共同体建设等方面的国际合作。[2]外层空间新领域的共同体建设，需要我国得到国际社会团结的力量，以支持中国提出的以"人类命运共同体"为伦理基础的治理方案。我国应当同科学家组织、环境保护组织、重要国际组织保持协调，形成以"人类命运共同体"为伦理基础的"认知共同体"。应当加强与第三世界国家的合作，共同推进新疆域的国际治理。[3]

我国在外层空间的发展日益步入成熟期，航天技术和行业发展也日趋壮大，民营企业争相进入该领域，为该领域的进一步发展提供新鲜血液。其他发展中国家在航天领域的力量也在增长，但往往依赖于大国的技术支持与项目合作。

外层空间领域的发展一直以来依托于全球合作与全球治理。针对外层空间领域的不同活动与问题，目前有各种公约、宣言、原则、决议等对之进行规范。国际组织（如联合国外空委和外空事务厅）都致力于更好地探索、发展、治理外层空间领域。它们的活动与提案也体现了近年来外层空间领域的发展趋势，即需要全球合力进行治理规范。我国近年来也在这些传统国际组织中积极提出各种提案和方案。我国主导建立的亚太空间合作组织是我国在外层空间领域参与全球治理的很好典范。

为了实现"人类命运共同体"，提高我国的竞争力，响应全球治理对我国的期待，以及借助外层空间领域的发展来促进其他领域的发展，如气象气候领域、公共健康领域、地球环境领域等，我国需要积极参与外层空间领域的

---

[1] 王义桅："人类命运共同体理念的大格局大智慧"，载《光明日报》2018年2月7日，第6版；胡必亮："'一带一路'建设有利于推进构建人类命运共同体"，载中国日报网，http://cn.chinadaily.com.cn/2018ydyl/2018-05/10/content_ 36176633.htm，最后访问日期：2022年1月22日。

[2] 杨剑："以'人类命运共同体'思想引领新疆域的国际治理"，载人民网，http://cpc.people.com.cn/n1/2017/0623/c191095-29358375.html，最后访问日期：2022年1月22日。

[3] 杨剑："以'人类命运共同体'思想引领新疆域的国际治理"，载人民网，http://cpc.people.com.cn/n1/2017/0623/c191095-29358375.html，最后访问日期：2022年1月22日。

全球治理。而目前，无论是我国公民在国际组织的任职情况，还是我国各主体参与国际组织的活动议程、与国际组织的合作、批准的公约数量、履约情况等都表明，我国在外层空间领域全球治理方面的参与程度有待进一步加强。

因此，建议我国从三个方面积极参与并主导在外层空间领域的全球治理。（1）在有关外层空间治理的国际法规则的议题设置、规则引导方面，从议题讨论的最初阶段到起草条约草案的最后阶段，都要全程参与，并积极发声提出议案。（2）鼓励不同的主体，包括政府的各相关部门、政府中的公务人员、大学教授、科研机构、社会团体、公司企业、非政府组织、个人等积极参与到国际组织的工作与活动中，并鼓励不同领域中上述主体的积极加入。（3）全球治理需要法治，更需要理念和观念，需要积极将我国的文化价值理念，如"人类命运共同体"，通过各种国际活动、国际组织、交流与沟通等，输出到国际社会中。

第三节 国际法治视域下的全球深海治理

当今国际秩序正处于大变革大调整期。全球海洋秩序也正经历深刻调整与变革。作为其工具和手段的全球海洋治理，面临重大挑战。始终确保全球海洋治理遵循国际法治的范式和要求，是这场变革取得成功的重要保障。

鉴于内水、领海、毗连区、专属经济区和大陆架等国家管辖范围内海域的空间及其资源，几近分割完毕，且相关国际法律制度较为完备，很自然地，公海和国际海底区域（以下简称"区域"）等国家管辖范围以外区域的资源及其惠益，成为国家间争夺的焦点。加之，当前深海国际法律制度，存在种种缺陷甚至空白，难以满足现实需要。例如，因缺乏充分法律依据强制非法捕鱼国合作养护渔业资源，或迫使区域渔业管理组织（Regional Fisheries Management Organizations，RFMOs）对非法捕鱼国执行现行养护措施，公海渔业资源的养护和利用措施没有落到实处；因无法找到对口的国际法律制度支撑，深海遗传资源的养护和可持续利用进程严重受阻；因深海采矿规章迟迟未能出台，深海矿物的商业开采也随之推迟。[1]毋庸置疑，深海的全球治理，正

---

[1] See Michael W. Lodge, "Improving International Governance in the Deep Sea", *The International Journal of Marine and Coastal Law*, Vol. 19, No. 3, 2004, pp. 299-316.

是当前和今后相当长时期内全球海洋治理的核心领域，也是影响全球海洋秩序调整和变革方向的关键因素。

从国际法治的角度来看，尽快弥补深海国际法律制度的上述不足和空白，并确保深海国际法律制度得到遵守和有效实施，是全球深海治理的主要任务。而如何做到这一点，则是全球深海治理的重点和难点。国际社会必须尽快拿出令人满意的方案。中国作为重要的利益攸关国，也必须发出自己的声音。

一、全球深海治理概述

什么是"深海"（the deep sea/ocean）？国际社会迄今尚未给出清晰、统一的界定。[1]自然科学家一般认为，深海是指超过200米水深的水体和海床。相应地，不足200米水深的海域便是浅海。200米水深，并非一个任意确定的深度，而是有深刻的生物学和地质学意义。200米水深线内外的生物种群、群落和生境有显著差别。[2]由于世界海洋地质的差异，200米水深线一般出现在地质学上的大陆架与大陆坡之间。地质学上的大陆架与大陆坡在坡度和水深上差别明显。前者大多坡度较缓，水深较浅，而后者坡度急剧变陡，水深也急剧加大。[3]

然而，主要依据生物学或生态学标准来确定的深浅海空间范围和界限，与社会科学特别是国际法领域确定的海洋空间范围及其界限，并不完全一致。在《大陆架公约》于1962年生效前，内水和领海之外全部的海域都是国家管辖范围以外区域。加之当时12海里领海标准尚未确立，不少沿海国采用3海里或6海里领海宽度。所以，200米水深线几乎全部位于国家管辖范围外很远的海域。在《大陆架公约》生效之后，情况有所改变。《大陆架公约》第1条

---

[1] See Kathryn J. Mengerink, "The Deep Ocean: Advancing Stewardship of the Earth's Largest Living Space", in Harry N. Scheiber, James Kraska and Moon-Sang Kwon eds., *Science, Technology and New Challenges to Ocean Law*, Leiden/Boston: MartinusNijhoff publishers, 2015, pp. 187-208.

[2] See Eva Ramirez-Llodra, Paul A. Tyler, Maria C. Baker, Odd AkselBergstad, Malcolm R. Clark, Elva Escobar, Lisa A. Levin, LenaickMenot, Ashley A. Rowden, Craig R. Smith, Cindy L. Van Dover, "Man and the Last Great Wilderness: Human Impact on the Deep Sea," PLoS ONE, Vol. 6, No. 7, 2011, p. 1, available at doi: 10.1371/journal.pone.0022588, visited on October 30, 2021.

[3] 如果从海洋的剖面上看，200米水深线也可能出现在距离海岸不到12海里的海域，例如，美国加利福尼亚州拉霍亚（La Jolla）附近的海域，也可能出现在距离海岸超过78海里的海域，例如，美国南卡罗来纳州查尔斯顿（Charleston）附近的海域。See e.g., Bureau of Ocean Energy Management, MarineCadastre.gov National Viewer, available at www.coast.noaa.gov/mmcviewer, visited on October 30, 2021.

为确定大陆架外部界限制定的标准有两个：200 米水深标准和可开采标准。考虑到当时各沿海国的海洋开采技术水平，可以说，绝大部分缔约国的大陆架（几乎等同于地质学上的大陆架）外部界限不超过 200 米水深线。同时也意味着，随着海洋开采技术的进步，国家管辖的大陆架可能越过 200 米水深线，继续向深海的方向扩展。1982 年 UNCLOS 规定的大陆架（包括地质学上的大陆架、大陆坡、大陆基等）制度完全舍弃了 200 米水深标准，而是采用了 200 海里距离标准和自然延伸标准，更让国家管辖最大范围外部界限远超 200 米水深线，一般可达到 350 海里或 2500 米水深线以外 100 海里。同时，UNCLOS 确立了 12 海里领海标准和 200 海里专属经济区标准。如果从海洋的剖面上看，200 海里专属经济区的大部分海域，都存在超过 200 米水深的水体和海床，而公海和"区域"则几乎全部是超过 200 米水深的水体和海床。这两部分加在一起，便是从事社会科学类海洋管理和研究工作者眼中的"深海"。在社会科学家眼里，深海的空间范围是随着时代发展、科技进步和人类认识海洋水平的提升而不断变化的。

何谓"全球深海治理"（the global governance of the deep sea/ocean）？国际社会同样没有给出清晰、一致的界定。不过，可以基于前文关于全球治理五大核心要素即"为什么治理、如何治理、谁治理、治理什么、治理得怎样"的界定，阐明全球深海治理的基本内核。深海全区治理，旨在实现深海（资源和环境）的可持续发展和利用。为此，必须依赖相关的国际原则、规则、政策、标准等；主体主要是国家和政府间国际组织，也包括法人和自然人；对象主要是影响所有主体的跨国性问题，如深海矿物资源的开发、深海遗传资源的养护和利用、深海渔业资源的养护和利用等。全球深海治理的效果，需要从透明度、适应性、政府能力、权力分配、相互依赖和知识基础等多角度进行评估。概言之，全球深海治理主要指针对深海渔业资源的养护和利用、深海遗传资源的养护和利用、深海矿物资源的开发和环境保护等全球性问题，国家、政府间国际组织，法人和自然人等通过共同创设和遵守相关的国际原则、规则、政策、标准等实现深海（资源和环境）的可持续发展和利用的过程。

国际法治视域下全球深海治理的主要任务，在于创设完备的深海国际法律制度（包括机制、规则、原则、标准等）并使之得到切实遵守和有效实施，其议题主要集中于深海渔业资源的养护和可持续利用、深海遗传资源的养护和可持续利用、深海矿物资源的开发与环境保护等领域,其核心在于从国际法治视角平衡深海资源开发利用与深海环境保护(包括深海资源的养护和管理)之间的关系,解决二者之间存在的冲突。

二、深海渔业资源的养护和可持续利用

(一) 深海渔业的概念和分类

如前文所述,法律意义上的深海,主要指专属经济区、公海和"区域"内超过 200 米水深的水体、海床和底土。不过,何谓"深海渔业"(deep-sea fisheries)或"深海渔业资源"(deep-sea fisheries resources)或"深海鱼种"(deep-sea fish species)或"深海鱼类种群"(deep-sea fish stocks),国际社会至今尚无统一界定。[1]其中,应用较为广泛的是 FAO 给出的定义。它认为:"深海鱼类种群通常为生活在边缘海和大陆架之外和/或深度超过 200 米的鱼类物种的多样性集合。其主要栖息在上大陆坡、山脊、深岛和海山坡、山顶和深岸区域,但也包括深峡湾和陆架槽/峡谷。大多数深海鱼类种群都是在 1000 米以下的水域中开发的,尽管有些开发至 2000 米。"[2]深海具有最大经济价值的鱼种有橙鲀、鲀、格陵兰大比目鱼、圆鼻掷弹鱼、黑鞘鱼、某些深海鲨鱼、某些深海蟹类等。[3]

在生物学意义上,深海鱼类种群一般主要包括三类:主要在中层水域活动但不依赖于底层水域生存的中上层鱼类(pelagic fish);在底层水域活动且依赖底层水域生存的底层鱼类(demersal fish);在底层水域活动,通常为摄

---

[1] Yoshinobu Takei, *Filling Regulatory Gaps in High Seas Fisheries: Discrete High Seas Fish Stocks, Deep-sea Fisheries and Vulnerable Marine Ecosystems*, Leiden: Nijhoff Maritnus Publishers, 2013, p. 109.

[2] Report of the Secretary-General, Actions taken by States and regional fisheries management organizations and arrangements in response to paragraphs 80 and 83 to 87 of General Assembly resolution 61/105 and paragraphs 113 to 117 and 119 to 127 of General Assembly resolution 64/72 on sustainable fisheries, addressing the impacts of bottom fishing on vulnerable marine ecosystems and the long-term sustainability of deep-sea fish stocks, A/66/307, para 22.

[3] FAO, Fishery Fact Sheet. Review of the state of world marine fishery resources 2009. World Deep-sea fisheries, Fisheries and Resources Monitoring System, Rome, 2011, available at http://www.fao.org, visited on 31 October 2021; Regulation (EU) 2016/2336 of the European Parliament and of the Council establishing specific conditions to fishing for deep-sea stocks in the North-East Atlantic and provisions for fishing in international waters of the North-East Atlantic and repealing Regulation (EC) No. 2347/2002, OJ L 354/1, 23. 12. 2016.

食需要在水团中短程迁徙的底层鱼类（benthopelagic fish）。[1]然而，长期以来，国际社会对深海渔业的养护、管理和利用，并不完全依照深海鱼类的水层分布特征展开，而更多的是在兼顾深海鱼类水层分布特征、洄游特点的基础上，按照国际海洋法对海洋空间的划分标准（距离标准）实施。

现行国际渔业法律规范对深海渔业的规制和调整，大致可分为五种情形。一是针对完全位于某一沿海国专属经济区内的深海鱼类；二是针对跨越两国或多国专属经济区的"共享鱼类种群"（shared stocks）；三是针对大陆架上的"定居种鱼类"（sedentary species）；四是针对跨越专属经济区及相邻公海区域的深海鱼类，即"跨界鱼类种群和高度洄游鱼类种群"（straddling fish stocks and highly migratory fish stocks）；五是针对公海中的专属鱼类种群，即"分散式公海鱼类种群"（discrete high seas fish stocks）。[2]

（二）国际法律和组织框架

1. 国际法律框架

关于深海渔业资源养护和利用现行有效的条约主要包括全球性条约和区域性条约。前者主要包括1982年UNCLOS第七部分"公海"及其他与公海相关的规定、1995年《执行1982年12月10日〈联合国海洋法公约〉有关养护和管理跨界鱼类种群和高度洄游鱼类种群的规定的协定》（以下简称《联合国鱼类种群协定，FSA》，2001年12月11日生效）、1993年《促进公海渔船遵守国际养护和管理措施的协定》（2003年4月24日生效）、2009年《关于港口国预防、制止和消除非法、不报告、不管制捕鱼的措施协定》（2016年6月5日生效）。此外，还包括1958年《日内瓦公海公约》（1962年9月20日生效）和《公海生物资源捕捞及养护公约》（1966年3月20日生效）。根据

---

[1] Food and Agriculture Organization of the United Nations, "Deep-Sea Ecosystems", available at http://www.fao.org/fishery/topic/166310/en, visited on 31 October 2021.

[2] See Moritaka Hayashi, "Global Governance of Deep Sea Fisheries", *The International Journal of Marine and Coastal Law*, Vol. 19, No. 3, 2004, pp. 289-299. 国际上对鱼类种群还有其他不同的划分，例如，有的将正文中的第二种、第四种和第五种统称为"跨界鱼类种群"（transboundary stocks）或"共享鱼类种群"（shared fish stocks）。See Van Houtte, "Legal Aspects in the Management of Shared Fish Stocks: A Review", available at https://www.fao.org/3/Y4652E/y4652e04.htm, visited on 31 October 2021; Munro G.; Van Houtte A.; Willmann R., "The conservation and management of shared fish stocks: legal and economic aspects", https://www.fao.org/3/y5438e/y5438e0b.htm#bm11, visited on 31 October 2021.

UNCLOS 第 311（1）条的规定，在缔约国间，UNCLOS 的适用应优于 1958 年《日内瓦海洋法公约》。这些国际普遍适用的法律文件，为公海渔业资源的养护和利用确立起了基本的法律制度框架。为补充和完善上述法律制度框架，国际社会还制定了众多仅对缔约国具有法律约束力的区域性渔业管理条约。例如，1966 年《养护大西洋金枪鱼国际公约》（1969 年 3 月 21 日生效）、1980 年《南极海洋生物资源养护公约》（以下简称《生物资源公约》，1982 年 4 月 7 日生效）、1992 年《北太平洋溯河性鱼类种群养护公约》（1993 年 2 月 16 日生效）、1993 年《南方蓝鳍金枪鱼养护公约》（1994 年 5 月 20 日生效）、1993 年《建立印度洋金枪鱼委员会协定》（1996 年 3 月 27 日生效）、1994 年《中白令海峡鳕资源养护和管理公约》（1995 年 12 月 8 日生效）、2000 年《中西部太平洋高度洄游鱼类种群养护和管理公约》（2004 年 6 月 19 日生效）、2003 年《关于加强美利坚合众国与哥斯达黎加共和国 1949 年公约设立的美洲间热带金枪鱼委员会的公约》（也称为《安提瓜公约》，2010 年 8 月 27 日生效）、2009 年《南太平洋公海渔业资源养护和管理公约》（2012 年 8 月 24 日生效）、2012 年《北太平洋公海渔业资源养护和管理公约》（2015 年 7 月 19 日生效）。其中，UNCLOS 和 FSA 的相关规定是核心。

为进一步完善上述法律制度，国际社会还出台了很多不具法律约束力的全球性渔业政策和标准。它们主要体现在以下国际文件中：1992 年《21 世纪议程》第 17 章（"保护大洋和各种海洋，包括封闭和半封闭海以及沿海区，并保护、合理利用和开发其生物资源"）、1995 年《负责任渔业行为守则》（以下简称《行为守则》）、1999 年三项国际行动计划（《捕捞能力管理国际行动计划》《鲨鱼养护和管理国际行动计划》《减少延绳钓误捕海鸟国际行动计划》）、2001 年《防止、阻止和消除非法、不报告和不受管制捕捞的国际行动计划》、2002 年《可持续发展问题世界首脑会议实施计划草案》第 29 段至第 32 段、2008 年《公海深海渔业管理国际指南》、2014 年《船旗国表现自愿准则》和 2017 年《渔获登记制度自愿准则》等。其中，《行为守则》和《公海深海渔业管理国际指南》是核心。

2. 国际组织框架

在深海渔业治理问题上，联合国大会始终发挥着主导作用。2004 年联合国大会 59/25 号决议呼吁有权管理底拖网作业的 RFMOs "依照国际法的规定，在各自的监管区内采取适当的养护和管理措施，以解决破坏性捕捞法，包括有损于脆弱海洋生态系统的底拖网捕捞法所造成的影响，并确保这些措施得到遵守"。[1]以此为标志，深海渔业问题，开始正式进入国际视野。此后，联合国大会先后通过61/105、64/72、66/68、71/123等决议继续指引全球深海渔业治理的一般方向。[2]

同时，联合国粮食及农业组织（Food and Agriculture Organization of the United Nations, FAO）及其渔业委员会（Committee on Fisheries, COFI），主要从技术层面为落实上述决议提供细则和指导。2008年通过的《公海深海渔业管理国际指南》，旨在协助各国和RFMOs执行联合国大会第61/105号决议规定的措施，实现对深海渔业资源的可持续管理，同时，促进预防对深海脆弱生态系统的重大不利影响，保护这些生态系统所包含的海洋生物多样性。[3]

此外，为保障区域渔业管理条约的遵守和实施而创建的RFMOs，对全球深海渔业治理起着补充作用。目前，有资格采取养护和管理公海鱼类种群包括深海渔业种群措施的组织有8个，分别是南极海洋生物资源养护委员会（CCMALR）、地中海渔业总委员会（GFCM）、西北大西洋渔业组织（NAFO）、东北大西洋渔业组织（NEAFC）、东南大西洋渔业组织（SEAFO）、南印度洋渔业管理组织（SIOFA）、南太平洋公海渔业资源养护与管理委员会（SPRFMO）、北太平洋公海渔业资源养护和管理委员会（NPFC）。[4]

(三) 面临的主要法律问题

针对完全位于某一沿海国专属经济区内的深海鱼类，以 UNCLOS 为核心

---

[1] United Nations General Assembly, Sustainable fifisheries, including through the 1995 Agreement for the Implementation of the Provisions of the United Nations Convention on the Law of the Sea of 10 December 1982 relating to the Conservation and Management of Straddling Fish Stocks and Highly Migratory Fish Stocks, and related instruments, A/RES/59/25.

[2] See United Nations General Assembly, Sustainable fifisheries, including through the 1995 Agreement for the Implementation of the Provisions of the United Nations Convention on the Law of the Sea of 10 December 1982 relating to the Conservation and Management of Straddling Fish Stocks and Highly Migratory Fish Stocks, and related instruments, A/RES/61/105, A/RES/64/72, A/RES/66/68, A/RES/71/123.

[3] FAO, International Guidelines for the Management of Deep-Sea Fisheries in the High Seas, Rome, 2008, paras. 4-6.

[4] See Gabriela A. Oanta, "International organizations and deep-sea fifisheries: Current status and future prospects", *Marine Policy*, Vol. 87, 2018, pp. 51-59.

的成文国际法为其养护、管理和利用确立了基本的法律框架,但是,对如何最有效实施这些规定却没有给出具体的指引。UNCLOS 第 61 条和第 62 条规定,沿海国有养护和管理的专属管辖权和义务;沿海国应确保专属经济区内生物资源的维持不受过度开发的危害,应采取养护措施使捕捞鱼种的数量维持在或恢复到能够产出最高持续产量(maximum sustainable yield, MSY)的水平。UNCLOS 第十二部分(海洋环境保护和保全)第 194(5)条规定,国家应采取"包括为保护和保全稀有或脆弱的生态系统,以及衰竭、受威胁或有灭绝危险的物种和其他形式的海洋生物的生存环境,而有必要的措施"。《生物多样性公约》第 8 条(a)项规定,缔约国应尽可能并酌情"建立保护区系统或需要采取特殊措施以保护生物多样性地区"。根据 UNCLOS 第 56 条第 2 款的规定,沿海国在采取上述"必要措施"(necessary measures)时,应适当顾及他国在该专属经济区内的权利。例如,建立海洋保护区(marine protected areas, MPAs)时,应尊重他国在沿海国专属经济区内依据国际法享有的航行自由权和其他权利。然而,如何行使上述权利,履行上述义务,UNCLOS、其他国际渔业法律文件和非法律文件,都未能给出更详细的规定和指引,这使得上述规定很难落到实处。

针对跨越两国或多国专属经济区的深海鱼类的养护、管理和利用的"共享",UNCLOS 仅在第 63 条第 1 款予以规定。根据该条规定,这些沿海国"应直接或通过适当的分区域或区域组织,设法就必要措施达成协议,以便在不妨害本部分其他规定的情形下,协调并确保这些种群的养护和发展"。这里的"必要措施",显然包括为养护跨界渔业种群而建立的海洋保护区。然而,到目前为止,为养护跨界深海鱼类种群,沿海国之间直接以双边协定或通过区域协定采取措施的很少。

按照 UNCLOS 第 77 条第 4 款的规定,"定居种"是指"在可捕捞阶段海床上或海床下不能移动或其躯体须与海床或底土保持接触才能移动的生物",沿海国有开采定居种的主权权利。但是,如何开采?以 UNCLOS 为核心的国际渔业法律规范没有明确规定。众所周知,海底拖网捕鱼(trawling)对海底生境有很大的负面影响。这种情况下,海底拖网捕捞定居种是否合法?现行国际渔业法尚未给出明确答案。

针对出现在专属经济区内又出现在相邻公海区域的跨界鱼类种群和高度洄游鱼类,UNCLOS 第 63 条第 2 款和第 64 条规定,沿海国和在邻接区域内捕捞这种种群的国家,应直接或通过适当的分区域或区域组织,设法就必要措施达成协议,以养护在邻接区域内的这些种群。除此之外,FSA 作出了更详细的规定。该协定第 8 条第 3 款和第 5 款规定,捕捞跨界鱼类种群的国家和沿海国,有义务成为 RFMOs 或其安排的成员;如果不存在 RFMOs 或安排,这些国家应合作成立此类组织或安排。该协定第 8 条第 4 款规定,只有该组织的成员或在某种安排下而参与的国家,或同意适用这一组织或安排所制定的养护与管理措施的国家,才有权捕捞符合这些措施规定的渔业资源。为确保有效养护和管理此类鱼类种群,该协定第 6 条规定了预防性方法(precautionary approach)及其适用的细则。而且,为了确保养护和管理措施得到遵守,该协定第 21 条还授予区域渔业组织或安排的成员方,在该区域渔业或安排所包括的任何公海区,组织登临和检查悬挂本协定另一缔约国旗帜的渔船,不论该另一缔约国是否为组织或安排的成员或参与方。

FSA 上述富有针对性的规定和制度设计,的确为养护和管理跨界鱼类种群和高度洄游鱼类种群提供了较好的指引。然而,在具体实施过程中,由于该协定被接受的普遍程度不够,导致其养护和管理跨界鱼类种群和高度洄游鱼类种群的成效大打折扣。截至 2019 年 4 月 8 日,UNCLOS 的 168 个缔约国中仅有 90 个国家成为该协定的缔约方。[1] FSA 的非缔约方包括三类国家及地区:第一类是接受该协定的宗旨但不接受某些与其主要利益相悖的条款的国家及地区;第二类是不想加入该协定,只想最大可能维持捕鱼自由,实现短期利益最大化的国家及地区;第三类国家及地区与养护和管理跨界鱼类种群和高度洄游鱼类种群没有利益交集,根本不关心该协定的相关情况。这三类国家一方面不用受 FSA 的约束,另一方面却可以通过"搭便车"的方式享受其他国家遵守协定所带来的好处。以公海渔业的登临和检查措施为例,该协定的非缔约国可以不受缔约国或区域渔业组织成员方配合接受登检的义务约束。RFMOs 关于该组织成员方或同意该组织所订立的养护和管理措施的国家

---

[1] Division for Ocean Affairs and the Law of the Sea of the United Nations, "Chronological lists of ratifications of, accessions and successions to the Convention and the related Agreements", available at https://www.un.org/Depts/los/reference_files/chronological_lists_of_ratifications.htm#Agreement%20for%20the%20implementation%20of%20the%20provisions%20of%20the%20Convention%20of%2010%20December%201982%20relating%20to%20the%20conservation%20and%20management%20of%20straddling%20fish%20stocks%20and%20highly%20migratory%20fish%20stocks, visited on 13 November 2019.

才能捕捞相关渔业资源的规定,同样也无法约束这些非缔约国。当前,FSA面临的最大问题是如何将第一类和第二类非缔约国纳入协定。

针对分散式公海鱼类种群(discrete high seas fish stocks, DHSFS),[1] UNCLOS第116条至第119条作出了原则性的规定,但无法有效保障养护和管理措施的实施。根据本公约第116条的规定,所有国家都有捕鱼自由,包括捕捞深海鱼类的自由,但受到第117条至第119条和其所缔结的条约义务的限制。第117条要求所有国家为其国民养护公海资源采取措施。第118条规定了所有国家合作养护和管理渔业资源,包括建立RFMOs的义务。第119条则规定了采取养护措施时应遵循的某些标准。此外,作为海洋环境保护的一部分,所有国家应采取"包括为保护和保全稀有或脆弱的生态系统,以及衰竭、受威胁或有灭绝危险的物种和其他形式的海洋生物的生存环境,而很有必要的措施"(第194条第5款)。而且,在行使公海捕鱼自由时,捕鱼国有义务妥为顾及其他国家的利益(第87条第2款)。目前,西北大西洋渔业组织、东北大西洋渔业组织、南极海洋生物资源养护委员会和东南大西洋渔业组织,有资格采取养护和管理公海鱼类种群包括深海渔业种群的措施。[2] 然而,如何协调UNCLOS与RFMOs及其协定之间的关系,缺少相关协定。同时,所有的国家养护和管理公海鱼类种群及设立渔业管理组织,都是基于一般合作的义务要求。这样的规定,无法迫使那些不愿意采取养护和管理措施的捕捞国加入特定的协作养护和管理行动中,也无法令RFMOs的现行养护措施作用于这些国家。简言之,当前国家间合作养护和管理公海深海鱼类种群的法律基础,不够充分。

综上所述,国际法治视野下深海渔业资源养护和可持续利用面临的挑战可总结如下:除深海跨界鱼类种群和高度洄游鱼类种群外,现行国际渔业法律制度对其他深海渔业资源的养护、管理和利用的规定,大多是原则性的,而对如何进一步实施这些原则性规定,缺乏细则;主要用于调整和规制深海

---

[1] 分散式公海鱼类种群,大部分属于深海鱼类,只有少部分属于上层鱼类。See Report Submitted in Accordance with Paragraph 17 of General Assembly Resolution 59/25 of 17 November 2004, to Assist the Review Conference to Implement Its Mandate Under Paragraph 2, Article 36 of the United Nations Fish Stocks Agreement (FSA Review Conference Preparatory Report), A/CONF. 210/2006/1, 4 January 2006, at para. 104.

[2] See Moritaka Hayashi, "Global Governance of Deep Sea Fisheries", *The International Journal of Marine and Coastal Law*, Vol. 19, No. 3, 2004, pp. 289-299.

跨界鱼类种群和高度洄游鱼类种群的 FSA，其适用的普遍性明显不够；只有少数 RFMOs 被授权采取养护和管理公海深海渔业资源的措施，RFMOs 非成员方的"非法、不报告、未管制捕鱼行为"（IUU 捕捞）严重妨碍 RFMOs 发挥作用。

（四）一般性对策和建议

1. 尽可能将现有的国际法律制度转变为实际行动

针对当前深海渔业资源养护和利用的现状，有观点认为，应尽快创设一个全面性的、全球性的、有拘束力的、被普遍接受的国际法律文件。[1]这种观点过于理想化，在可预见的时期内几乎不可能实现。FSA 就是很好的反例。实际上，深海渔业资源养护和利用碰到的很多问题，如海底拖网捕捞、过度捕捞、分配、IUU 捕捞及不遵守相关协定等，FSA、《行为守则》和《防止、阻止和消除非法、不报告和不受管制捕捞的国际行动计划》等已经给出了处理工具，如生态系统养护、预防性方法等。当前，最重要的是将这些"硬法"和"软法"尽快予以实施。

2. 通过一定的方式，使 FSA 的基本原则和养护措施扩展适用于所有深海鱼类种群

有观点认为，应为纯粹活动在某国专属经济区的深海鱼类、共享深海鱼类、定居种和公海分散式深海鱼类，分别创设不同的国际法律细则。其实完全没有必要，因为这样的协议不仅难于谈判，有冲淡 FSA 相关规定的风险，而且有可能转移和淹没当前的矛盾焦点。另外，鉴于世界捕鱼业的高科技能力和现代捕鱼船队的高机动性，一旦相关协定达成太晚，将很可能无法阻止对深海渔业造成大规模不可逆转的损害。[2]对所有深海鱼类种群的调整，必须以 UNCLOS 为核心，而 FSA 是以 UNCLOS 为基础制定的，这是国际社会的共识。而且，FSA 第 3 条明确规定，关于一般原则、预防性方法、养护和管理措施互不抵触的第 5~7 条可适用于国家管辖区域内跨界和高度洄游鱼类种

---

[1] See Moritaka Hayashi, "Global Governance of Deep Sea Fisheries", *The International Journal of Marine and Coastal Law*, Vol. 19, No. 3, 2004, pp. 289-299.

[2] See Michael W. Lodge, "Improving International Governance in the Deep Sea", *The International Journal of Marine and Coastal Law*, Vol. 19, No. 3, 2004, pp. 299-316.

群的养护和管理。这样的规定，也存在于 2008 年《公海深海渔业管理国际指南》中。尽管该准则的"造法性"有待商榷，[1]但它的适用对象的确包括公海分散式深海鱼类种群。这充分说明，国际社会对将 FSA 的基本原则和方法扩展适用于公海分散式深海鱼类种群，持积极态度。尽管 FSA 第 1 条（c）项明确规定，该协定所界定的"鱼类"不包括大陆架上的定居种，但是，并不必然意味着 FSA 的基本原则和方法不能适用于定居种。预防性方法对于养护海底脆弱生态系统具有近乎习惯国际法的地位，有关定居种的养护和利用，同样适用预防性方法。在不涉及具体规则内容谈判的情况下，仅仅为就某些规则的适用达成一致，可以考虑通过联合国大会决议凝聚国家间的共识。

3. 通过制订国际渔业行动计划等"软法"，补充"硬法"的不足

纯粹活动在某国专属经济区的深海鱼类、共享深海鱼类、定居种和公海分散式深海鱼类的养护和可持续利用，在扩展适用 FSA 的基本原则的同时，可通过制订国际渔业行动计划等"软法"提供更具体的行动指引。"软法"更易通过，符合现实的急迫需要。

4. 确保 RFMOs 能对深海渔业资源的养护和利用进行有效管理[2]

这包括两个方面：一是使现有 RFMOs 的职能扩展到公海深海渔业资源；二是创建新的 RFMOs。如前所述，除了少数 RFMOs 外，大部分没有职权对公海深海渔业资源进行管理。当前 RFMOs 并没有覆盖全球所有国家管辖外海域，在不少海域仍需创建 RFMOs。

5. 多措并举处理 IUU 捕鱼和"搭便车"问题

充分利用现有工具和手段，包括全球和区域性公海船舶登记、船舶监测系统、港口国措施、贸易措施等。国家应对其国民的活动负全责，不管相关渔船悬挂的是哪国国旗。在有关国家是 RFMOs 的成员时，该组织不允许其国民削弱养护和管理措施。如果 RFMOs 承诺采取措施消除 IUU 捕捞，但同时，为

---

［1］ See LeneKorseberg, "The Law-Making Effects of the FAO Deep Sea Fisheries Guidelines", *International and Comparative Law Quarterly*, Vol. 67, 2018, pp. 801-832.

［2］ See Michael W. Lodge, "Improving International Governance in the Deep Sea", *The International Journal of Marine and Coastal Law*, Vol. 19, No. 3, 2004, pp. 299-316.

了绕开这些措施,又鼓励渔船重新悬挂 RFMOs 非成员国的国旗。[1]这是不被允许的。

(五) 中国方案

中国是世界上重要的远洋渔业国家,拥有全球最大的远洋渔业船队。不过,目前中国远洋捕捞的主要是公海和第三国专属经济区内上覆水域的中上层跨界和高度洄游鱼类,如鱿鱼、金枪鱼、竹荚鱼、秋刀鱼等,很少涉及深海鱼类。[2]中国的深海捕鱼业尚未真正发展起来。

不过,多年来中国始终积极参加在联合国大会和 COFI 框架下关于深海渔业资源养护和可持续利用的工作,先后加入了 10 个 RFMOs,[3]其中,有资格管理公海深海渔业资源的有 4 个,分别为 NPFC、SPRFMO、SIOFA、CCAMLR。[4]同时,中国通过实行远洋渔业许可制度、建立远洋渔业数据收集和报送体系、推行并完善渔捞日志制度、推行并完善国家观察员制度、主动实施公海自主休渔等,全面履行船旗国义务,使履约能力得到显著提升;通过推动开展公海登临检查、逐步建立远洋渔船港口检查制度、实施远洋水产品进出口监管、严厉打击非法捕鱼活动等,严格实施远洋渔业监管,使公海执法能力得到明显加强。[5]此外,中国还积极开展南海深海渔业养殖装备研制和应用。[6]

考虑到当前国际社会深海渔业资源养护和可持续利用的现状及发展趋势,

---

[1] See Michael W. Lodge, "Improving International Governance in the Deep Sea", *The International Journal of Marine and Coastal Law*, Vol. 19, No. 3, 2004, pp. 299-316.

[2] 参见唐议、盛燕燕、陈园园:"公海深海底层渔业国际管理进展",载《水产学报》2014年第5期。

[3] 中华人民共和国农业农村部渔业渔政局:"我国渔业走出去成效显著",载中华人民共和国农业农村部官网,http://www.yyj.moa.gov.cn/gzdt/202101/t20210104_6359370.htm,最后访问日期:2021年10月31日。

[4] 中华人民共和国农业农村部:"中国远洋渔业履约白皮书(2020)",载中华人民共和国农业农村部官网,http://www.moa.gov.cn/nybgb/2020/202012/202102/t20210201_6360831.htm,最后访问日期:2021年10月31日。

[5] 中华人民共和国农业农村部:"中国远洋渔业履约白皮书(2020)",载中华人民共和国农业农村部官网,http://www.moa.gov.cn/nybgb/2020/202012/202102/t20210201_6360831.htm,最后访问日期:2021年10月31日。

[6] 中华人民共和国农业农村部渔业渔政管理局:"关于政协十三届全国委员会第一次会议第3323号(农业水利类293号)提案的答复摘要",载中华人民共和国农业农村部官网,http://www.moa.gov.cn/govpublic/YYJ/201810/t20181023_6161339.htm,最后访问日期:2021年10月31日。

现阶段中国不宜规模性捕捞深海渔业资源。相反，应在联合国大会、COFI 和各相关 RFMOs 框架内，积极推动深海渔业资源养护和可持续利用，特别是对深海海底脆弱生态系统的保护，努力提升中国在该领域的国际话语权；加紧对深海渔业资源养护利用的跟踪研究，积累大量原始数据，掌握该领域发展趋势；大力提升远洋渔船的技术和装备水平，特别是改造、升级或更换捕鱼工具，避免使用底层拖网。以此为中国真正加入深海捕鱼俱乐部做好充分准备。

准备完成后，中国如确需开发深海渔场，首先要确认所属 RFMOs 的管理措施，判断有无发展的可能；在可能发展的区域，也应提前评估对脆弱海洋生态系统的影响，并遵循预防措施、渔获量监测、数据收集、观察员等方面管理要求。同时，在技术研发上，继续高度注重渔具、作业方式以及作业区域的选择，支持国际社会对渔具和作业方式的合理限制，着力发展和使用选择性渔具和对生态环境无害的作业方式，防止对脆弱海洋生态系统产生损害，为中国公海渔业的长远发展提供可持续的技术支撑。[1]

三、深海遗传资源的养护和可持续利用

20 世纪 50 年代起，科学家开始将海洋遗传资源（marine genetic resources，MGRs）应用于生物化学、生物学、生态学、有机化学和药理学的尝试，并取得了长足的发展。随着对深海探索的推进，人类在"国家管辖范围以外区域"（area beyond national jurisdiction，ABNJ），即公海和"区域"，特别是深海的热液喷口、海底山以及其他的生态系统中分布着数量庞大、种类多样的生物群落，其中蕴含丰富的海洋遗传资源。由于所处的深海环境十分特殊，这种遗传资源在医药领域显示出巨大的潜力，对未来科学研究和发展具有重大价值，被称为"深海遗传资源"（the genetic resources of the deep sea）。

开发利用深海遗传资源需要雄厚的财力和尖端的科学技术支撑，只有很少的发达国家才能真正参与进来，广大发展中国家缺乏足够的技术和资金，难以共享海洋遗传资源所带来的价值。同时，深海遗传资源富集区的生态环境脆弱，一旦造成破坏往往不可逆，开发利用深海遗传资源能带来巨额收益

---

[1] 参见唐议、盛燕燕、陈园园："公海深海底层渔业国际管理进展"，载《水产学报》2014 年第 5 期。

也能造成巨大的环境破坏。因此，深海遗传资源的开发利用，始终伴随着两对矛盾，即发达国家与不发达国家之间的矛盾、深海遗传资源开发利用与深海生态环境保护之间的矛盾。如何调和这两对矛盾，一直是深海遗传资源国际治理的难点和焦点。

（一）国际立法进程

以 UNCLOS、《生物多样性公约》《与贸易有关的知识产权协定》为核心的现行国际公约、习惯国际法和"软法"，对深海遗传资源的内涵和法律地位以及养护、管理和利用机制等关键问题缺乏明确规定。为此，国际社会作了长期的立法努力。

酝酿阶段，20 世纪 90 年代初期至 2004 年。国际社会对深海遗传资源的保护与可持续利用问题的关注可以追溯到 20 世纪 90 年代。1992 年在里约热内卢召开的环境与发展大会号召大家要行动起来保护和可持续利用国际管辖范围外海域的生物资源。1995 年联合国大会秘书长的报告中阐述了深海遗传资源的价值，指出有必要专门对它的法律地位以及与之有关的科学研究的问题进行研究。

谈判前准备阶段，2004 年至 2015 年。2004 年联合国大会专门成立保护和可持续利用国家管辖范围以外区域的生物多样性临时工作组（BBNJ 工作组），致力于研究保护和可持续利用国家管辖范围以外区域的生物多样性问题。2013 年 5 月，BBNJ 工作组专门研究与深海遗传资源相关的一系列问题。2015 年 1 月，工作组向第 69 届联合国大会提议制定保护和可持续利用 BBNJ 的具有法律拘束力的实施协议。联合国大会第 69 次大会根据 BBNJ 工作组的提议通过了 A/69/L.65 号决议，在充分尊重现有的海洋制度的基础上，要求国家之间正式就保护国家管辖范围以外区域生物多样性的条约（BBNJ 国际协定）开启谈判。

正式谈判阶段，2016 年至今。2016 年成立谈判预委会。2017 年谈判预委会向联合国大会提交了《海洋生物多样性养护和可持续利用的具有法律约束力的国际文书建议草案》，同时建议在联合国的主持下尽快决定召开政府间会议，充分考虑预备委员会提出的具有法律约束力的国际文书草案的各项要素，并依其案文展开详细的讨论。2018 年 9 月 4 日，BBNJ 协定的国际文书谈判政府间大会在美国纽约联合国总部举行，这是 BBNJ 协定磋商进程中举行的首次政府间会议。2019 年 8 月 19 日,BBNJ 协定政府间谈判第 3 届会议进一步审议和修改了 BBNJ 协定文本草案。联合国计划到 2020 年上半年的 BBNJ 协定政府间谈判第 4 届会议期间形成最终协定文本,结束谈判。

(二) 面临的主要法律问题

BBNJ 谈判过程中,关于深海遗传资源的分歧和争论主要集中在两个问题上:深海遗传资源的法律地位问题及其惠益分享问题。七十七国集团、非洲集团、小岛屿国家联盟、太平洋岛国、加勒比共同体和内陆发展中国家等形成"惠益共享派",坚持 BBNJ 管辖海域海洋遗传资源应适用"人类共同继承遗产"原则,进而要求在获取、研究和开发的不同阶段分享惠益,并要求无偿获取包括衍生物在内的样本、数据和遗传序列信息。小岛屿发展中国家和拉美国家强调应对获取海洋遗传资源的活动建立全面监管和可追踪的管理制度。此外,"惠益分享派"主张建立国际信托基金,并将惠益分享与能力建设和海洋技术转让挂钩。以欧盟、澳大利亚、新西兰等国及众多非政府国际组织为代表的"协调务实派",建议谈判不应纠结于原则之争,应重点讨论具体制度安排。日本、俄罗斯等"海洋开发派"强调惠益分享仅限于非货币化,坚持信托基金应是自愿性质,并强调新协定不能阻碍海洋科学研究和技术创新。[1]

(三) BBNJ 协定文本草案述评

本部分意在简要梳理 BBNJ 协定文本草案 (A/CONF.232/2019/6) 关于深海遗传资源的主要内容,分析其处理尖锐分歧的手法,评价其效果,指出其不足,并提出相关建议。

BBNJ 协定文本草案,包括序言、正文和 1 个附件。其中,正文包括 12 部分,70 个条文。正文的 12 部分分别为第一部分 (一般规定)、第二部分 (海洋遗传资源,包括惠益分享问题)、第三部分 (包括海洋保护区在内的划区管理工具等措施)、第四部分 (环境影响评估)、第五部分 (能力建设和海洋技术转让)、第六部分 (体制安排)、第七部分 (财政资源和财务机制)、第八部分 (执行和遵守)、第九部分 (争端的解决)、第十部分 (本协定之非

---

[1] 参见胡学东、高岩、戴瑛:"BBNJ 国际谈判的基础问题与解决途径",载大洋协会官网,http://www.comra.org/2017-12/13/content_40104103.htm,最后访问日期:2019 年 11 月 14 日。

缔约方)、第十一部分(诚意和滥用权利)、第十二部分(最后条款)。

BBNJ协定文本草案第二部分(海洋遗传资源,包括惠益分享问题),主要包括7个条文,分别是第7条(目标)、第8条(本部分规定的适用)、第9条(国家管辖范围以外区域海洋遗传资源方面的活动)、第10条(获取国家管辖范围以外区域海洋遗传资源)、第11条(公正和公平分享惠益)、第12条(知识产权)、第13条(监测)。此外,草案第1条的不少条款对海洋遗传资源的获取、海洋遗传材料、海洋遗传资源、海洋遗传资源的利用等概念进行了界定。

草案在处理深海遗传资源法律地位问题及其惠益分享问题时,有以下特点:第一,不正面回应,模糊处理。协定文本始终避免对深海遗传资源的权利属性作出明确界定,并避免出现"人类共同继承遗产"或"公海捕鱼自由"等字样。草案第9(3)条规定,"任何国家不应对国家管辖范围以外区域海洋遗传资源主张或行使主权或主权权利,任何国家或自然人或法人也不应将上述资源的任何部分据为己有。任何此类主权和主权权利的主张或行使,或此类据为己有的行为,均应不予承认"。该表述可同时看作"人类共同继承遗产"和"公海捕鱼自由"的体现。这样做,可以缓解两大国家集团之间因立场对立而造成的紧张氛围,甚至一定程度避开了对深海资源法律地位问题的讨论,有利于推动谈判进程。

第二,区分对待。例如,明确用于科学研究的鱼类与用作商品的鱼类区别开来,且将本部分规定限定适用于前者。草案第8(2)条、第8(3)条规定,本部分规定应适用于"将鱼类样本和其他生物资源用于其遗传特性研究,海洋遗传资源,包括鱼类,只要是为研究其遗传特性而收集",不适用于"将鱼类和其他生物资源用作商品"。这样做,可以较顺利地与深海渔业资源养护和利用的国际法律制度对接起来。虽然现行国际法律制度鼓励对深海渔业资源采取必要的养护和管理措施,但总体上遵循的仍是受限制的捕鱼自由原则。依据该原则,深海鱼类的捕捞国或捕捞者,对其渔获物享有所有权。如果以基因资源为由令其分享渔获收益,显然不合理。当然,将极少一部分鱼类特殊处理,用于基因资源研究,整体上不会太影响捕捞国或捕捞者的收益。不过,具有重要经济价值的鱼类,哪怕数量不多,也不宜免费获取。关于这一点,草案未予规定。

需要指出的是,当前草案虽未使用"人类共同继承遗产"和"公海捕鱼自由"等字眼,但它透露出的倾向似乎已经较为明显,即主要依据人类共同继承财产原则。关于深海遗传资源的利用,草案强调"应造福于全人类,同时考虑到发展中国家,特别是最不发达国家、内陆发展中国家、地理不利国家、小岛屿发展中国家、非洲沿海国家和中等收入发展中国家的利益和需要"[第9(4)条]。关于惠益的分享,草案第11(1)条规定:"已获取,利用国家管辖范围以外区域海洋遗传资源的缔约国,包括其国民,应根据本部分的规定以及缔约方会议将确定的方式,公正和公平地与其他缔约国分享由此产生的惠益,同时考虑到发展中缔约国,特别是最不发达国家、内陆发展中国家、地理不利国家、小岛屿发展中国家、非洲沿海国家和中等收入发展中国家的特殊需求。"关于资源的获取,草案第10(1)条目前有两个方案,一个方案要求"向秘书处发出事先通知",另一个方案要求获得"许可证或执照"。无论哪种方案,草案都倾向于坚持资源的获取不由缔约国自主决定,而至少应向秘书处这样的第三方机构报备或得到其许可。这有些类似国际海底管理局的运作模式。

当然,草案也存在不足。首先,没有对"来自海洋植物、动物(非鱼类)、微生物或其他来源的任何含有遗传功能单位的材料"的获取,作出明确规定。国际法没有明确深海基因资源的法律地位,也没有明确上述基因资源携带体的法律地位。如何获取,获取过程中是否遵循鱼类的区分标准,均不清楚。资源的获取与后续的研究、惠益分享,有一定的关联。而且作为基因资源利用的第一个步骤,如果获取过程花费巨大,却要求在研究和惠益分享阶段完全秉持"人类共同继承遗产"的原则,显然十分不公平,不利于基因资源利用的推进。建议加强对上述资源获取途径及成本效益的实证研究。其次,草案对惠益分享作了较详细规定,却没有清晰界定"惠益"和"分享的惠益"的内涵和外延。再次,对遗传资源是否允许商业利用,允许什么样的商业利用,草案没有明确规定。最后,草案提到资源获取时,规定请求国或请求者应向秘书处作出说明,或取得许可证和执照,但没有明确秘书处的隶属关系,也没有明确许可证和执照的发放方身份。

四、深海矿物资源的开发与环境保护

严格地讲,深海矿物资源开发,是指对200米水深以下海床和底土上的矿物资源,包括200海里以内部分大陆架上的油气资源、200海里以外大陆架

227

上的油气资源和矿物资源、"区域"多金属结核、多金属硫化物和富钴结壳等资源的勘探和开采。本部分主要研究对"区域"矿物资源的开采。

(一) 国际法律和制度框架

"区域"矿物资源的开采已建立起较完备的国际法律制度。法律规范层面，主要包括UNCLOS第十一部分的规定、《关于执行1982年12月10日〈联合国海洋法公约〉第十一部分的协定》(以下简称《执行协定》)、2000年《"区域"内多金属结核探矿和勘探规章》(以下简称《结核规章》，2013年通过了修正案)、2010年《"区域"内多金属硫化物探矿和勘探规章》和2012年《"区域"内富钴铁锰结壳探矿和勘探规章》。其中，UNCLOS第十一部分的规定和《执行协定》是"区域"法律框架的主干和核心，二者规定了"区域"的法律地位、平行开发制度（管理局企业部和其他国家及私人公司同时开发）、缔约国的费用和体制安排、企业部、大会、审查会议、技术转让、生产政策、经济援助、合同的财政条款和财政委员会等内容。作为法律规范的补充，国际海底管理局（海管局）制定了两个指导承包者评估"区域"内资源勘探活动可能对环境造成影响的建议，以规范探矿者和承包者在"区域"内的活动，保护和保全海洋环境。

机制层面，海管局于1994年成立，截至2017年7月25日，共有168个成员。[1]海管局由管理局大会、理事会、秘书处组成。其中，管理局大会由海管局所有成员组成，是海管局的最高权力机构；理事会由5组共36个成员国组成，为管理局的执行机关，理事会下设法律技术委员会和财务委员会；秘书处是海管局的日常办事机构，主要负责执行大会和理事会制定的日常事务。其中，法律技术委员会共有30名委员，委员根据政府提名产生，以个人身份任职，任期5年，主要负责制定国际海底区域资源探矿和勘探规章草案，协助承包者履行管理局的规则、规章和程序，审查承包者提交的关于勘探矿区的年度报告，审查承包者的海底活动工作计划，编写环境评估报告和制定环境监测方案等；财务委员会由政府提名并经大会选举产生的专家组成，任期5年，主要负责审查秘书长的两年期概算，并就此以及其他财务事项向大

---

[1] See International Seabed Authority, "Member States", https://www.isa.org.jm/member-states, visited on 14 November 2019.

会提出建议。[1]

(二) 开采规章的立法进程

截至 2019 年 11 月,海管局共审议通过了 30 份"区域"内矿物资源勘探工作计划,先后与 22 个承包者签订了 30 份生效勘探合同,其中包括 18 个多金属结核勘探合同、7 个多金属硫化物勘探合同以及 5 个富钴结壳勘探合同。[2] 根据《结核规章》第 26(1)条的规定,勘探合同的期限为 15 年,合同到期之后,要么申请延期,要么转入开发阶段。海管局与承包商首批签订的 7 个多金属结核勘探合同在 2016 年 3 月至 2017 年 3 月到期。在此背景下,斐济代表团在 2011 年管理局第 17 届会议上提出,鉴于深海采矿即将开始,理事会应当立即着手进行海底采矿法规的制定工作。

2012 年海管局在第 18 届会议上提出了《关于拟订"区域"内多金属结核开发规章的工作计划》,并"将此类规章制定工作作为管理局工作方案的优先事项"。2015 年 2 月,法律技术委员会推出了《构建"区域"内矿产开发的规章框架》以征求海管局成员国和相关利益攸关方的意见。2016 年 7 月,海管局公布了《"区域"内矿产资源开发和标准合同条款规章工作草案》(以下简称《2016 年开采规章草案》)。2017 年和 2018 年,海管局又先后制定了两个开发规章草案,分别为《2017 年开采规章草案》和《2018 年开采规章草案》。

首先,从宏观层面来看,三份开发规章草案的内容不断丰富。《2016 年开采规章草案》正文有 59 条,另外还有 9 个附件;《2017 年开采规章草案》正文有 94 条,另外还有 10 个附件和 3 个附录;《2018 年开采规章草案》的正文有 105 条,另外还有 10 个附件、4 个附录和 1 个环境影响报告模板。特别是《2018 年开采规章草案》新增了一些具体规定。其次,三份开发规章草案的整体结构趋向合理。例如,《2016 年开采规章草案》的正文有 11 个部分,《2017 年开采规章草案》的正文有 14 个部分,《2018 年开采规章草案》的正文有 13 个部分。通过对比发现,2017 年和 2018 年草案的结构变得更加细致。最后,三份开发规章草案关于一些重要内容的结构安排趋于合理。但是,由于各国在制定开发规章的过程中仍然存在不少争议点,所以迄今为止开发规

---

[1] 参见张涛、蒋成竹:"深海矿产资源潜力与全球治理探析",载《中国矿业》2017 年第 11 期。
[2] See International Seabed Authority, "Maps", https://www.isa.org.jm/maps, visited on 14 November 2019.

章仍然没有获得正式通过。[1]

2019年海管局第25届会议第二期会议上继续讨论了《2019年开采规章草案》。[2] 此前法律技术委员会、秘书处和不少成员国均主张不迟于2020年完成开发规章制定。鉴于开发规章涉及采矿、财务、环保、法律等诸多问题以及谈判进展相对缓慢，本届会议多数国家转而强调开发规章制定"质量胜过速度"，不必非于2020年出台。此次会议围绕开发规章制定，主要就缴费机制、区域环境管理计划（REMP）、企业部等问题进行了讨论。[3]

（三）《2019年开采规章草案》的不同之处

相较于《2018年开采规章草案》，《2019年开采规章草案》条款数增加了2个，总条款数达到107个。同时，内容上也有一些变化。

原第一部分（引言）第2条的标题"基本原则"，改成了"基本政策和原则"。（b）项增加了7项内容，分别为："区域"内资源的开发；根据需要，结合取自其他来源的矿物，增加取自"区域"的矿物的可得性，以确保向消费者供应这些矿物；促进取自"区域"和其他来源的矿物的公正和稳定价格，从而让生产者获利且对消费者公平，并促进长期供需均衡；增加所有缔约国（不论其社会和经济制度或地理位置如何）参与"区域"资源开发的机会，并防止"区域"内活动的垄断；为了整个人类的利益而开发这一共同遗产；从"区域"资源中生产的矿物及从这些矿物中生产的商品进口的市场准入条件不应优于对其他来源进口品适用的最惠条件。（d）项增加了"安全"二字。（e）项增加了一项内容：通过市场手段、机制和其他相关措施适用"谁污染谁付费"原则；新增了（f）项，即规定防止、减少和控制对包括海岸线在内的海洋环境的污染及其他危害。

原第一部分（引言）第4条"沿海国的权利"，改成了"与沿海国有关的保护措施"。原第2款调整为第3款，增加了"海岸线""告知法律技术委

---

[1] 参加王勇："国际海底区域开发规章草案的发展演变与中国的因应"，载《当代法学》2019年第4期。

[2] 参见国际海底管理局法律技术委员会："'区域'内矿物资源开发规章草案（2019）"（ISBA/25/C/WP.1），https://ran-s3.s3.amazonaws.com/isa.org.jm/s3fs-public/files/documents/isba_25_c_wp1-c.pdf，最后访问日期：2019年11月14日。

[3] 参见中国国际法前沿："国际海底管理局第25届会议第二期会议综述"，载www.deepseapioneer.com/cn/NEWS/2019080279.html，最后访问日期：2019年11月14日。

员会、承包者及其担保国"字样。原第3款调整为第4款，内容从"如果有明确理由认为有可能发生对海洋环境的严重危害，秘书长应按照第101条的规定发出遵行通知"改为"如果委员会考虑到相关准则而认定有明确理由认为有可能发生对海洋环境的严重损害，则应依UNCLOS第165条第2款（k）项向理事会建议发布紧急命令"。原第4款调整成第2款。新增了第5款，即"如果委员会确定由于承包者违反其开发合同的条款和条件而可能发生或已发生对海洋环境的严重损害或此种威胁，秘书长应根据第103条发布遵行通知，或根据UNCLOS第165条第2款（m）项及本规章第十一部分直接指令检查承包者的活动"。

原第二部分（请求核准采取合同形式的工作计划申请书）第3节（委员会审议申请书）第12条（一般规定）第2款，即"如果有多份对同一区域和同一资源类别的申请，委员会应根据UNCLOS附件三第10条的规定确定申请者是否享有优惠和优先"，已删去。原第13条（评估申请者）第4款增加了（e）项，即"在环境计划下，规定依海管局通过的规则、规章和程序，特别是第2条下所述基本政策和程序，对海洋环境予以有效保护"。同时，原第14条（委员会审议环境计划），即"委员会根据第12条审查申请书和根据第13条评估申请者时，作为其工作内容的组成部分，委员会应根据海管局成员和利益攸关方的评论意见、申请者的答复以及秘书长提供的补充资料或评论意见，审查环境计划；委员会应确定环境计划是否按照UNCLOS第145条规定了有效保护海洋环境，包括采取预防性办法和良好行业做法；委员会关于环境计划的报告以及委员会建议对计划作出的任何修正或修改，均须在海管局的网站上公布，并应列为按照第16条向理事会提交的报告和建议的一部分"，已删去。

原第三部分（承包者的权利和义务）第1节（开发合同）第24条的标题"权利和义务的转让"修改为"开发合同下的权利与义务"，删去了原第10款，即"受让人开发合同的条款和条件应为本规章所附于秘书长或经正式授权的代表订立转让及更替协议之日有效的标准开发合同列出的条款和条件"。第9节第44条的标题"免责条款"修改为"关于广告、招股说明书或其他通知的限制"，内容由"承包者不得以任何方式（无论是明示还是暗示）声称或表示，海管局或其任何官员就合同区内的矿物资源拥有或表达过任何意见，亦不得允许任何控制承包者或分包者、由承包者或分包者控制或由承包者或分包者与他方共同控制的任何个人、商号或公司或国有实体这样做。由承包者、任何附属公司或任何分包者发布的、直接或间接提及开发合同的任何招股说明书、通知、通函、广告、新闻稿或类似文件不得列入或认可任何此类声明",压缩为"在承包者任何招股说明书、通知、通函、广告、新闻稿或类似文件中,或在其知悉的情况下,或以任何方式或通过任何其他媒体,均不得作出声明,声称或表示(无论明示或暗示)海管局就合同区内开发的商业可行性持有或者形成或表达了意见"。修改后的条款所涉主体,主要限于承包者。

原第四部分(保护和保全海洋环境)第 1 节(与海洋环境有关的义务)第 46 条之一(一般义务),增加了一项内容,即"制定奖励架构,包括支持和加强承包者环境履约(包括技术开发和创新)的市场手段"。本节增加了两条,分别为"制定环境标准""环境管理系统"。第 1 条的内容为:"环境标准应按照第 94 条制定,并应包括以下主题:(a)环境质量目标,包括生物多样性状况、羽流密度和范围以及沉降速率;(b)监测程序;(c)缓解措施。"第 2 条内容为:"1. 承包者应实施和维护一个考虑到相关准则的环境管理系统。2. 环境管理系统应:(a)能够在环境管理和监测计划中提供特定地点的环境目标和标准;(b)能够接受经认可和核证的国际或国家组织进行的具有成本效益的独立审计;(c)允许向海管局进行与环境绩效有关的有效报告。"原第 4 节调整为第 5 节,标题"环境责任信托基金"修改为"环境补偿基金",本节条文中凡使用该术语的,都作了相应的修改。

原第六部分(关闭计划)第 58 条(关闭计划:停止或暂停生产)第 3 款的内容为"委员会应:(a)核准最终关闭计划;或(b)建议修正最终关闭计划,以此作为核准计划的条件;以及(c)在承包者未作修正的情况下,否决最终关闭计划"。该条在新规章草案中调整成第 60 条"最后关闭计划:停止生产"。原第 3 款变成:"3. 如果委员会认定最终关闭计划符合第 59 条的各项要求,则应向理事会建议核准最终关闭计划。4. 如果委员会认定最终关闭计划不符合第 59 条的各项要求,则应要求修正最终关闭计划,以此作为核准计划的条件。5. 委员会应向承包者书面通知其根据上文第 4 款作出的决定,并给予承包者机会作出陈述或在通知之日起 90 日内提交经修改的最终关闭计划供委员会审议。6. 在其下一次可安排会议上,委员会应在编写给理事会的报告和建议时审议承包者作出的任何此类陈述或提交的经修改的最终关闭计划,前提是该陈述至少须在会议前 30 天分发。"

原第十部分(一般程序、标准和准则)第 93 条的标题"指导文件事宜",

调整为第 95 条，标题变成"准则的发布"。第 1 款"委员会或秘书长应不时发布指导承包者的技术或行政性指导文件（准则），以协助本规章的执行"，修改为"委员会或秘书长应在考虑到相关利益攸关方的观点基础上，不时发布技术或行政性准则。准则将从行政和技术角度支持本规章的实施"。增加第 3 款"委员会或秘书长应不断根据改进的知识或信息审查此类准则"。

（四）开采规章制定面临的主要问题

开采规章制定是近年来海管局的优先工作事项。开采规章制定过程中要解决的核心问题，始终是如何处理承包商、海管局和国际社会三者之间的利益分配关系，平衡深海商业开发与深海环保的关系，从而从根本上具体落实人类共同继承遗产原则。[1]近年来，在国际社会的大力支持和推动下，开采规章草案在内容方面不断丰富，在结构方面趋向合理，在重要事项方面不断细化，开采规章制定工作取得重大进展。但是，仍存在一些争议问题以及后续如何发展的问题，需要各国继续充分讨论和研究。

1. 开采规章是否需要及如何纳入惠益分享机制？

UNCLOS 第 140 条第 2 款规定："管理局应按照第 160 条第 2 款（f）项（1）目作出规定，通过任何适当的机构，在无歧视的基础上公平分配从'区域'内活动取得的财政及其他经济利益。"第 160 条第 2 款（f）项（1）目规定："根据理事会的建议，审议和核准关于公平分享从'区域'内活动取得的财政及其他经济利益和依据第 82 条所缴的费用和实物的规则、规章和程序，特别考虑到发展中国家和尚未取得完全独立或其他自治地位的人民的利益和需要。如果大会对理事会的建议不予核准，大会应将这些建议送回理事会，以便参照大会表示的意见重新加以审议。"可见，"惠益分享是人类共同继承财产原则的重要内容和体现，也是《公约》为海管局规定的一项重要职责"。[2]

---

[1] See Luz Danielle O. Bolong, "Into The Abyss: Rationalizing Commercial Deep Seabed Mining Through Pragmatism and International Law", *Tulane Journal of International & Comparative Law*, Vol. 25, 2016, pp. 128-129; Becky Oskin, "Vast Bed of Metal Balls Found in Deep Sea", *Live Science*, 17 February 2015; 参见杨泽伟：《国际法》，高等教育出版社 2017 年版，第 177 页。

[2] "中华人民共和国政府关于《'区域'内矿产资源开发规章草案》的评论意见（2018 年）"，载 https://ran-s3.s3.amazonaws.com/isa.org.jm/s3fs-public/documents/EN/Regs/2018/Comments/China.pdf，最后访问日期：2019 年 11 月 16 日。

然而,《2019 年开采规章草案》仅在序言和第 2 条第 2 款第 9 目和第 3 款等少数条款中笼统提及人类共同继承遗产原则。例如,"强调'区域'内资源的开发应代表全人类的利益进行","为了整个人类的利益而开发这一共同遗产","确保有效管理和规制'区域'及其资源,以促进共同继承遗产发展,造福整个人类"。草案没有使用"惠益分享"或"分享惠益"的概念或表达,更遑论为惠益分享制定具体和可操作的"规则、规章和程序"。

中国曾在提交的《2017 年评论意见》[1]和《2018 年评论意见》[2]中反复强调过"开发规章应当规定具体和可操作的惠益分享机制","制定开发规章不能将惠益分享排除在外",并提出了更具体的修改建议。[3]遗憾的是,《2018 年开采规章草案》和《2019 年开采规章草案》都没有充分采纳这条建议。在讨论《2019 年开采规章草案》的过程中,阿根廷、尼日利亚、喀麦隆、肯尼亚、德国、澳大利亚和非洲国家集团以及财政委员会,都强调需要公平分享人类共同继承遗产的惠益,希望在 2020 年的会议上继续讨论该议题。海管局"2019—2023 年度战略计划"(ISBA/25/A/L. 2),将公平惠益分享列为九大战略方向之一。

2. 开采规章应采取何种缴费机制?

该问题涉及作为开发者的承包者以及作为全人类利益代表的海管局之间的利益分配,是开发规章制定的核心问题之一。根据 1994 年执行协定,缴费应考虑采用特许权使用费制度或结合特许权使用费与盈利分享的制度。海管局聘请的麻省理工专家建议从价缴费、分阶段缴费和从价与从利相结合缴费三种模式。非洲集团向会议提交了含有高缴费率的缴费方案。承包者的担保国普遍强调缴费机制应公平合理,平等对待海管局和承包者。关于缴费机制,中国主张按照 1994 年《执行协定》研究特许权使用费与盈利分享相结合的缴

---

[1] 该意见指《中华人民共和国政府关于〈"区域"内矿产资源开发规章草案〉的评论意见(2017)》。
[2] 该意见指《中华人民共和国政府关于〈"区域"内矿产资源开发规章草案〉的评论意见(2018)》。
[3] "中华人民共和国政府政府关于《"区域"内矿产资源开发规章草案》的评论意见(2017 年)",载 http://www.hainu.edu.cn/stm/lawsfzc/201842/10504044.shtml,最后访问日期:2019 年 11 月 16 日;"中华人民共和国政府关于《'区域'内矿产资源开发规章草案》的评论意见(2018 年)",载 https://ran-s3.s3.amazonaws.com/isa.org.jm/s3fs-public/documents/EN/Regs/2018/Comments/China.pdf,最后访问日期:2019 年 11 月 16 日。

费制度,建议考虑采用分阶段缴费和随金属价格变化的浮动缴费率。印度则认为未来金属价格难以预测。[1]理事会要求秘书处继续研发一种包括渐进式的从价税在内的缴费机制,在下次会议上讨论。[2]

3. 开采规章如何规定企业部的运行?

企业部是直接进行"区域"内活动以及从事运输、加工和销售从"区域"回收的矿物的海管局机关,是 UNCLOS 规定的平行开发制的重要机构,也是发展中国家参与"区域"资源开发的重要渠道。企业部的独立运作对有效落实"人类共同继承遗产"原则具有重要意义。[3]

目前关于企业部的争议主要集中在企业部的运行问题上。[4]具体而言,包括企业部的自治、成本效益、渐进运行、商业健全原则。企业部特别代表 Eden Charles 在《企业部事项报告》(ISBA/25/C/26)中指出,企业部的运行包括四个阶段:对现行安排的巩固、对临时总干事的任命、理事会发布指令后企业部独立执行职务的时期、总干事任命后的时期。巴哈马支持运行企业部的四阶段路径,赞同上述报告的建议。日本和德国则强调,让企业部独立需要考虑很多步骤,在本阶段难以详细讨论该问题。非洲国家集团强调,为企业部任命总干事,是 UNCLOS 授权;延长特别代表的授权期限与任命临时总干事,彼此并不冲突;呼吁波兰就恢复与企业部成立联合企业的谈判步骤和方案。波兰认为,规范企业部职能的最后规章将影响相关决定,同时要确保不存在法律和组织上的鸿沟。特立尼达和多巴哥指出,关于与波兰成立联合企业的建议,应有助于企业部的运行。中国建议,应考虑成立联合企业谈判所取得的进展,以澄清是否有必要对企业部运行提出更深入的建议,强调需要为联合企业制定更具体的标准和程序。韩国要求澄清从承包者处为企业部

---

[1] 参见中国国际法前沿:"国际海底管理局第 25 届会议第二期会议综述",载 www.deepseapioneer.com/cn/NEWS/2019080279.html,最后访问日期:2019 年 11 月 14 日。

[2] See Earth Negotiations Bulletin, Vol. 25, No. 207, p. 7, http://enb.iisd.org/oceans/isa/2019-2/, visited on 16 November 2019.

[3] "中华人民共和国政府关于《'区域'内矿产资源开发规章草案》的评论意见(2018 年)",载 https://ran-s3.s3.amazonaws.com/isa.org.jm/s3fs-public/documents/EN/Regs/2018/Comments/China.pdf,最后访问日期:2019 年 11 月 16 日。

[4] See Earth Negotiations Bulletin, Vol. 25, No. 207, p. 10, http://enb.iisd.org/oceans/isa/2019-2/, visited on 16 November 2019.

获取的潜在资金，认为这种做法可能与 UNCLOS 相悖。[1]

4. 开采规章是否需要及如何规定区域环境管理计划（REMP）？

REMP 是海管局为落实 UNCLOS 第 145 条所规定的环保义务而采取的一项独特环保措施。目前海管局只在太平洋中勘探矿区密集的克拉利昂—克利珀顿区设有 REMP。国际社会呼吁在其他勘探矿区存在的区域也要制定 REMP。伴随开发规章制定，英、德、荷兰和非洲国家等进一步主张"无 REMP，不开发"。会议决定通过成立专家工作组和举办系列研讨会等方式，在西太平洋、大西洋中脊、印度洋等区域推进 REMP 制定工作。关于 REMP 问题，中国原则同意其作为深海商业开发的前提，但强调不能以此为借口阻碍申请开发工作计划和签订开发合同。[2]当前，国际社会大多赞同推进 REMP，分歧则在于是否将 REMP 作为正式开采的法定前提条件，REMP 的相关标准是否应该具有法律约束力，以及如何更具体地推进 REMP。

（五）对策和建议

（1）理事会尽快授权成立"惠益分享工作组"（an open-ended Working Group on the benefit-sharing），加深对"区域"矿产资源惠益分享问题的研究，并提出一套切实可行的建议和方案。中国已有较成熟的方案，可考虑推动成立工作组并推介中国专家担任工作组主席。

惠益分享作为"区域"资源开发整体制度设计中的重要一环，应与深海开发其他问题一并处理。在前几次开采规章草案的意见提交和会议讨论中，"区域"矿产资源惠益分享问题曾被反复提及，不过，从《2019 年开采规章草案》及其会议讨论情况来看，除中国和阿根廷等极少数国家外，国际社会对这个问题的整体关注度有所下降。主要原因正如有学者指出的，国际社会目前惠益分享的研究主要集中在"区域"生物遗传资源上，对"区域"矿产资源的研究明显不够。[3]在此背景下，国际社会难以提出被广为接受且有翔

---

[1] See Earth Negotiations Bulletin, Vol. 25, No. 207, p. 10, http://enb.iisd.org/oceans/isa/2019-2/, visited on 16 November 2019.

[2] 参见中国国际法前沿："国际海底管理局第 25 届会议第二期会议综述"，载 www.deepseapioneer.com/cn/NEWS/2019080279.html，最后访问日期：2019 年 11 月 14 日。

[3] 参见王勇："国际海底区域开发规章草案的发展演变与中国的因应"，载《当代法学》2019 年第 4 期。

实可行的建议和方案。其实，这个问题不难解决。理事会可考虑尽快授权成立"惠益分享工作组"，加深对"区域"矿产资源惠益分享问题的研究，并提出一套切实可行的建议和方案。这样的做法，已经有成熟的先例。理事会曾围绕企业部问题、缴费机制问题成立专门的工作组展开专题研究，并以研究报告为基础继续深入讨论，发现问题，继续研究，直至拿出一套被广为接受且切实可行的方案。

关于"区域"矿产资源惠益分享问题，中国在其《2018年评论意见》中已提出一套相对成熟的建议和方案。具体内容如下。

第一，惠益分享与缴费机制密不可分。两者本质上都是对"区域"内活动产生的收益的处置和再分配，应该同时在一个法律文件中加以规范。

第二，对受深海采矿影响的发展中陆上生产国的援助离不开惠益分享。《执行协定》附件第7节规定，管理局应设立经济援助基金，用以向受到深海采矿影响的发展中陆上生产国提供援助，且有关资金只能源于承包者（包括企业部）的付款和自愿捐款。惠益分享机制缺位将难以设立上述经济援助基金。

第三，保护深海环境应与惠益分享机制统筹考虑。开采规章草案规定了环境责任信托基金，其资金应源于"区域"内资源开发收益，这充分体现了惠益分享与环保的密切关系。开发规章应涵括全面完整的惠益分享机制，以便通过更多渠道和方式促进深海环境保护。

第四，建立惠益分享机制可考虑如下原则：一是公平原则，以实现全人类利益与开发者商业利益的合理平衡，当代人与后代人代际利益的平衡。二是发展中国家优惠待遇原则，以确保发展中国家能够按照 UNCLOS 和《执行协定》从深海资源开发中获利。三是公开透明度原则，无论是规则制定还是实际分享采矿收益，都应公开透明。

第五，建立惠益分享机制应充分发挥财务委员会的作用，并借鉴其他国际实践。《执行协定》附件第9节第7条（f）项规定，有关公平分配从"区域"内活动取得的财政及其他经济利益的规则、规章和程序以及为此而作的决定，大会和理事会应考虑到财务委员会的建议。惠益分享的方式可包括货币化分享和非货币化分享。另外，UNCLOS 第82条规定的200海里外大陆架非生物资源的收益分享问题应是海管局整体惠益分享制度的重要方面。

鉴于此，中国应积极推动成立该工作组，并推介中国专家担任工作组主席,主持工作组的研究和协调工作。

(2)"金融模式工作组"继续加深对缴费机制的研究,开采规章应遵循《执行协定》的规定,在最终确定缴费模式时充分吸纳不同成员的要求和主张,以确保承包者有足够的空间选择适用于其合同的缴费机制。

从对《2019年开采规章草案》缴费机制的讨论情况看,目前,各成员对从价缴费、分阶段缴费和从价与从利相结合缴费三种模式的认可和接受度并不高,而且还提出了很多不同的缴费模式、机制和主张。较之《2018年开采规章草案》,《2019年开采规章草案》在缴费机制问题上没有任何改进。究竟如何规定缴费机制?中国的方案值得参考。中国在其《2018年评论意见》中提出:《执行协定》附件第8节第1条(c)项规定,缴费机制"应该考虑采用特许权使用费制度或结合特许权使用费与盈利分享的制度。如果决定采用几种不同的制度,则承包者有权选择适用于其合同的制度"。目前开采规章草案仅提出"从价的特许权使用费"模式,显然不符合上述规定。实际上,从利的特许权使用费等利润分享模式已在陆地采矿中被广泛应用且呈扩大趋势,不少利益相关者也提出应考虑"结合特许权使用费与盈利分享的制度"。建议对特许权使用费、盈利分享或两者组合等不同缴费方式进行研究,保证承包者享有选择不同缴费模式的权利。

关于缴费制度的公平性,《执行协定》附件第8节第1条(a)项要求,缴费制度"应公平对待承包者和管理局双方"。此处的"公平对待"意味着缴费制度既要落实"人类共同继承遗产"原则,保障海管局代表的全人类的利益;也要遵循"健全商业"原则,使包括企业部在内的承包者有利可图。目前,开采规章草案对此尚无规定,建议对"公平对待"问题进一步研究。

关于与陆地采矿缴费的比较,《执行协定》附件第8节第1条(b)项规定,"此一制度下的缴费率应不超过相同或类似矿物的陆上采矿缴费率的一般范围,以避免给予深海采矿者人为的竞争优势或使其处于竞争劣势"。尽管深海矿物及其开发在矿物品性和生产成本方面与陆地采矿差异较大,比较两者的缴费率确有一定难度,但这是确定深海采矿缴费率不可缺少的法定步骤和程序。现有开采规章草案尚未体现此方面工作,建议尽快开展相关研究。

简言之,中国认为,按照《执行协定》的规定,缴费机制应公平对待承包者和管理局双方,应借鉴但不照搬陆地采矿缴费机制,应对特许权使用费、盈利分享或两者组合等不同缴费方式进行研究,保证承包者享有选择不同缴费模式的权利。

（3）特别代表继续加深对企业部独立问题的研究，开采规章应遵循《执行协定》的规定，坚持成本效益原则、渐进原则、健全商业原则、发展中国家优惠待遇原则。

企业部由于深海开发尚未到来，企业部尚未独立运作，由秘书处代行其职责。1994年《执行协定》规定，可在首份开发工作计划获得核准或收到联营企业建议的情况下考虑企业部独立运作。企业部是直接进行"区域"内活动以及从事运输、加工和销售从"区域"回收的矿物的海管局机关，是UNCLOS规定的平行开发制的重要机构，也是发展中国家参与"区域"资源开发的重要渠道。企业部的独立运作对有效落实"人类共同继承遗产"原则具有重要意义。2018年波兰提出与企业部成立联营企业，秘书长任命企业部特别代表与之谈判合作方案。然而，在海管局2019年第25届会议上，波兰表示由于开发规章对联营企业的规定尚不确定，其将不再推动联营建议。

显然，若想在未来开采实践中真正发挥企业部的职能和作用，必须为企业部独立运行、企业部与其他国家及其国民合作，制定更具体、可操作的法律规定。UNCLOS附件三第9条第3款规定，海管局可在其规则、规章和程序内规定联合企业的实质性和程序性要求和条件。《"区域"内多金属硫化物探矿和勘探规章》第19条以及《"区域"内富钴铁锰结壳探矿和勘探规章》第19条均规定，企业部可在联合企业安排中获得股份，其获取相关股份的条款和条件应予进一步阐明。开采规章应该借鉴和吸收这些规定。

从UNCLOS和《执行协定》的有关精神出发，企业部独立运作可考虑如下原则：一是成本效益原则，企业部的运作应尽量减少缔约国为此可能承担的费用。二是渐进原则，企业部独立运作应充分考虑深海采矿的现有技术和市场条件，稳妥务实地开展相关工作。三是健全商业原则，企业部从事"区域"内活动，包括建立联合企业等，都应服从商业规律，遵循商业原则。四是发展中国家优惠待遇原则，企业部独立运作应切实促进发展中国家有效参加"区域"内活动。[1]

---

[1] "中华人民共和国政府关于《'区域'内矿产资源开发规章草案》的评论意见（2018年）"，载 https://ran-s3.s3.amazonaws.com/isa.org.jm/s3fs-public/documents/EN/Regs/2018/Comments/China.pdf，最后访问日期：2019年11月16日。

企业部特别代表的报告获得了不少的支持，但也收到了很多表示异议的观点和评论。企业部特别代表应吸收这些不同的观点，并对其作深入研究。

（4）不要简单地将制定 REMP 作为启动开采的法定义务，而是否需要制定 REMP 则由理事会审议基本环境数据后确定；理事会制定的有关环境数据的标准和指南不具有法律拘束力，开采规章仅对海管局、担保国和承包商在制定和运行 REMP 过程中的基本义务作出规定；REMP 下一步工作重点是获取专项资金支持。

根据 REMP 的初步发展战略规划，从广义上讲，"区域"环境管理计划的目标是为管理局的有关机构以及承包商及其担保国提供积极主动的划区管理工具，以支持兼顾资源开发和养护的知情决策。"区域"环境管理计划还为管理局提供了一个明确而一致的机制，用以确定被认为在相关管理领域内代表所有生境、生物多样性和生态系统结构和功能的特定地区并为这些地区提供适当的保护，从而帮助管理局实现国际商定的目标，如爱知生物多样性目标 11。[1]

根据 UNCLOS 第 145 条和第 162 条的规定，各国需要各自或通过主管国际组织，迅速考虑如何根据现有的最佳科学资料和预防方法、按照 UNCLOS 及有关协定和文书的规定，更好地统一处理海洋生物多样性面临的危险。区域一级的全面环境管理计划是根据 UNCLOS 第 145 条确保切实保护"区域"的海洋环境不受"区域"内活动可能产生的有害影响的适当和必要措施之一。

尽管制定 REMP 可被视为 UNCLOS 项下保护"区域"环境的"适当和必要措施"，但是，没有必要将其视为开采矿产资源的法定前提条件。因为按照海管局关于 REMP 的战略规划，为某特定区域建立 REMP 的前提是该区域"代表所有生境、生物多样性和生态系统结构和功能"。显然，并非所有的待开采区域都满足该前提。这意味着，并非所有待开采区域都需要制定 REMP。此外，为管理和控制开采活动可能对深海环境造成的影响和损害，现行开采规章草案为承包商和担保国创设了严苛的义务，包括必须及时提供环境影响报

---

[1] 参见秘书长报告：《关于制定"区域"的区域环境管理计划的初步战略》（ISBA/24/C/3），https://ran-s3.s3.amazonaws.com/isa.org.jm/s3fs-public/files/documents/isba24-c3-c.pdf，最后访问日期：2019 年 11 月 16 日。Aichi Biodiversity Target 11: By 2020, at least 17 per cent of terrestrial and inland water, and 10 per cent of coastal and marine areas, especially areas of particular importance for biodiversity and ecosystem services, are conserved through effectively and equitably managed, ecologically representative and well connected systems of protected areas and other effective area-based conservation measures, and integrated into the wider landscapes and seascapes.

告、提交管理和监测报告、关闭计划等。从平衡资源开发和保护环境角度来看，当前阶段不宜对开发商制定过高的开采启动门槛。毕竟当前阶段，开发规章应以鼓励和促进"区域"内矿产资源的开发为导向，同时按照 UNCLOS 及其《执行协定》的规定，切实保护海洋环境不受"区域"内开发活动可能产生的有害影响。因此，简单地将制定 REMP 作为开采的法定前提条件，是不合适的。建议要求各国和各承包商在提交开采工作计划时，一并提交待开采区域的环境数据，交由理事会（下设专门的环境管理委员会）审议。如果确实需要制定 REMP，则要求该特定"区域"的开采者必须提交 REMP，且要求开采活动仅在 REMP 审议通过后才能启动。如果理事会根据基本的环境数据判断，该特定开采区域不需要制定 REMP，则开发者就没有在启动开采前提交和制定 REMP 的义务。

制定 REMP，主要依赖某特定地区丰富的环境数据，如果非要为其确立标准，那么也只能是科学标准。同时，考虑到当前 REMP 实践极少的状况，为 REMP 制定法律标准必须十分谨慎。建议仅对海管局、担保国和承包商在制定和运行 REMP 过程中的基本义务作出规定。例如，明确海管局理事会全面负责审议各国和各承包商提交的 REMP，要求承包商必须向理事会提交相关的环境数据。具体需要提交哪些数据，则需要理事会制定出相关标准和指南。当然，这些标准和指南目前不具有法律拘束力。

REMP 战略规划的发展和完善，除了需要深入理论研讨外，更需要相关实践的推动。目前，无论克拉里昂—克利珀顿区的区域环境管理计划，还是中国大洋矿产资源研究开发协会（大洋协会）与其他承包商和利益攸关方正共同制订的《太平洋富钴铁锰结壳区的环境管理计划》，抑或是海管局确定的制定 REMP 的优先地区（大西洋中脊、印度洋三交点脊和结核带地区，以及西北太平洋和南大西洋的海山），都面临严峻的诸多现实挑战。其中，承包商在提供环境数据和为此目的开放源码问题上态度消极甚至持反对态度，缺乏专项资金来支持区域环境管理计划的制订和实施，已成为最大制约因素。因此，REMP 制定和实施的下一步工作重点攻坚领域，就是研究解决上述问题。

五、结论

深海，是国际治理的新疆域。国际法治视野下全球深海治理的主要任务，在于创设完备的深海国际法律制度并使之得到切实遵守和有效实施，其核心在于从国际法治视角平衡深海资源开发利用与深海环境保护（包括深海资源的养护和管理）之间的关系，解决二者之间存在的冲突。

为此，在深海渔业资源的养护和可持续利用领域，尽可能将现有的国际法律制度转变为实际行动；通过一定的方式，使 FSA 的基本原则和养护措施扩展适用于所有深海鱼类种群；通过制订国际渔业行动计划等"软法"，补充"硬法"的不足；确保 RFMOs 能对深海渔业资源的养护和利用进行有效管理；多措并举处理 IUU 捕鱼和"搭便车"问题。现阶段中国不宜规模性捕捞深海渔业资源，反而应积极推动深海渔业资源养护和可持续利用，特别是对深海海底脆弱生态系统的保护，为中国真正加入深海捕鱼俱乐部做好充分准备。准备完成后，中国对可能发展的区域，应提前评估对脆弱海洋生态系统的影响，同时，着力发展和使用选择性渔具和对生态环境无害的作业方式。

在深海遗传资源的养护和可持续利用领域，BBNJ 协定草案通过模糊处理和区分对待等方式，确在一定程度上缓和了不同利益国家集团之间的矛盾，推进了协定谈判进程，接下来，对获取"来自海洋植物、动物（非鱼类）、微生物或其他来源的任何含有遗传功能单位的材料"、对"惠益"和"分享的惠益"的内涵和外延、对遗传资源的商业利用、对秘书处的隶属关系和许可证及执照的发放方身份等问题，应在深入研究和充分探讨基础上予以明确规定。

在深海矿产资源开发和环境保护领域，开采规章草案的制定是当前和今后一段时期内全球治理的焦点。其中，惠益公平分享、缴费机制的选择、企业部的独立运行、"区域"环境管理计划的制订和有效实施等问题，则是开采规章草案制定的难点所在。为此，海管局理事会应尽快授权成立"惠益分享工作组"，加深研究并提出一套切实可行的建议和方案；中国可考虑推动成立工作组并推介中国专家担任工作组主席；"金融模式工作组"应继续加深对缴费机制的研究，在最终确定缴费模式时充分吸纳不同成员的要求和主张；企业部独立运行，应坚持成本效益原则、渐进原则、健全商业原则、发展中国家优惠待遇原则；不要简单地将制定 REMP 作为启动开采的法定义务，而是否需要制定 REMP 则由理事会审议基本环境数据后确定；理事会制定的有关环境数据的标准和指南不具有法律拘束力，开采规章仅对海管局、担保国和承包商在制定和运行 REMP 过程中的基本义务作出规定；REMP 下一步工作重点是获取专项资金支持。

第四节 极地治理

极地包括南极和北极。南极是指 1959 年《南极条约》范围内的南纬 60°以南的地区，包括大陆、岛屿、冰架和海洋，总面积约 5200 万平方千米，其中大陆和岛屿组成的南极洲，面积约 1400 万平方千米，相当于地球陆地面积的 1/10。自南极洲被发现以来，英国、挪威、法国、澳大利亚、新西兰、智利、阿根廷等国纷纷提出主权要求。但 1959 年《南极条约》冻结了各国对南极的领土主权要求，确立了南极的和平利用、科研自由等基本原则，把对南极的利用和保护置于国际法框架之下。北极通常指北纬 66°34′以北的包括北冰洋、北美大陆和欧亚大陆的北部边缘地带及附属岛屿，总面积约 2100 万平方千米，其中陆地部分 800 万平方千米。与南极不同，北极的陆地和岛屿分别属于俄罗斯、加拿大、美国、丹麦、挪威、冰岛、芬兰和瑞典 8 个环北极圈的国家。北冰洋的大部分区域终年冰封，或者属于有关国家的主权或主权权利范围（如内水、领海、专属经济区或大陆架），或者属于国家管辖范围以外的公海或国际海底区域。由于南北极在自然地理、法律地位等方面的巨大差异，所以，关于南北极的国际治理，不论是在法律渊源方面，还是中国参与极地治理中的权益及实现路径等方面，都有所不同。

一、极地国际治理的国际法渊源

（一）专门适用于南极国际治理的法律渊源

专门适用于南极国际治理的法律依据主要是以《南极条约》为核心的南极条约体系。

南极条约体系作为各国在南极活动中必须遵守的基本法律文件体系，是以《南极条约》为核心，包括与《南极条约》相联系却又相互独立的如 1972 年《南极海豹保护公约》（以下简称《海豹公约》）、1980 年《生物资源公约》、1991 年《关于环境保护的〈南极条约〉议定书》（以下简称《议定书》）及其附件以及南极条约协商会议通过的具有法律拘束力的决定、措施等文件组成的不断发展的南极法律制度体系。南极治理机制的核心机构是南极条约协商会议，南极条约体系的任何文件都必须由南极条约协商会议通过，并得到所有参加会议的协商国同意，才能发生法律效力。

在南极条约体系中,作为基本法律文件的《南极条约》是 1959 年 12 月 1 日由阿根廷、澳大利亚、比利时、智利、法国、日本、新西兰、挪威、南非、苏联、英国和美国在华盛顿缔结的,1961 年 6 月 23 日生效。[1]《海豹公约》于 1972 年 6 月 1 日通过,1978 年 3 月 11 日生效。[2]《生物资源公约》于 1980 年 5 月 20 日通过,1982 年 4 月 7 日生效。[3]《议定书》于 1991 年 10 月 4 日通过,1998 年 10 月 4 日生效。[4] 1980 年《生物资源公约》和 1991 年《议定书》各附有一个关于仲裁的附则。此外,1991 年《议定书》还有 6 个附件:附件一"南极环境评估"、附件二"南极动植物保护"、附件三"南极废物处理与管理"、附件四"预防海洋污染"、附件五"区域保护与管理"和附件六"南极环境紧急状况下的责任"。其中,前 4 个附件于 1998 年 1 月 14 日与 1991 年《议定书》同时生效,附件五于 2002 年 5 月 24 日生效,附件六于 2005 年 7 月 15 日通过,但尚未生效。[5] 南极条约体系各文件之间的关系如图 1 所示。

---

[1] 1983 年 5 月 9 日,全国人民代表大会常务委员会通过了"关于加入《南极条约》的决定"。同年 6 月 8 日,中国向《南极条约》保存方美国政府交存了加入书,《南极条约》同日对中国生效。到 2021 年 8 月 9 日,《南极条约》共有 54 个成员国,其中 29 个是南极条约协商国和 25 个非南极条约协商国,参见网址:"parties",in http://www.ats.aq/devAS/ats_parties.aspx?lang=e(最后访问日期:2021 年 10 月 30 日)。1985 年 10 月 7 日,中国成为南极条约协商协商国。

[2] 1972 年《海豹公约》(Convention for the Conservation of Antarctic Seals),1972 年 6 月 1 日签署,1978 年 3 月 11 日生效,中国未参加该公约,参见网址:http://www.ats.aq/devAS/ats_meetings_meeting_measure.aspx?lang=e,最后访问日期:2021 年 8 月 9 日。

[3] 1980 年《生物资源公约》于 2006 年 10 月 19 日对中国生效。

[4] 1991 年《议定书》(Protocol on Environmental Protection to the Antarctic Treaty),参见"Final Act of the Eleventh Antarctic Treaty Special Consultative Meeting",见于网址:http://www.ats.aq/documents/recatt/att326_e.pdf,最后访问日期:2021 年 8 月 9 日。中国于 1998 年 1 月 14 日批准该议定书,参见网址:"parties",http://www.ats.aq/devAS/ats_parties.aspx?lang=e,最后访问日期:2021 年 8 月 9 日。

[5] 附件六的生效需要参加 2005 年 6 月 6 日至 17 日瑞典斯德哥尔摩第 28 届南极条约协商会议的 28 个协商国的核准。到 2021 年 8 月 9 日,瑞典、秘鲁、西班牙、波兰、芬兰、意大利、英国、挪威、新西兰、南非、荷兰、澳大利亚、厄瓜多尔、俄罗斯、德国、乌拉圭和乌克兰 17 个协商国和哥伦比亚 1 个非协商国先后核准了附件六。参见网址:https://www.ats.aq/devAS/ats_meetings_meeting_measure.aspx?lang=e,最后访问日期:2021 年 10 月 29 日。

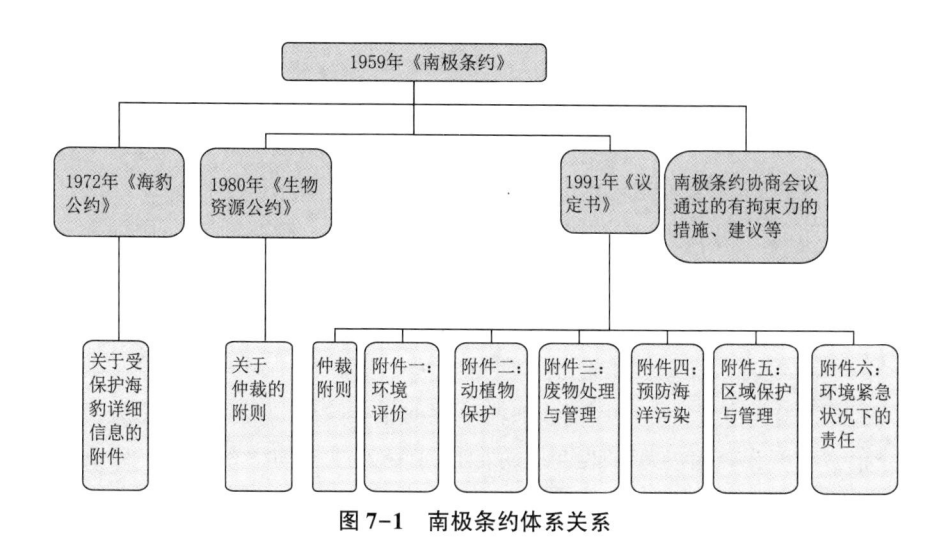

```
                              ┌─────────────────────┐
                              │  1959年《南极条约》  │
                              └─────────────────────┘
           ┌──────────────┬───────────┴───┬──────────────────┐
    ┌──────────┐    ┌──────────┐    ┌──────────┐    ┌──────────────┐
    │ 1972年《海豹 │   │ 1980年《生物 │  │ 1991年《  │    │南极条约协商会议│
    │  公约》   │    │ 资源公约》 │    │ 议定书》  │    │通过的有拘束力的│
    └──────────┘    └──────────┘    └──────────┘    │  措施、建议等  │
                                                     └──────────────┘
         │              │          ┌──┬──┬──┬──┬──┬──┬──┐
    ┌────────┐    ┌────────┐   ┌──┐┌──┐┌──┐┌──┐┌──┐┌──┐┌──┐
    │关于受  │    │关于    │   │仲││附││附││附││附││附││附│
    │保护海  │    │仲裁的  │   │裁││件││件││件││件││件││件│
    │豹详细  │    │附则    │   │附││一││二││三││四││五││六│
    │信息的  │    │        │   │则││：││：││：││：││：││：│
    │附件    │    │        │   │  ││环││动││废││预││区││环│
    │        │    │        │   │  ││境││植││物││防││域││境│
    │        │    │        │   │  ││评││物││处││海││保││紧│
    │        │    │        │   │  ││价││保││理││洋││护││急│
    │        │    │        │   │  ││  ││护││与││污││与││状│
    │        │    │        │   │  ││  ││  ││管││染││管││况│
    │        │    │        │   │  ││  ││  ││理││  ││理││下│
    │        │    │        │   │  ││  ││  ││  ││  ││  ││的│
    │        │    │        │   │  ││  ││  ││  ││  ││  ││责│
    │        │    │        │   │  ││  ││  ││  ││  ││  ││任│
    └────────┘    └────────┘   └──┘└──┘└──┘└──┘└──┘└──┘└──┘
```

图7-1 南极条约体系关系

关于南极条约体系，有以下三点需要说明。

第一，现行南极条约体系中，不包括1964年《保护南极动植物议定措施》和1988年《南极矿物资源活动管理公约》。[1]1964年《保护南极动植物议定措施》在2011年7月1日失效，[2]《南极矿物资源活动管理公约》虽然于1988年6月2日通过，但该公约在向各协商国开放批准的过程中，由于1991年《议定书》的通过而中止。

第二，1959年《南极条约》并没有特别关注对南极的环境保护，只在第9条提及了"南极洲生物资源的保护与保存"，以及关于禁止在南极进行任何核爆炸或处置放射性废物的规定等。但南极条约协商会议后来制定的一系列文件，大都以保护南极资源和环境为核心。1964年《保护南极动植物议定措施》宣布南极地区为特别自然保护区，并规定了一系列措施。1972年《海豹公约》旨在保护南极地区的5种海豹和南极所有海狗，以确保在南极生态系统上保持符合要求的平衡。1980年《生物资源公约》是一项全面保护南极海洋生物资源的条约，除规定保护的具体措施外，还规定了当事国保证公约实

---

[1] Agreed Measures for the Conservation of Antarctic Fauna and Flora; Convention on the Regulation of Antarctic Mineral Resource Activities.

[2] 参见网址：http://www.ats.aq/documents/keydocs/vol_1/vol1_Volume_1_Complete_Document_old_e.pdf; http://www.ats.aq/devAS/info_measures_listitem.aspx?lang=e&id=491，最后访问日期：2021年8月9日。

施的国内措施。

第三,1991年《议定书》是迄今为止内容最全面和最严格的保护南极环境条约,把南极地区界定为贡献给和平和科学的自然保护区,对南极条约地区的环境保护作了全面的规定,禁止在南极地区从事除科学研究以外的任何与矿产资源有关的活动。[1]该议定书第3条"环境原则"规定,规划和从事在南极条约地区的活动应旨在限制对南极环境及依附于它的和与其相关的生态系统的不利影响;规划和从事在南极条约地区的活动应避免对气候或天气类型的不利影响,对空气质地或水质的重大不良影响,对大气环境、陆地环境(包括水中环境)、冰川环境或海洋环境的重大改变,对动植物物种或种群的分布、丰度或繁殖的有害改变,对濒危或受到威胁的动植物物种或其种群的进一步危害,或使具有生物、科学、历史、美学或荒野意义的区域减损价值或面临重大的危险等。任何活动如果对南极环境或依附于它或与其相关的生态系统产生或者可能产生影响,均应予以调整、中止或取消。该议定书要求缔约国加强合作,以促进有关保护南极环境及其生态系统的科学、技术和教育的合作项目。1991年《议定书》的6个附件是该议定书的重要组成部分,规定各当事国不仅需要在开展南极活动前进行环境影响评价,还需负责处理和管理南极大陆的垃圾,对固体废物、食品废弃物、化学药品废弃物及可燃性废弃物采取不同的处理方式,要把南极作为特别保护区来保护,防止南极海洋污染,并对引发的南极环境紧急状况采取迅速有效的反应行动。

(二)专门适用于北极国际治理的法律渊源

1. 北极理事会主持制定的国际条约

北极理事会(Arctic Council)是1996年9月由美国、加拿大、俄罗斯、挪威、瑞典、丹麦、芬兰和冰岛在加拿大渥太华成立的管理北极事务的政府间论坛,宗旨是保护北极地区环境,促进北极地区在经济、社会和福利方面的持续发展。

2011年,北极理事会在努克举行的部长会议上通过的《北极海空搜救合作协定》于2013年1月生效。该协定就海空搜救行动的开展、缔约国之间的合作以及争端解决等事项作了规定,并在附则和附录中列出了缔约国的搜救

---

[1] 参见1991年《议定书》第2条、第7条。

区域和搜救机构,是北极理事会制定的第一个关于北极治理的有约束力的国际法文件。该协定还规定:"必要时,当事国可依据现有国际协定,与可能对搜救行动作出贡献的非当事国进行合作。"这为中国等非条约当事国参与北极搜救提供了法律依据。2014 年 12 月,俄罗斯、美国和韩国合作搜救韩国渔船"501 五龙号"(Oryong 501)是适用该项规定的实践。[1]

2013 年 5 月,北极理事会在基律纳部长会议期间通过了《北极海洋油污预防与反应合作协定》。该协定共有 23 条,包括定义、适用范围、油污预防与反应体系的建立、应负责的主管当局以及通知、检测、协助、信息共享、联合行动等内容。该协定第 17 条赋予当事国可以与非当事国进行油污预防与反应方面的合作。

2017 年 5 月 11 日,在美国阿拉斯加州费尔班克斯北极理事会第 10 届部长级会议上签署了《加强北极国际科学合作协定》,这是北极理事会主持下谈判达成的第三个有拘束力的协定。该协定有助于为北极地区相关科研活动提供便利条件,包括人员、设备和物资进出北极地区,利用北极的基础设施和研究设施,进入研究区域等。该协定还呼吁各方为研究北极问题的学生和科学家提供教育、职业发展和培训机会。

2. 关于斯瓦尔巴德群岛地位的条约

1920 年 2 月 9 日,英国、美国、丹麦、挪威、瑞典、法国、意大利、荷兰及日本等 18 个国家在巴黎签订了《斯瓦尔巴德条约》(以下简称《斯约》),该条约于 1925 年 8 月 14 日生效。中国、苏联等 33 个国家于 1925 年以加入的方式成为《斯约》当事国。《斯约》包括序言、正文和附件三部分,共 10 条,确定了斯瓦尔巴群岛区域[2]特殊的法律地位。《斯约》一方面规定缔约国承认挪威对斯瓦尔巴群岛享有充分而完全的主权,另一方面又明确缔约国国民在斯瓦尔巴群岛享有一系列权利,这些权利包括缔约各国的船舶和国民有在

---

[1] 2014 年 12 月 1 日,韩国渔船"501 五龙号"(Oryong 501)在白令海俄罗斯专属经济区捕鱼时遇难。事发后,位于阿拉斯加的美国海岸警卫队第 17 海岸巡防区指挥中心收到了该船遇难信息,立即与俄罗斯海上救援协调中心取得联系,美国和韩国的搜救力量随后进入事发地点。在"501 五龙号"联合搜救行动中,俄罗斯和美国遵守了《搜救协定》,非缔约国韩国同样参与了该次搜救行动。

[2] 1920 年《斯约》第 1 条:本条约适用范围限定于斯匹次卑尔根群岛和熊岛,即东经 10°—35°和北纬 74°—81°的所有岛屿和礁石。

此地区及其领水内行使捕鱼和打猎的权利;[1]缔约国的一切国民有平等的自由进入、停留的权利,在遵守当地法律规章的条件下,在完全平等的基础上缔约国有从事一切海洋、工业、矿业和商业活动的权利;[2]在一定条件下开展科学考察和采矿的权利等。[3]缔约国在这一区域享有的权利是平等和无歧视的。[4]缔约国承担相应的义务,特别是不得在条约规定的地域内建立任何海军基地,并保证不在该地域建立任何防御攻势。[5]

此外,一些北极国家还签订了关于保护北极环境的双边或多边条约,如1913年美英两国签订的《保护北极亚北极候鸟协议》、1976年苏联和美国签订的《保护北极候鸟及其生存环境协议》、1973年苏联等五国签订的《北极熊保护协议》和2000年美国和俄罗斯签订的《养护和管理阿拉斯加—楚科奇北极熊数量协定》等。

3. 关于北极国际治理的"软法"文件

关于北极国际治理的"软法"文件主要是北极国家和北极理事会发表的一些声明、宣言等文件。

2008年《伊鲁利萨特宣言》涵盖了北极主权、北冰洋管理、环境监测与保护、航海安全、危机救援和科学合作等诸多内容,又被称为"八国条约"。

1991年《北极环境保护战略》不仅是北极环境治理中最具代表性、影响力最大的"软法"文件,它还构建了与北极相关各国及其他利益主体开展北极环境治理的平台与沟通渠道。北极八国承诺合作进行科学研究,应对北极污染,共享关于污染源、污染途径以及污染影响的相关数据;联合行动治理持久性有机污染物、重金属、石油、放射性物质以及酸化引起的污染;对开发活动的潜在环境影响进行评价;尊重当地居民与土著居民的价值观和习惯以及特别关照传统的和文化的需求等。北极八国通过《北极环境保护战略》,表达了对北极环境保护的集体承诺。

此外,2006年10月26日《萨列哈尔德宣言》、2009年4月29日《特罗姆瑟宣言》、2011年5月12日《努克宣言》、2013年5月15日《基律纳

---

[1] 1920年《斯约》第2条。
[2] 1920年《斯约》第3条。
[3] 1920年《斯约》第5条、第8条。
[4] 1920年《斯约》第2条。
[5] 1920年《斯约》第9条。

宣言》[1]、2017年5月11日《费尔班克斯宣言》[2]以及2021年《雷克雅未克共同宣言》[3]和《北极十年战略发展计划》[4]等文件都就北极环境保护、航行、科学研究等方面提出了原则和建议。2021年《北极十年战略发展计划》致力于在2030年前在环保、可持续社会和经济发展、强化北极理事会作用等三大领域达成七项目标,并提出相关行动指南,反映了北极国家推动北极可持续发展、环境保护和良好治理的共同价值观和愿望。

(三) 专门适用于南北极国际治理的法律渊源

到目前为止,专门适用于南北极国际治理的国际法文件主要是规制极地航行的《极地水域船舶航行国际准则》[5](以下简称《极地规则》)。《极地规则》于2014年11月21日由国际海事组织海事安全委员会第94届会议通过,2017年1月1日正式生效。

《极地规则》除序言和简介外,由"极地航行安全措施规定(Part Ⅰ)"和"极地航行防污措施规定(Part Ⅱ)"组成。所有的极地航行活动都必须遵守适航水域、航行计划、船舶稳性、船舶设备以及安全逃生等安全措施的规定,也要遵守污染物排放、污染物处理记录簿、污染事故应急计划、防污设备与结构以及运输散装有毒液体物质的极地航行船舶必须获得相应的国际防污证书等关于极地航行防污措施的规定。根据该文件,在极地航行的船舶均应携有有效的极地船舶证书。[6]

(四) 可适用于南北极国际治理的普遍性国际条约

1982年UNCLOS是北极国家可以以其大陆或岛屿为基础,对毗连海域主张领海、专属经济区和大陆架,包括外大陆架的国际法依据。国家管辖范围以外的海域和海底,则可归为公海和国际海底区域。当然,各国的外大陆架划界申请尚未审结,所以,在北极海域海底有多大范围的国际海底区域,现

---

[1] 《基律纳宣言》(Iqaluit Declaration)赋予中国、印度、意大利、日本、韩国和新加坡为永久观察员国,中国依此获得了北极事务的发言权。
[2] Fairbanks Declaration.
[3] the Reykjavik Declaration (2021).
[4] Arctic Council Strategic Plan 2021 to 2030.
[5] International Code for Ships Operating in Polar Waters.
[6] 丹麦、挪威、俄罗斯等北极国家已根据《极地规则》签发"极地船舶证书",参见唐尧、夏立平:"中国参与北极航运治理的国际法依据研究",载《太平洋学报》2017年第8期。

在还不能确定。但由于北极外大陆架的界限将影响北极国际海底区域的范围，因此，中国应当密切关注北极外大陆架划界案审查的进程，并适时提出自己合理的意见。

此外，国际海事组织主持制定的下列条约也可以在一定的条件下适用于南北极，如1954年《国际防止海上油污公约》、1969年《国际干预公海油污事故公约》[1]、《1974年国际海上人命安全公约》[2]、《1978年海员培训、发证和值班标准国际公约》[3]、《经1978年议定书修订的〈1973年国际防止船舶造成污染公约〉》[4]、《1979年国际海上搜寻救助公约》[5]、《1990年国际油污防备反应合作公约》和2004年《国际船舶压载水和沉积物控制和管理公约》[6]等。

二、中国的南北极权益

"权益"是指受法律保护的权利和利益，它链接了"权利能力""行为能力"和"利益"三个前位概念，但它却不是这三个前位要素概念的简单组合，而是体现了三者的互动关系。"权利能力"突出的是法律关系主体的资格或身

---

[1] 该公约是第一个打破船旗国对航行在公海上的本国船舶行使专属管辖权的国际公约，于1975年生效。它首次允许沿岸国家在实际面临污染损害或污染损害威胁时可以干预此种污染损害或威胁，使其对沿岸国家的海岸线及相关利益的危险降至最小化。沿岸国家可以在公海上行使这种干预的权利，只要沿岸国家以恰当的方式预防、阻止或者消除污染即可。

[2] International Convention for the Safety of Life at Sea，该公约旨在通过提高海员素质，确保船舶海上安全和保护海洋环境。

[3] International Convention on Standards of Training, Certification and Watchkeeping for Seafarers，该公约是为了保障海上航行船舶上的人命安全，在船舶结构、设备和性能等方面规定统一标准的国际公约。该公约不适用于军用船舶以及总吨位小于500总吨的货船等。

[4] Protocol of 1978 Relating to the International Convention for the Prevention of Pollution from Ships, MARPOL73/78，该公约是最重要的防治船舶污染方面的国际公约，不仅规制船舶污染，对近岸钻井平台造成的污染，船机和甲板排水系统排出的油类残余物质该公约同样予以调整。中国于1983年7月1日参加了MARPOL73/78。北极八国均属该公约缔约国，因此该公约在北极海域具有广泛的法律效力。

[5] International Convention on Maritime Search and Rescue，该公约是促进搜寻营救海上遇险人员的国际合作的条约，中国于1985年6月24日缔结了该条约。

[6] International Convention for the Control and Manage of Ships Ballast Water and Sediments，该公约是第一部关于应对船舶压载水携带外来物种入侵的国际公约，于2017年9月8日生效。2018年10月22日，中国驻英国大使馆向国际海事组织递交了中国加入该公约的文书，2019年1月22日对中国生效。该公约对船舶压载水的排放和控制提出了具体技术要求，以预防、减少并最终消除压载水排放对海洋环境和公众安全带来的危害。公约规定，船舶须在距离最近陆地200海里、水深超过200米的区域将船上的压载水按公约要求的方式进行海水置换。

份,一般表现为类型化的同一性,是相对静态的概念;"行为能力"突出的是法律关系主体实施自己行为的能力,会因为法律关系主体的差异,既可能表现出同一时期内不同主体之间的差异,也可能表现出同一主体在不同时期内的不同,是一个相对动态的概念;"利益"则偏重法律关系主体的需求、愿望、要求的满足,即法律关系主体的哪些需求、愿望或要求可以获得满足,它会随着法律关系主体行为能力的变化而变化,所以,它也是一个相对动态的概念。概括地说,"权益"应当是具有某种资格或身份的法律关系主体,通过自己的行为,对自己的需求、愿望或要求的满足。

不同的主体有不同的"权益",如同为国际社会成员的国际法主体的美国、法国与阿富汗等,虽然从一般意义上说,都是国际法的主体,但因其参与的国际关系领域或程度的差异,其权益是不同的。例如相较于联合国来说,美国和法国都是安理会的常任理事国,阿富汗则不是,所以,在维持国际和平与安全方面,它们的权益是不同的。同一主体对不同领域的"权益"也不相同,如英国对 UNCLOS 的权益就不同于其对 1992 年《联合国气候变化框架公约》的权益。相同的主体在同一领域中,因其参与的程度不同,其在不同时期的"权益"也会有所差异。例如就《南极条约》来说,作为《南极条约》的当事国,可以进行南极活动,享受权利,承担义务,但不能参加对南极事务的决策。但当其成为南极条约协商会议成员国后,则其不仅可以在遵守《南极条约》及相关文件所规定的法律义务的前提下享有南极活动的权益,而且可以参与对南极事务的决策。

由于南北极的自然条件和法律地位的巨大差异,中国的南北极权益也有很大的不同。

(一) 中国的南极权益

关于中国的"南极权益",目前尚未有统一的界定。陈玉刚教授认为,南极权益可以从这样几个层面来看:一是它所拥有的对南极的权利,是由主权国家的身份所赋予的;二是基于投入而产生的拥有相应收益的权利,如建立科考站并进行科研活动;三是参与国际制度制定以及行使国际制度所赋予的权利等,如监督其他国家的南极活动;四是从事国际制度没有明确禁止、能增进人类社会对南极的认知和从南极活动中获益的活动的权利;五是一种消极权益，即消除其他国家利用南极从事有损于自己利益的活动的权利。[1]但从一般意义上来说，南极权益既包括各国按照国际法从事南极活动和参与南极治理的权利，也包括各国在从事南极活动和参与南极治理过程中可以享受到的利益。

1983年6月，中国加入《南极条约》。1985年10月，中国成为南极条约协商会议成员国。总的来说，作为南极条约协商国，中国拥有在南极进行科学考察的权利，和平使用南极海域、空域以及开发利用南极特定资源的权利，对本国国民南极活动的执法权和保护权，参与南极检查的权利和南极事务决策的权利等。

在现阶段，中国的南极权益可分为政治权益、安全权益、科研权益、经济权益和环境权益等。

在中国的南极权益中，政治权益应居首位。中国关于南极的战略、政策和活动规划、实施和管理等，都与中国的民族复兴、实现中国梦，特别是和"人类命运共同体"的构建和建设息息相关。南极治理中有两个极端敏感的问题，一是南极领土主权问题，二是矿产资源开发问题。以《南极条约》为核心的南极条约体系就是建立在对这两个问题的冻结与搁置之上的。因此，维护南极条约体系不仅能够维护南极地区的和平与稳定，也是表明和平利用南极态度的最佳方式之一。南极条约体系关于维持领土主权主张的"现状"、冻结南极主权活动、科学考察自由、和平利用、环境保护、国际合作等一系列举措，为国际社会解决南极问题提供了很好的模式，但还需进一步完善。[2]在这种情况下，中国在推动南极治理机制完善的过程中，可以清晰地表达自己的想法，展示中国和平利用南极、成为负责任大国的决心，也应当提出有建设性意义的议题，创设新的关注点，影响和决定议程设置，提供可行的现实解决方案，从而成为南极事务主导国。

南极的安全权益是构成中国总体国家安全观非常重要的一环。虽然南极对中国并不构成生死存亡的威胁，但从全球的意义来看，南极的安全意义却非常重大。《南极条约》既没有区分军事性研究和非军事性研究，又存在一些

---

[1] 参见陈玉刚、王婉潞："试析中国的南极利益与权益"，载《吉林大学社会科学学报》2016年第4期。

[2] 参见陈玉刚、王婉潞："试析中国的南极利益与权益"，载《吉林大学社会科学学报》2016年第4期。

漏洞或者说是人为刻意制造出的模糊，这使南极并不能完全与军事绝缘。军事化的危险主要存在于两个方面：一是军事参与，二是新武器研发。近来有澳大利亚学者称，南极科考站的"军事用途"日趋明显，许多南极科考站日益具备"双重功能"，被作为控制和指挥的地面站。因此，为了确保南极用于和平目的，中国应努力维护南极非军事化与非武器化，并且利用自身的影响力，将这种和平理念推而广之。南极是所有极轨卫星的必经之地，当卫星运行到近地点的南极上空时，在南极地区用常规导弹就能精准打击各类卫星，因此，必须确保我国南极地区卫星地球站的安全。此外，对南极上方大气物理的研究对国防通信系统有重要价值，在海冰下进行的有关声音的研究对海军的通信具有重要的现实意义等。〔1〕

南极科研权益既是南极政治权益和安全权益的抓手和路径，也是实现前两者的前提和保障。南极的科学考察和科学研究的价值已远远超越单纯的科学本身，外延至经济和社会发展领域，能促进一国的社会经济和技术发展，具有极大的国家显示度和政治影响力。南极科学考察和科学研究已经成为国家科学研究的重要组成部分；南极科研能够促进我国基础科学的发展；南极科研能够促进应用技术发展；南极科考能够促进国民经济可持续发展；南极科考有助于提升我国在南极事务中的地位。〔2〕

南极地区蕴藏丰富的矿产资源、生物资源、淡水资源和旅游资源。中国的南极资源权益主要是合理利用南极生物资源（如磷虾）、旅游资源、淡水资源、微生物资源等的权益。〔3〕

关于环境权益，由于南极蕴含着全球性气候变化的关键因素，中国尽管不是近南极国家，但南极的冷暖和冰雪状况的变化以及极地环流和波动等对中国天气、气候也会产生显著的影响。气候变暖使南极海冰消融加速，将直接导致海平面上升，进而威胁我国沿海地区的安全并且间接导致我国国土面积减少、国土质量下降、荒漠化、粮食危机、水资源短缺等问题。因此，中

---

〔1〕 参见陈玉刚、王婉潞："试析中国的南极利益与权益"，载《吉林大学社会科学学报》2016年第4期。

〔2〕 参见陈玉刚、王婉潞："试析中国的南极利益与权益"，载《吉林大学社会科学学报》2016年第4期。

〔3〕 参见陈玉刚、王婉潞："试析中国的南极利益与权益"，载《吉林大学社会科学学报》2016年第4期。

国有权实施保护南极环境的活动,也有权参与维护南极生态环境的决策和国际立法。

(二) 中国的北极权益

中国虽然不是环北极国家,但属于近北极国家。关于中国的"北极权益",可以从这样几个层面来看:一是根据国际法,中国以主权者的身份所拥有的航行、科学研究等方面的权利;二是基于投入而产生的拥有相应收益的权利,如建立科考站并进行科研活动;三是参与制定可适用于北极的具有普遍拘束力的国际规则以及对相关事务进行管理和决策的权利等;四是消除其他国家利用北极从事有损于自己利益的活动的权利。具体来说,中国的北极权益包括航行、资源开发、科学研究、环境保护和国家安全等方面。[1]

关于航行权益,由于海冰融化导致包括北方海航道、西北航道和穿极航道在内的北极航线全面通航,可以大大缩短航行里程,减少成本。经穿极航道从德国汉堡到日本横滨比经苏伊士运河缩短5000英里,比经巴拿马运河缩短大约6000英里;经北方海航道从亚洲到欧洲可缩短约4800英里;经西北航道从亚洲到欧洲比经过巴拿马运河缩短约5600英里,比经过好望角缩短约10 000英里。而中国和欧洲之间的运量极大。如果北极航线可用,将为中国带来巨大的航运便利,可以大大缩短航程、减少运输成本。

关于资源权益,中国不是北冰洋沿岸国,对北极的资源来说,可享有北冰洋公海部分的捕鱼自由以及依据国际海底区域开发制度对其中蕴藏的油气及矿物资源进行开发。另外,我国是1920年《斯约》的当事国。《斯约》第3条规定:当事国国民有权自由进入群岛,并在遵守当地法律法规的情况下,在平等的基础上毫无障碍地从事一切海事、工业、采矿和商业活动,同时我国享有对斯瓦尔巴群岛及其领海生物资源和非生物资源的开发权。作为当事国,我国可以充分利用《斯约》赋予我国开发利用斯瓦尔巴水域生物资源和非生物资源的权利。

关于科学考察权益,不论是 UNCLOS 还是《斯约》,都赋予中国在北极进行科学考察的权利。UNCLOS 第十三部分规定了海洋科学研究的内容,允许各国和国际组织在遵守公约规定的同时进行海洋科学研究,且任何科学研究

---

[1] 白佳玉:"中国北极权益及其实现的合作机制研究",载《学习与探索》2013年第12期。

活动不构成对海洋环境任何部分或其资源的任何权利主张的法律依据。中国在北冰洋沿岸国的领海、国际航行海峡、专属经济区、大陆架上的海洋科学研究需要获得沿海国或海峡沿岸国的批准。除非海洋科学研究计划与沿海国专属经济区或大陆架上的生物或非生物自然资源勘探、开发直接相关或有将有害物质引入海洋之嫌疑，否则沿海国不能拒绝在专属经济区和大陆架上科考的请求。1920年《斯约》赋予了当事国国民在尊重挪威法律和挪威对斯瓦尔巴群岛主权的前提下进入该岛。到2019年初，中国在北极进行了海洋、冰雪、大气、环境、地质、渔业和生态环境等方面的科学考察。2004年7月28日，首个北极科考站——中国北极"黄河站"在挪威斯瓦尔巴群岛的新奥尔松建成。

中国在北极的环境权益除体现在通过港口国控制来限制北冰洋的污染来源外，还体现在对气候变化应对的参与权上。北冰洋和整个北极地区对中国的气候系统具有显著和特殊的影响。北冰洋融化对气候变化的影响是全球性的。更有科学研究表明，受北极气候变化影响最大的是北半球的中纬度地区，中国因而成为最易受北极气候变化不利影响的国家之一，因此，中国有权参与北极环境保护的相关国际立法，推动对北极的环境保护。

三、中国南北极权益的实现

（一）中国南极权益实现的建议

1. 积极开展南极科考活动

1984年，中国首次派出南极考察队，开启了中国南极事业发展的征程。1985年，中国在西南极乔治王岛建立首个常年考察站"长城站"。1989年，中国第二个常年考察站"中山站"在东南极拉斯曼丘陵建立。1994年，"雪龙号"考察船投入使用。2007年，极地考察国内基地在上海建成。2009年，在南极内陆冰盖最高点冰穹A上建立首个内陆考察站"昆仑站"。2014年，具有中继站功能的"泰山站"建立。2015年，首架固定翼飞机"雪鹰601"正式投入运行。到2020年，中国已经进行了37次南极考察工作，取得了可喜可贺的成果。2019年7月11日，中国第一艘自主建造的极地科学考察破冰船"雪龙2号"正式交付使用。"雪龙2号"是我国继"向阳红10号"、"极地号"和"雪龙号"之后的第4艘极地科考船，排水量近1.4万吨。"雪龙2

号"已于2019年下半年和"雪龙号"极地考察破冰船共同执行我国第36次南极考察任务。2020年,"雪龙2号"作为新生代极地科考船,与德国"极星号"、俄罗斯"费德罗夫院士号"一起共同执行"北极气候研究漂移考察站计划"(MOSAIC)任务。

2. 积极参与南极国际治理

1983年,中国加入《南极条约》,并于1985年10月成为南极条约协商国。此后,中国作为南极条约协商国派团出席了历届南极条约协商会议,积极参与相关管理规则的讨论和制定,先后单独或联合提交了74份工作文件和信息文件。1986年6月,中国正式成为南极研究科学委员会成员国。1988年8月,中国成为国家南极局局长理事会成员国。1994年,中国批准了1991年《议定书》及相关附件。2006年,中国加入《生物资源公约》,并成为南极海洋生物资源养护委员会成员国,开始全面参与南极海洋生物资源的养护和合理利用。2007年以来,中国每年派团参加南极海洋生物资源养护委员会和科学委员会会议,积极参与科学研究监测与评估、养护措施的制定与执行工作和决策。2017年,中国还主办了第40届南极条约协商会议。通过参加或主办南极条约协商会议,探讨南极条约体系下的问题,参与南极事务决策的过程。

3. 关于把南极确立为"世界科研公园"(World Scientific Research Park)的建议

《南极条约》第4条维持了各国对南极声索领土主权的现状,冻结了各国可能通过南极活动对南极声索或行使主权或主权权利,使南极成为最有研究价值的科研之所,实现了南极的和平利用。但《南极条约》并没有真正解决南极的法律地位问题。随着科技的发展和人类社会的进步,特别是在推动构建"人类命运共同体"的背景下,到底应该如何给南极定位,确实应当尽快解决。在这个问题上,不同的学者给出了不同的建议,如可被各国先占的"无主地""世界科研公园"和"人类共同继承遗产"等。但南极作为"无主地"根本不可能,关于"共同管辖地"和"联合国托管地"的倡议没有得到回应,"世界公园"和"人类共同继承遗产"似乎也没有得到广泛的认同。而且,这些观点也没有得到任何重要的国际法文件的支持。

由于《南极条约》对陆地主权的冻结、南极条约协商会议全体一致的表决制度的特殊性以及南极条约协商国中各种力量的对比，可以预见，南极陆地的法律地位将在很长时间内维持现有的状态。在这种情况下，中国可以充分利用《南极条约》关于在南极海域适用公海自由的规定，加大对南极海域及海底资源的考察，为未来资源的开发利用做好准备。

鉴于南极对地球及全人类的重要意义，不仅各国越来越重视对南极的科学研究，联合国也特别认识到南极地区在全球环境和气候变化中的地位和作用。在联合国制定的《21世纪议程》《里约环境与发展宣言》和《生物多样性公约》中，均对南极环境及生态问题给予了特殊的关注和确认，在1993年、1996年、1999年、2002年等多次联合国大会会议的秘书长报告中，对南极环境状况给予了突出的阐述，其目的是促进《联合国宪章》的宗旨和原则在南极地区得以更好地实现，确保南极只用于和平目的；确保南极的自然和生态环境受到保护；促进南极的科学研究和其他有益于人类和平活动方面的国际合作与协调；南极事务的管理应得到国际社会的广泛参与等。为此，可以把南极确定为"世界科研公园"，即为了全人类的共同利益，使南极成为所有国家进行科学研究的基地。这种"世界科研公园"的地位既有理论支撑，也有一定的法理基础。从理论上说，习近平主席倡导的"人类命运共同体"就是在为本国人民谋利益的同时，兼顾他国的合理关切，在谋求本国发展的同时，促进各国共同发展。人类只有一个地球，各国共处一个世界，各国相互依存，应有共同的国际权利观、共同利益观、可持续发展观和全球治理观。从法理基础上说，《南极条约》在序言中所强调的全人类的利益（interest of all mankind），可以为"世界科研公园"提供法理上的支撑。

"世界科研公园"的法律框架可以包括但不限于以下内容。

第一，在遵守《联合国宪章》的基础上，南极只用于和平目的。

第二，为了全人类的利益，使南极成为"世界科研公园"。在"世界科研公园"内，所有国家都有进行科学研究的权利和自由，并加强科学研究中的国际合作，使在南极的科学研究取得最大的效益。

第三，所有国家都负有保护南极环境的义务，遵守关于保护南极环境的原则、规则和规章制度。

4. 关于建立"南极科学与环境保护研究中心"的建议

为了促进更多的国家和人民参与南极科学研究，根据南极条约体系的规定，结合2019年《〈南极条约〉60周年的布拉格宣言》[1]的相关倡议，建议在南极建立"南极科学研究与环境保护中心"，向所有国家开放，特别是向南极科学研究比较落后的国家开放，使这些国家也有参与南极科学研究的机会和条件。同时，将该中心建设成为保护南极环境的国际基地，每年定期邀请相关国家的各界人士，宣传南极地质、地理、环境和气候变化等方面的知识和思想，开展南极环境外交。

建立"南极科学与环境保护研究中心"，有以下几方面的意义。

第一，建立"南极科学与环境保护研究中心"是在南极治理中，践行习近平主席提出的"人类命运共同体"的思想，构建"南极命运共同体"的重要抓手和途径。

第二，通过运行"南极科学与环境保护研究中心"，团结"一带一路"沿线国家共同"认识南极"，增强"保护南极"的意识，增强和"一带一路"沿线国家的关系，助推中国的全面外交工作。

第三，建立和运行"南极科学与环境保护研究中心"，是中国负责任大国担当的体现。依托中国极地科考船"雪龙2号"的投入使用，邀请对南极有兴趣国家的科学家、教育家、政治家，探索、研究和认识南极，激发世界各国人民对南极环境保护的热情，促使更多的国家加入《南极条约》，加入对南极环境保护的行列中。

总之，为了全人类的利益，把南极确定为"世界科研公园"，给南极一个明确的法律地位，可以解决目前南极法律地位不确定的状态；建立"南极科学与环境保护研究中心"，可以进一步提升南极科学研究中的合作效益，提升中国在南极治理中的话语权和领导权。

（二）中国北极权益的实现

1. 中国的北极政策

迄今尚无关于北极国际治理的系统化的国际条约，UNCLOS仅为北极环境保护提供了初步的法律框架，应对北极治理的国际法呈"碎片化"状态。鉴于北极环境的特殊性和脆弱性，现有国际法机制尚难以适应保护北极环境

---

[1] 2019年7月8日，在捷克共和国首都布拉格召开的第42届南极条约协商会议上通过了《〈南极条约〉60周年的布拉格宣言》(Prague Declaration on the Occasion of the Sixtieth Anniversary of the Antarctic Treaty)。

的现实需要,且其实施效果尚依赖于各国,尤其是海洋国家对公约的尊重程度以及善意履行条约义务的政治意愿。但北极的未来不仅关乎北极国家的权益,也关乎北极域外国家和全人类的福祉,对作为近北极国家的中国来说,北极的国际治理需要中国的参与。中国是北极事务的重要利益攸关方,北极的自然状况及其变化对中国的气候系统和生态环境有着直接的影响,进而关系到中国在农业、林业、渔业、海洋等领域的经济权益。

2018年1月26日,国务院新闻办公室发表《中国的北极政策》白皮书,指出,中国的北极政策目标是认识北极、保护北极、利用北极和参与治理北极,维护各国和国际社会在北极的共同利益,推动北极的可持续发展。中国参与北极事务坚持科研先导,强调保护环境、主张合理利用、倡导依法治理和国际合作,并致力于维护和平、安全、稳定的北极秩序。中国将本着"尊重、合作、共赢、可持续"的基本原则参与北极事务。外交部副部长孔铉佑在发布会上指出,这份白皮书是中国政府对外发表的第一份北极政策文件,是指导中国当前和今后一个时期参与北极事务的重要政策依据。

2. 中国实现北极权益的建议

(1) 关注北极外大陆架的划界。已向联合国大陆架界限委员会提交审议200海里外大陆架划界申请案的国家主要包括俄罗斯、挪威、冰岛、加拿大和丹麦。北极海域的大陆架面积大小,与北极国际海底区域的面积大小是此消彼长的关系,北极海域的大陆架划界问题将直接决定北极海底区域丰富的资源矿藏的权属。因此,北极外大陆架划界问题直接涉及中国的权益拓展。

(2) 以北极气候与环境变化为抓手,强化北极气候变化属于"人类共同关切事项",使这一概念成为我国参与北极事务的国际法基础。近年来,"人类共同关切事项"已成为专门调整以往属于国家主权范围内但国际社会对其具有共同利益的活动或资源的国际法概念。虽然这一概念尚未成为习惯国际法,但已被国际社会绝大多数成员所接受,并应用于气候变化和生物多样性等领域。在气候变化议题"人类共同关切事项"的基础上,我国参与北极事务既不触及北极域内国家的核心权益,又可以深化与北极国家的联合与合作。[1]

(3) 加强与北极国家和北极理事会合作。俄罗斯和加拿大都将开发北极

―――――――
[1] 薛桂芳:"我国拓展极地海洋权益的对策建议",载《学术前沿》2017年第11期。

航道作为北极战略的主要目标，都需要开展更广泛的国际合作。俄罗斯正寻求亚洲国家作为北方海航道的潜在投资者，中国可以通过向北极国家提供海事服务以及开展与北极国家的区域合作参与北极航运治理。另外，国际海事组织和国际船级社协会是中国参与北极航运治理的重要平台，中国可以通过与国际海事组织的合作在相关国际法律制度的制定、实施和完善中发挥更大作用。中国作为北极理事会的永久观察员国，应以北极理事会为平台，扩大与北极域内外国家的国际合作，推动"大北极网络"建设，实现我国与北极地区的互联互通。

（4）加强能力建设，提供国际公共产品。加强能力建设包括科技创新和法律机制的建设，使中国不仅确保履行对本国船舶进行严格管理，使其符合规定的适航条件，同时确保本国船舶遵守国际法，确保履行保护和保全北极海洋环境的义务。关于国际公共产品，虽然现阶段中国北斗系统对外合作集中在东南亚和南美的发展中国家，但随着该系统实现全球覆盖，北斗卫星导航系统具有短报文通信的通信功能，而且在所覆盖的范围内没有通信盲区，因而该系统可以为各国船舶在北极海域航行提供更有力的支持。[1]

总的来说，中国应以极地作为中国国际合作的新领域，依照自身极地战略，根据南北极的不同情况，积极参与国际治理。

第五节　全球气候治理

应对气候变化是当今国际关系和国际法领域的热点问题，也是一项需要各国切实地善意合作才能应对的国际问题。气候危机的应对，与各国休戚相关，命运与共。联合国发布的《2019年可持续发展目标报告》指出，气候变化以及发展不平等问题是当今世界面临的两大主要挑战。2021年8月，联合国政府间气候变化专门委员会（IPCC）正式发布第六次评估报告第一工作组报告《气候变化2021：自然科学基础》（以下简称报告）以翔实的科学数据和论证，引发了各国和民众关于气候危机的警醒，联合国秘书长古特雷斯称

---

〔1〕唐尧、夏立平："中国参与北极航运治理的国际法依据研究"，载《太平洋学报》2017年第8期。

第七章 参与全球治理与国际法治的中国方案（新兴领域）

之为"全人类的红色警报"。[1]

应对气候变化极其重要，需要各方积极行动。[2]中国作为负责任的大国，积极采取措施，应对气候变化问题。这不仅体现为在国际层面积极参与气候治理进程，参加相关国际条约的谈判，善意遵守相关国际规则，积极推动国际的和区域的气候治理进程，而且体现为在国内层面切实开展减缓或适应方面的行动。此外，中国政府还根据现实和国情，逐步制定或修改有关应对气候变化的法律法规，以便为应对气候变化行动提供更为明确和坚实的法律指引与保障。

1992年至今，中国一直都积极参与应对气候变化国际规则的制定、逐步作出日益重要的贡献。从1992年《联合国气候变化框架公约》的签署到2015年《巴黎协定》的通过，以及2018年《巴黎协定》实施细则的制定，中国在全球气候治理进程中的地位发生了动态的演进，体现从边缘到中心的变化，中国在应对气候变化问题上的角色从旁观者、防守者实现了主导者和引领者的转变。2018年底通过的《巴黎协定》的实施则更是凸显了中国方案和中国作用的独特性、重要性。

更重要的是，中国一直在国际和国内层面切实采取措施和有效行动，将政治承诺转化为有力的行动，以实际行动推动和构建"人类命运共同体"。2019年9月，联合国气候行动峰会上，中国为应对气候变化继续释放正能量，发布《联合国气候行动峰会：中方的立场和行动》，成为"基于自然的解决方案"领域的共同牵头国，积极推动各方依靠自然的力量应对气候风险，备受各方赞许。[3]2020年9月22日在第75届联合国大会上，习近平主席正式宣布中国的"双碳"目标——二氧化碳排放力争于2030年前达到峰值，努力争

---

[1] 联合国政府间气候变化专门委员会（IPCC）主要职责是对气候变化的科学、影响和如何适应与减缓进行评估，为全球组织和各政府进行气候合作与谈判提供科学支持。IPCC下设三个工作组，其中第一工作组主要负责评估气候系统和气候变化的科学问题，是整个IPCC评估报告的核心，其他两个工作组主要评估气候变化的社会经济影响、适应和减缓气候变化的方案选择等问题。2021年8月9日，IPCC第六次气候变化评估报告第一工作组报告发布。该报告确认，人类通过燃烧化石燃料排放温室气体，造成了全球变暖问题，目前大气中二氧化碳的浓度处于至少200万年来的最高点，全球增暖对气候系统的影响，海平面、北极海冰、冻土层、山地冰川和极地冰盖，在未来数百年到数千年的时间尺度上是不可逆的。

[2] 钟声："应对气候变化亟须负责任行动"，载《人民日报》2019年7月12日，第3版。

[3] 中央广电总台国际在线："中国为应对全球气候变化持续释放'正能量'"，载http://news.cri.cn/20190924/19945a26-fe67-97a9-8852-4bdc4a91ee79.html，最后访问日期：2019年9月24日。

取 2060 年前实现碳中和。中国的庄严承诺,赢得国际社会的广泛积极评价。2020 年 12 月 12 日,在纪念《巴黎协定》签署 5 周年的气候雄心峰会上,中国宣布了国家自主贡献的一系列新举措。[1] 2021 年 10 月 28 日,在 COP26 召开前夕,中国正式向公约秘书处提交了《中国落实国家自主贡献成效和新目标新举措》和《中国本世纪中叶长期温室气体低排放发展战略》。这是中国履行《巴黎协定》的最新举措,体现了中国推动绿色低碳发展、积极应对气候变化的决心和努力。中国参与全球气候治理的历程,其实也是中国从参与国际事务、走向国际治理舞台到发挥领导性作用、走向国际治理舞台中央的历程。

一、积极参与全球气候治理,在规则制定和多边合作中贡献中国智慧

随着各国对气候变化问题的认识不断加深,国际社会都意识到,气候变化问题不仅是一个环境问题或科学问题,更是一个发展问题,是对各国的政治、经济、环境和社会发展模式等多方面具有重要影响的国际问题。每个国家的温室气体排放量和排放水平会与其自身的发展阶段、生活方式、人口规模、资源禀赋、产业特色等因素密切相关。有效应对和缓解气候变暖问题,既需要科学技术的进步,更需要整个国际社会各国、各利益攸关方的广泛参与和善意合作。基于上述共识,国际社会自 20 世纪 90 年代开始了应对气候变化的国际规则的谈判和制定进程。迄今,在联合国框架下,应对气候变化的多边条约主要有:1992 年《联合国气候变化框架公约》;1997 年《京都议定书》及其《〈京都议定书〉多哈修正案》(以下简称《多哈修正案》);2015 年《巴黎协定》及其 2018 年实施细则。除以联合国为主导的、以气候变化国际条约和缔约方会议为节点的全球气候治理进程,国际上还存在政府间气候变化专门委员会、二十国集团、经济大国能源与气候论坛等应对气候变化的进程。中国一直都积极参与这些进程,密切相关的合作。此外,中国还积极推动和开展的气候变化南南合作,以及"一带一路"倡议中融入应对气候变化的关切。

中国积极参与全球气候治理进程主要体现在三个方面。首先是中国一直以来都积极参与气候变化各项多边条约的谈判并及早签署和及时批准相关的

---

[1] 参见习近平:"继往开来,开启全球应对气候变化新征程——在气候雄心峰会上的讲话",新华社北京 2020 年 12 月 12 日电。

文件，推动气候变化国际规则的生效和实施；其次是致力于构建公平合理的应对气候变化国际秩序，提供了中国方案和中国贡献，既维护了中国的利益，也维护了广大发展中国家的利益；最后是在国内层面切实开展行动，节能减排，根据现实的能力，善意履行国际义务，采取措施应对气候变化，这不仅是中国的义务，也是中国对气候变化问题的贡献。

（一）参与并尽早批准《联合国气候变化框架公约》

1.《联合国气候变化框架公约》的主要内容

《联合国气候变化框架公约》[1]由联合国大会特设委员会1992年5月9日第237/18号决议通过并开放给各国签字、批准和加入，依据第23（1）条规定，于1994年3月21日生效。该公约是目前气候变化领域适用范围最广的国际条约。依据联合国公约与宣言检索系统和该公约的官方网站可知，截至2018年，该公约有197个缔约方。我国于1992年11月7日经全国人大批准该公约，并于1993年1月5日将批准书交存联合国秘书长处。该公约自1994年3月21日起对中国生效，同日也适用于中国澳门特别行政区，1999年12月澳门回归后继续适用。该公约自2003年5月5日起适用于中国香港特别行政区。[2]

《联合国气候变化框架公约》由序言和26个条文组成，其核心内容体现为以下四个方面。（1）确立应对气候变化的最终目标。第2条规定，"本公约以及缔约方会议可能通过的任何法律文书的最终目标是，将大气温室气体的浓度稳定在防止气候系统受到危险的人为干扰的水平上。这一水平应当在足以使生态系统能够可持续进行的时间范围内实现"。（2）确立国际合作应对气候变化的基本原则，主要包括"共同但有区别的责任"原则、公平原则、各自能力原则和可持续发展原则等。（3）明确发达国家应承担率先减排和向发展中国家提供资金技术支持的义务。《联合国气候变化框架公约》附件一所列国家（发达国家和经济转型国家）应率先减排。附件二所列国家（发达国家）应向发展中国家提供资金和技术，帮助发展中国家应对气候变化。承认发展中国家有消除贫困、发展经济的优先需要。该公约承认发展中国家的排

---

[1] United Nations, Treaty Series, Vol. 1771, p. 107.
[2] "《联合国气候变化框架公约》进程"，载https://www.fmprc.gov.cn/web/ziliao_674904/tytj_674911/tyfg_674913/t1201175.shtml，最后访问日期：2019年2月28日。

放相对较低,因此在全球排放中所占的份额将增加,经济和社会发展以及消除贫困是发展中国家首要和压倒一切的优先任务。

2. 中国的参与和履约

中国对《联合国气候变化框架公约》的支持与参与,不仅体现在自该公约制定以来,一直重视和参加历届缔约方会议,持续关注相关规则和议题的谈判,而且还体现在依据动态演进的规则和要求,积极履行相关承诺和义务。

依据《联合国气候变化框架公约》第4条,所有缔约方依据共同而有区别的责任,以及各自的发展优先顺序、目标和情况,应按照后续缔约方会议制定的要求,提交各种温室气体排放清单,制定、执行、公布和经常性地更新其减缓气候变化的行动。自2010年起,依据《联合国气候变化框架公约》第16届缔约方会议制定的坎昆协议,发展中国家的减缓行动属于应当提交的国别信息和报告的范畴。[1]发展中国家自此不仅应提交国家适当减缓行动或目标,并且还应该每两年提交双年更新报告,接受国际磋商与分析。不过,发展中国家提交国家信息通报的要求,在法律性质上是否属于义务,各方尚未有明确共识。尽管如此,中国基于对该公约规定和承诺的善意遵守,依据公约和缔约方会议决议的要求,积极提交了相关的信息和报告,善意实施公约的规定。例如,作为发展中缔约方,国家发展和改革委员会经国务院批准后于2012年11月代表中国政府向公约秘书处提交《中华人民共和国气候变化第二次国家信息通报》。这次信息通报中,第一次系统地纳入了中国香港和澳门特别行政区包括地区温室气体清单在内的应对气候变化信息,显著提高了我国信息通报的完整性。

(二) 积极签署《京都议定书》及其《多哈修正案》

1.《京都议定书》的主要内容

《京都议定书》于1997年《联合国气候变化框架公约》参加国第三次缔约方会议(conference of parties)通过,旨在加强该公约的实施,区分发达国家和发展中国家,并为各自在第一承诺期(2008年至2012年)设立了不同的减排义务,其中发达国家承担有约束力的量化减排义务,发展中国家则不承

---

[1] 参见朱松丽、高翔:《从哥本哈根到巴黎:国家气候制度的变迁和发展》,清华大学出版社2017年版,第39页。

担此类有约束力的减排义务,而是被鼓励采取相应的行动。《京都议定书》自 1998 年 3 月开放签署,不过依据载于第 25 条的生效要件,[1]在美国国会明确声称不会批准《京都议定书》之后,只有俄罗斯批准该议定书,才能使《京都议定书》满足生效要件。因此,《京都议定书》在 2005 年俄罗斯杜马批准后,于 2015 年 2 月 16 日生效,截至 2018 年底,共有 192 个缔约方。

中国属于较早签署《京都议定书》的国家,于 1998 年 5 月 29 日签署并于 2002 年 8 月 30 日核准该议定书。该议定书于 2005 年 2 月 16 日起对中国生效,并于同日起适用于中国香港特别行政区,2008 年 1 月 14 日起适用于中国澳门特别行政区。

《京都议定书》第一承诺期结束后,国际社会于 2012 年在多哈会议制定并通过了包含部分发达国家第二承诺期量化减限排指标的《多哈修正案》。第二承诺期为期 8 年(2013 年至 2020 年底)。中国于 2014 年 6 月 2 日向联合国秘书长交存了《多哈修正案》的接受书。不过,目前《多哈修正案》尚未生效。

《京都议定书》由序言和 28 条正文组成,主要内容体现为以下几个方面。附件一国家(发达国家和经济转型国家),整体在 2008 年至 2012 年应将其年均温室气体排放总量在 1990 年基础上至少减少 5%。欧盟 27 个成员国以及澳大利亚、挪威、瑞士、乌克兰等 37 个发达国家缔约方参加了第二承诺期(《多哈修正案》),整体在 2013 年至 2020 年承诺期内将温室气体的全部排放量从 1990 年的水平至少减少 18%。减排的多种温室气体,《京都议定书》规定的有二氧化碳(CO_2)、甲烷(CH_4)、氧化亚氮(N_2O)、氢氟碳化物(HFCs)、全氟化碳(PFCs)和六氟化硫(SF_6)。《多哈修正案》将三氟化氮(NF_3)纳入管控范围,使受管控的温室气体达到 7 种。发达国家可采取"排放贸易""共同履行""清洁发展机制"三种灵活履约机制作为完成减排义务的补充手段。[2]

---

[1]《京都议定书》第 25 条第 1 款:"本议定书应在不少于五十五个《公约》缔约方、包括其合计的二氧化碳排放量至少占附件一所列缔约方 1990 年二氧化碳排放总量的 55%的附件一所列缔约方已经交存其批准、接受、核准或加入的文书之日后第九十天起生效。"

[2]"《联合国气候变化框架公约》进程",载 https://www.fmprc.gov.cn/web/ziliao_674904/tytj_674911/tyfg_674913/t1201175.shtml,最后访问日期:2019 年 2 月 28 日。

2. 中国的参与和行动

中国在《京都议定书》下的参与和行动，除了定期会议外，主要体现为对市场机制的尝试和利用，对"共同而有区别责任"原则等基本原则的强调和坚持，对《多哈修正案》的接受与支持等方面。

中国作为发展中国家，在《京都议定书》下并不负有约束性的减排义务，因此履约压力和难度相对不大。为了减缓温室气体排放，提升适应气候变化的能力，中国政府积极利用《京都议定书》规定的清洁发展机制等市场机制，开展清洁能源等项目合作，不仅积累了应对气候变化的项目经验，还促进了经济的发展。

在《京都议定书》后续承诺期规则制定期间，中国政府积极利用基础四国和七十七国集团等场合，表明态度，维护《联合国气候变化框架公约》和《京都议定书》下的基本原则，坚持共同而有区别责任原则的核心地位。在《京都议定书》第一承诺期即将届满之前，国际社会通过《联合国气候变化框架公约》缔约方会议着手制定第二承诺期的相关规则。然而，鉴于美国、加拿大、澳大利亚等发达国家反对《京都议定书》将发达国家和发展中国家分开，设置不同类型的减排义务的规定，这些国家提议搁置《京都议定书》，另起炉灶制定一项新协定，为发达国家和不承担强制减排义务的发展中国家设置对等的义务。中国作为经济总量和温室气体排放量都迅速增长的发展中大国，坚定维护和重申"共同而有区别的责任"原则，反对忽视发展中国家和发达国家的差异，设置对等的义务。这不仅维护了自身利益，还维护了广大发展中国家的利益，捍卫了发展中国家随着经济发展而应有的合理的排放空间。由于发达国家的上述提议遭到了发展中国家，尤其是发展中大国的反对，国际气候治理的谈判进程于2007年巴厘会议开启了气候变化谈判的双轨模式作为妥协。[1]这在一定程度上延缓了发达国家偏离《京都议定书》重新谈判的步伐。

此外，针对《多哈修正案》，中国政府不仅尽早予以接受，履行国内和国际层面的程序，而且经常鼓励和敦促发达国家善意合作，尽快接受以便使之

---

〔1〕双轨模式是指设立两个并行的特设工作组，分别负责探讨旨在加强公约实施的《联合国气候变化框架公约》框架下所有缔约方的一般义务，以及《京都议定书》下发达缔约方2012年以后的强制减排义务。双轨模式由2007年第13届缔约方会议的最终文件，即巴厘路线图确立。

生效。第 24 届缔约方会议（2018）上，中国将推动各方落实 2020 年前的各项承诺和行动，为《巴黎协定》在 2020 年之后的实施奠定互信基础，推动《多哈修正案》的批准，作为中国参加卡托维茨会议的重要内容之一。经过各方的努力，《多哈修正案》于 2020 年 12 月 31 日生效。

（三）推动《巴黎协定》的制定与生效

1. 《巴黎协定》的制定背景与主要内容

2011 年，第 17 届缔约方会议（气候变化德班会议）是谈判"后京都时代"气候变化国际规则的一个转折点，将之前的双轨制谈判合并成了单轨制，其标志就是"加强行动德班平台特设工作组"（"德班平台"）的设立。"德班平台"负责在《联合国气候变化框架公约》下制定适用于所有缔约方的议定书、其他法律文书或具有法律约束力的成果。德班会议同时决定，相关谈判需于 2015 年结束，谈判成果将自 2020 年起开始实施。

2015 年《联合国气候变化框架公约》第 21 届缔约方会议暨《京都议定书》第 11 次缔约方会议在法国巴黎举行。此次会议受到各国和民众普遍关注和期待，有包括中国国家主席在内的 150 多个国家领导人出席大会开幕活动。巴黎大会的成果是最终达成《巴黎协定》，对 2020 年后应对气候变化的国际机制作出安排，标志着全球应对气候变化进入新阶段。

中国于 2016 年 4 月 22 日签署《巴黎协定》，并于 2016 年 9 月二十国集团杭州峰会前中美联合批准《巴黎协定》。该协定于 2016 年 11 月生效。依据联合国公约与宣言检索系统和 UNFCCC 官网可知，截至 2019 年 3 月，签署《巴黎协定》的《联合国气候变化框架公约》缔约方达到 195 个，批准的缔约方达 185 个。

《巴黎协定》由序言和 29 项条文组成，主要内容包括设定了长期目标，重申 2℃ 的全球温升控制目标，同时提出要努力实现 1.5℃ 的目标，并且提出在 21 世纪下半叶实现温室气体人为排放与清除之间的平衡。采用自下而上的国家自主贡献模式，而非自上而下地设定强制性义务。各国应制定、通报并保持其"国家自主贡献"，通报频率是每五年一次。新的贡献应比上一次贡献有所加强，并反映该国可实现的最大力度。重视应对气候变化的减缓行动，要求发达国家继续提出全经济范围绝对量减排目标，鼓励发展中国家根据自身国情逐步向全经济范围绝对量减排或限排目标迈进。关于资金技术和能力建设等支持机制,继续明确了发达国家的义务,尤其在资金问题上,鼓励其他国家在自愿基础上进行出资。《巴黎协定》具有相对全面的监督和评估机制。一方面建立了"强化"的透明度框架,[1]以非侵入性、非惩罚性的方式,监督缔约国对自主贡献等承诺的落实,构建缔约方之间的互信;另一方面建立了整体评估机制,[2]即全球盘点制度,每五年进行定期盘点,推动各方不断提高行动力度。

2.《巴黎协定》的制定和生效过程中的中国贡献

中国在《巴黎协定》的制定与生效过程中,积极贡献了中国智慧和中国方案,发挥了重要作用,甚至是领导作用。这不仅体现在相应的多边谈判场合,还体现为相关的双边活动和中国单方面的声明和表态。

第21届缔约方会议之前,为了避免巴黎会议像2009年哥本哈根会议那样无功而返,包括中国在内的各缔约国都付出了切实努力。例如,采取灵活的态度,初步解决了诸如发达国家和发展中国家在减缓气候变化问题上的责任分担的"二分"问题。[3]

在巴黎会议前两个月,针对谈判中关于资金议题的僵局,中国于2015年9月宣布成立的"南南气候变化合作基金"并首期出资200亿人民币的表态,推动了资金议题的谈判,也给发达国家在资金议题上打破僵局施加了压力。

为了推动巴黎会议如期达成协议,中国还积极采取一系列密集的双边气候外交行动,如2014年达成《中美气候变化联合声明》,2015年达成《中美元首气候变化联合声明》《中华人民共和国政府和印度共和国政府关于气候变化的联合声明》《中欧气候变化联合声明》《中法元首气候变化联合声明》等。[4]这些声明和文件对《联合国气候变化框架公约》框架下进行的多边谈判有不同程度的影响或促进作用。因为大国之间就敏感问题先达成一致,有助于多边进程中加速共识的形成,是务实高效的方式。

《巴黎协定》从制定到生效只用了1年时间,不仅少于《联合国气候变化

---

[1]《巴黎协定》第13条。

[2]《巴黎协定》第14条。

[3] "二分"问题是指发展中国家认为应该坚持《京都议定书》那样规定发达国家有减排的义务,发展中国家不承担有约束力的减排义务;发达国家则坚决反对维持此类区分。

[4] 参见朱松丽、高翔:《从哥本哈根到巴黎:国家气候制度的变迁和发展》,清华大学出版社2017年版,第246-247页。

框架公约》（2年），更少于《京都议定书》（8年）。这与包括中国、美国、欧盟等国家或国家集团的积极谋划和努力推动密不可分。其中，占全球温室气体排放量40%的中美两国在2016年杭州二十国集团峰会前正式联合批准《巴黎协定》的举措更是功不可没。这不仅极大地彰显了中美两国当时采取行动应对气候变化的政治意愿和雄心，而且深深鼓舞和激励了其他国家尽早完成批准程序，加速了《巴黎协定》的生效进程。由于各国，尤其是对气候变化谈判有影响力的大国之间的密切合作，《巴黎协定》以超乎寻常的速度，得到多国的批准，很快满足了其生效条件，[1]于2016年11月生效。

（四）积极贡献"中国方案"促成《巴黎协定》后续实施细则

《巴黎协定》虽然于2015年底顺利达成，但是还需要制定相对详细的实施细则，才能为国际社会实施这一协定提供基本的规则。在《巴黎协定》后续实施细则制定过程中，尤其是在美国2017年宣布退出《巴黎协定》的背景下，面对这纷繁复杂的国际局势，中国政府以高度负责任的态度，积极参与磋商，凝聚各方对《巴黎协定》的信心，贡献"中国方案"，促成了具体领域后续实施细则于2018年底在卡托维兹召开的第24届缔约方会议（COP24）上得以通过。

1. 《巴黎协定》后续实施细则的主要内容

《巴黎协定》后续实施细则旨在为各国报告温室气体排放情况和实施减排行动，建立一套具体的规则，推动和确保《巴黎协定》的顺利实施，以便在21世纪末将地球升温控制在2℃以内，争取实现1.5℃的目标。该细则针对自主贡献、减缓、适应、资金、技术、能力建设、透明度、全球盘点、遵约等内容涉及的机制及其运行规则总体上达成了共识。各项机制的实施细则中，透明度机制在内容上尤为详细。反映出国际社会对全球气候治理不仅关注各缔约方"自下而上"根据本国国情和能力提出自主贡献方案，而且还关注"自上而下"监督实施。此外，该细则还对2020年之后实施《巴黎协定》以加强全球气候治理的行动力度作出了进一步的安排，强化了各国推进全球气候治理的政治意愿，细化了各国加强应对气候变化行动的力度。

---

[1]《巴黎协定》第21条第1款："本协定应在不少于55个《公约》缔约方，包括其合计共占全球温室气体总排放量的至少约55%的《公约》缔约方交存其批准、接受、核准或加入文书之日后第30天起生效。"

2. 《巴黎协定》后续实施细则的制定与中国贡献

中国强调坚持《联合国气候变化框架公约》的原则、强调《巴黎协定》的全面、有效和持续实施。中国政府不仅按照历次会议的日程和要求，对自主贡献、透明度、适应、全球盘点、遵约机制等多项议题积极贡献了中国方案；在谈判制定规则的进程中，中国还与各方密切沟通、增进理解、积累共识，为协调各方立场，推进谈判进程发挥了积极作用，促成《巴黎协定》实施细则在最后时刻的通过，维护了多边规则。以透明度机制的细则谈判为例，中国一直坚持以《联合国气候变化框架公约》确立的原则为基础，在具体行动上，坚持发达国家和发展中国家的两种区分，因此中国最初也坚持适用发达国家和发展中国家两套不同的报告机制和审议机制。但是在2018年底召开的卡托维兹会议期间，为了顺利达成相关实施细则，在与欧盟等缔约方多次磋商和协商的情况下，中国作出了重要的让步和贡献，放弃了《京都议定书》确立和实施的发达国家和发展中国家"二分"的方案，以一套统一但有区分度的规则体系来体现共同但有区别的责任，体现发达国家和发展中国家的不同国情和安排。中国政府态度的调整体现了"人类命运共同体"的意识，展示出了善意合作、负责任的大国形象，为关键问题上具体实施细则的达成，起到了促进和桥梁作用。

二、大力推动气候领域"南南合作"，构建气候治理的"人类命运共同体"

中国不仅在多边场合积极参与气候治理进程，而且灵活运用区域和双边场合，通过"南南合作""一带一路"倡议等，推进气候治理，为应对气候变化问题提供中国方案和贡献，还积极在双边、区域场合通过"南南合作"等多种途径推动气候治理行动，推动构建气候治理的"人类命运共同体"。

（一）气候变化"南南合作"的背景

气候变化领域的"南南合作"是当前中国对外援助的重要和首要的关注领域之一。2011年中国通过的"十二五"规划（2011—2015）提出"大力开展国际合作，应对气候变化"的目标，力图"加强气候变化国际交流和政策对话，开展科学研究、技术研发和能力建设等领域的务实合作，对发展中国家应对气候变化提供帮助和支持"。2014年中国发布的《中国的对外援助（2014）》白皮书，将应对气候变化领域的援助与合作视为中国政府对外援助加强环境保护的"首要关注领域"之一。2015 年《中非合作论坛的约翰内斯堡峰会宣言》和《中非合作论坛——约翰内斯堡行动计划（2016—2018 年）》重点强调了气候变化"南南合作"。

（二）气候变化"南南合作"的政策、措施与进展

依据《国家应对气候变化规划（2014—2020 年）》可知，中国政府在国家政策上加大对气候变化的关注与支持，行动上还通过设立"南南合作"气候基金，为低碳绿色项目和相关行动提供资金支持，还鼓励地方政府、企业和非政府组织"走出去"，在低碳和适用气候变化的技术与产品上与发展中国家的相应机构进行合作，实现互惠共赢。

依据 2011 年和 2014 年由国务院新闻办公室发布的两份《中国的对外援助》白皮书可知，中国开展的气候变化"南南合作"主要是物资赠送和能力培训等形式。具体而言，主要是通过开展低碳示范区建设、赠送节能低碳物资和气候监测预警设备、开设应对气候变化"南南合作"培训班等多种方式帮助其他发展中国家提高应对气候变化能力。2015 年，习近平主席在气候变化巴黎大会开幕式讲话中提出，中国将启动在发展中国家建设 10 个低碳示范区，作为"南南合作"应对气候变化的一项新举措。[1] 塞舌尔应对气候变化低碳示范区是应对气候变化领域"南南合作"的首个低碳示范区项目。2017 年 5 月 23 日，国家发展和改革委员会与塞舌尔环境、能源和气候变化部签订了"关于应对气候变化低碳示范区建设的谅解备忘录"，2017 年 10 月 14 日至 27 日，水电水利规划设计总院（以下简称水电总院）组织专家在塞舌尔开展了"南南合作"中国援建塞舌尔应对气候变化低碳示范区的现场查勘和方案洽谈工作。[2] 截至 2017 年底，国家发展和改革委员会代表中国政府先后与 28 个国家签署了物资赠送的谅解备忘录，赠送节能灯、家庭用太阳能发电系统等适应气候变化的物资。商务部通过低碳示范区、农业抗旱技术、水资源管理和利用等技术援助，以及提供物资和现汇等方式累计援助了 70 多个发展中国家。

---

[1] 参见《中国应对气候变化的政策与行动 2015 年度报告》。
[2] "水电总院完成中国援塞舌尔低碳示范区现场查勘和方案确认工作"，载中国交通网，http://www.jiaotongjie.com/jtsq/rdjj/89993.html，最后访问日期：2019 年 2 月 28 日。

（三）气候变化"南南合作"的未来挑战

气候变化领域"南南合作"的上述行动和措施，不仅有助于应对气候变化，加强国际合作，还有助于增进和巩固我国与发展中国家之间的友好合作关系，展现了中国负责任的大国形象。气候变化的"南南合作"在未来仍将是中国对外援助和对外合作，尤其是"一带一路"倡议下的项目合作的重要内容。

如何进一步增强中国在全球气候治理进程中的领导力和影响力，提高和增强对发展中国家应对气候变化的支持力度，推动构建气候治理的"人类命运共同体"，这将是中国政府未来面临的现实挑战，也是重要机遇。依据哲学上的因果定律可知，中国政府在确保经济平稳增长的同时，妥善采取国内措施、应对气候变化，实现压力不小的"国家自主贡献"目标，这是未来继续拓展和提升对外合作、推动气候变化"南南合作"在范围、数量和力度上不断扩大的基础。

三、以"双碳"目标为引领，切实全面推进国内减排行动

作为世界上最大的发展中国家，中国高度重视应对气候变化。中国参与全球气候治理，除了通过多边、区域和双边行动推动治理进程的顺利进行，还体现于在国际层面和国内层面对国际承诺和规则的遵守和实施，务实推进"双碳"目标，切实推动构建气候领域的"人类命运共同体"。正如2021年3月，习近平总书记在中央财经委员会第九次会议上强调，实现碳达峰、碳中和是一场广泛而深刻的经济社会系统性变革，要把碳达峰、碳中和纳入生态文明建设整体布局。在国际层面，积极参与全球气候治理，善意履行义务，提交温室气体排放的国别清单和报告、提出并更新中国的自主贡献目标等程序和实质的措施，加大国家自主贡献的力度；在国内层面，克服自身经济、社会等方面困难，实施一系列应对气候变化战略、措施和行动，从应对气候变化国家战略、行政措施和立法保障等多方面齐抓共管，切实平稳推进应对气候变化工作，应对气候变化取得了积极成效。

（一）明确"双碳"目标、强化应对气候变化的力度

1. 中国应对气候变化的总体立场

中国把应对气候变化作为推进生态文明建设、实现高质量发展的重要抓手，推进可持续发展和推动构建"人类命运共同体"。在国际层面，中国积极

参与气候变化的多边会议和进程，一贯坚持《联合国气候变化框架公约》框架下的多边谈判主渠道，反对单边行动；坚持"共同但有区别的责任"和各自能力原则；[1]强调公开透明、广泛参与、缔约方驱动和协商一致的谈判规则；强调遵守《联合国气候变化框架公约》和《京都议定书》为基本框架的国际气候制度，以加强《联合国气候变化框架公约》的全面、有效和持续实施。

尽管新冠疫情给全球带来了重大冲击，为了推进全球气候治理合作，2020年9月22日在第75届联合国大会上，习近平主席正式宣布中国的"双碳"目标——中国将提高国家自主贡献力度，采取更加有力的政策和措施，二氧化碳排放力争于2030年前达到峰值，努力争取2060年前实现碳中和。[2]积极应对气候变化，加快绿色低碳转型，实现绿色复苏发展，是构建"人类命运共同体"的重要实践，对于中国而言，力争2030年前实现碳达峰、2060年前实现碳中和，这需要付出艰苦努力。毕竟，发达国家耗费六七十年时间才完成碳达峰到碳中和的过渡和转型，实现低碳发展；而中国需要在30年时间内完成，时间只有一半左右，这意味着中国的碳减排力度和强度都要大得多。这是中国基于推动构建"人类命运共同体"的责任担当和实现可持续发展的内在要求作出的重大战略决策。

2021年10月28日，在COP26召开前夕，中国正式向公约秘书处提交了《中国落实国家自主贡献成效和新目标新举措》和《中国本世纪中叶长期温室气体低排放发展战略》。这是中国履行《巴黎协定》的最新举措，阐述了中国对全球气候治理的基本立场、所作贡献和进一步推动应对气候变化国际合作的考虑，体现了中国对全球应对气候变化的责任担当。

2. 不断提高国家自主贡献的力度

此外，中国还在程序上和实质上善意履行应对气候变化方面的义务和承诺，这包括宣告国家的减缓行动，提交自主贡献目标，提交履约信息国家报告和双年更新报告等具体的行动，不仅展现中国应对气候变化的蓝图与信心，还有助于提振各方采取行动的信念。

---

[1] 参见《中华人民共和国国民经济和社会发展第十四个五年规划和2035年远景目标纲要》、《中共中央关于坚持和完善中国特色社会主义制度 推进国家治理体系和治理能力现代化若干重大问题的决定》（2019年10月31日中国共产党第十九届中央委员会第四次全体会议通过）。

[2] 中华人民共和国国务院新闻办公室：《中国应对气候变化的政策与行动》白皮书，2021年10月27日。

根据《联合国气候变化框架公约》第 16 次缔约方会议通过的《坎昆协议》，自 2010 年起，中国作为发展中国家应提出"国家适当减缓行动"。中国提出了 2020 年"国家适当减缓行动"，并于 2015 年 6 月 30 日提交了首次国家自主贡献（INDC）文件。这份名为《强化应对气候变化行动——中国国家自主贡献》的文件，根据自身国情、发展阶段、可持续发展战略和国际责任担当，中国确定了到 2030 年的自主行动目标，主要包括以下几个方面：（1）二氧化碳排放 2030 年左右达到峰值并争取尽早达峰；（2）单位国内生产总值二氧化碳排放比 2005 年下降 60% 至 65%；（3）非化石能源占一次能源消费比重达到 20% 左右；（4）森林蓄积量比 2005 年增加 45 亿立方米左右；（5）继续主动适应气候变化，在农业、林业、水资源等重点领域和城市、沿海、生态脆弱地区形成有效抵御气候变化风险的机制和能力，逐步完善预测预警和防灾减灾体系。

2019 年 9 月联合国气候行动峰会上，国务委员兼外交部长王毅在峰会上表示，中国将认真履行《联合国气候变化框架公约》和《巴黎协定》义务，如期实现提交的自主贡献目标。这是中国再一次在国际场合明确应对气候变化的承诺，充分体现出一个负责任大国的决心与担当。截至 2019 年底，中国已经提前超额完成 2020 年气候行动目标。

2020 年，中国宣布国家自主贡献新目标举措：中国二氧化碳排放力争于 2030 年前达到峰值，努力争取 2060 年前实现碳中和；到 2030 年，中国单位国内生产总值二氧化碳排放将比 2005 年下降 65% 以上，非化石能源占一次能源消费比重将达到 25% 左右，森林蓄积量将比 2005 年增加 60 亿立方米，风电、太阳能发电总装机容量将达到 12 亿千瓦以上。[1] 相比 2015 年提出的自主贡献目标，这些自主贡献措施中，碳排放强度削减幅度更大，非化石能源占一次能源消费比重再增加。2021 年，中国宣布不再新建境外煤电项目，[2] 展现中国应对气候变化的实际行动。中国国家自主贡献体现了中国积极应对气候变化，努力控制温室气体排放，提高适应气候变化的能力，并深度参与全球治理，承担合理国际责任的姿态和决心。

---

[1] 中华人民共和国国务院新闻办公室：《中国应对气候变化的政策与行动》白皮书，2021 年 10 月 27 日。

[2] 习近平："第七十五届联合国大会一般性辩论上的讲话"，载 http://www.mofcom.gov.cn/article/i/jyjl/l/202012/20201203020929.shtml，最后访问日期：2021 年 9 月 22 日。

（二）逐步充实应对气候变化的法规保障

为实现应对气候变化目标，中国积极制定和实施一系列应对气候变化战略、法规、政策、标准与行动，推动中国应对气候变化实践不断取得新进步。生态环境部发布的《中国应对气候变化的政策与行动 2016 年度报告》《中国应对气候变化的政策与行动 2017 年度报告》《中国应对气候变化的政策与行动 2018 年度报告》显示，应对气候变化领域的政策标准体系和环境司法制度不断完善，为健全应对气候变化法律法规提供了政策制度支撑，中国应对气候变化的相关立法工作在稳步推进。

中国作为发展中大国，也是温室气体的排放大国，国内各地区的环境容量和资源禀赋并不相同，因此应对气候变化领域的法律和行政法规也应该既重视减缓问题，又重视适应问题。正如中国政府 2014 年发布的《国家应对气候变化规划（2014—2020 年）》所示，"坚持减缓和适应气候变化同步推动。积极控制温室气体排放，遏制排放过快增长的势头。加强气候变化系统观测、科学研究和影响评估，因地制宜采取有效的适应措施"。这表明，中国政府未来也将减缓与适应并重的原则作为应对气候变化工作的基本原则。

就应对气候变化的立法而言，目前中国尚未像英国那样制定专门的应对气候变化法，[1] 而是呈现出多部门、多层级的分散立法模式。中央政府和地方政府制定或修订了涉及能源利用、可再生资源、碳排放交易等多方面涉及气候变化的部门法规，如《中华人民共和国清洁生产促进法》《中华人民共和国循环经济促进法》《中华人民共和国节约能源法》《中华人民共和国可再生能源法》等为应对气候变化问题提供了初步的法律框架。这些法规在数量上，以地方性法规为主。例如，中国第一部应对气候变化的政府规章是 2010 年 10 月 1 日的《青海省应对气候变化办法》。从内容上，中国应对气候变化的法律法规可以分为三类：分别是涉及气候变化的减缓与适应、能力建设和节能减排的宣传教育等支持性的法律规定。我国应对气候变化法律法规在内容方面的分类也与《巴黎协定》的内容相吻合。到 2018 年，中国的省级行政区划大多数都制定或通过了相应的控制温室气体排放的工作方案，很多省份都制定了气候资源开发利用和保护的办法或条例。例如，广西壮族自治区 2018 年修

---

[1] 兰花："2008 年英国《气候变化法》评介"，载《山东科技大学学报（社会科学版）》2010 年第 3 期。

订了《广西壮族自治区气候资源开发利用和保护管理办法》，湖北省和江西省于2018年制定了气候资源保护和利用条例。2021年2月1日起施行的《碳排放权交易管理办法（试行）》为全国碳排放市场的确立和碳排放交易的正常运作提供了规则的指引和法律依据，也为最大的碳交易市场的初步形成提供了依据。

（三）多方位完善应对气候变化的政策与落实

中国善意遵守气候治理中的承诺在政策、机构设置和措施方面都有不断更新的具体举措。宏观上，中国将应对气候变化的目标任务纳入"十四五"规划纲要和"十四五"生态环境保护规划，进一步强化温室气体排放控制和适应气候变化工作。在机构设置方面，根据控制排放挑战和需求，调整和设立相关主管机构。2018年4月，由新组建的生态环境部负责应对气候变化工作，强化了应对气候变化与生态环境保护的协同。2021年，为指导和统筹做好碳达峰碳中和工作，中国成立碳达峰碳中和工作领导小组。各省（区、市）陆续成立碳达峰碳中和工作领导小组，加强地方碳达峰碳中和工作统筹。具体措施上，中国将应对气候变化工作与大气污染治理、生态环境保护、节能提高能效等工作领域衔接起来，强调协同增效，贯彻创新、协调、绿色、开放、共享的新发展理念，切实提高能效和能源利用率，降低碳排放。具体措施中，尤其值得关注的是控制化石能源消费和以市场机制激励碳减排。

1. 控制碳强度和碳排放总量的措施初见成效

我国实施以碳强度控制为主、碳排放总量控制为辅的制度，完善能源消费总量和强度双控制度，重点控制化石能源消费。支持有条件的地方和重点行业、重点企业率先达到碳排放峰值。在党的十八大报告中，明确提出"单位国内生产总值能源消耗和二氧化碳排放大幅下降，主要污染物排放总量显著减少"。在党的十九大报告中，明确提出要"建立健全绿色低碳循环发展的经济体系"。我国采取的一系列措施也取得了预期效果。截至2020年底，中国单位国内生产总值碳排放较2005年降低约48.4%，超额完成向国际社会承诺的下降40%至45%的目标。[1]

---

〔1〕 刘少华："碳排放权交易，中国大步踏出自己的路"，载《人民日报（海外版）》2021年8月3日，第6版。

中国不仅严格规制国内企业和行动,还从企业的社会责任角度出发,限制并逐步废弃对海外火电项目的融资与资金支持。比如,2021年4月中旬,中国气候变化事务特使解振华与美国总统气候问题特使约翰·克里上海会谈后发布的"中美应对气候危机联合声明"中,双方承诺将计划采取适当行动,尽可能扩大国际投融资支持发展中国家从高碳化石能源向绿色、低碳和可再生能源转型。国家主席习近平2021年9月21日出席第76届联合国大会一般性辩论时表示,"中国将力争2030年前实现碳达峰、2060年前实现碳中和,这需要付出艰苦努力,但我们会全力以赴。中国将大力支持发展中国家能源绿色低碳发展,不再新建境外煤电项目"。中国承诺停止在海外建设燃煤电厂,是第一个作出这一表态的发展中国家。中国的海外能源投资从煤炭转向清洁能源以便为全球净零排放转型注入新动能。

2. 全国性碳市场交易机制的正式启动助力碳减排

利用市场机制进行碳减排的碳排放交易制度是另一个非常值得关注的措施,中国碳排放交易制度的发展从侧面反映了中国应对气候变化具体行动和措施从无到有、从探索到推广的历程。与传统行政管理控制手段相比,碳交易机制既能够将减排责任下放到企业,又能够为碳减排提供相应的经济激励机制,降低全社会的减排成本。因此,碳市场因为能以较低成本实现特定减排目标,而被各国重视,成为实现减排的重要政策工具。中国最初的碳排放交易机制始于2011年,国家发展和改革委员会在北京、上海、深圳、湖北、重庆等省市进行碳排放权交易试点工作。2014年12月,国家发展和改革委员会发布了部门规章性质的《碳排放权交易管理暂行办法》,为建立全国碳排放交易市场提出了初步法律依据。2015年11月,中国政府明确承诺将于2017年启动全国碳排放权交易市场。地方层面的相应规则已经陆续试点建立,如石家庄市和南昌市分别出台《石家庄市低碳发展促进条例》《南昌市低碳发展促进条例》,为地方应对气候变化工作提供法律保障。北京、天津、上海、重庆、广东、湖北、深圳、四川、福建作为国家碳排放权交易试点,分别进行了碳排放权交易的专项地方立法。但是碳市场的立法支撑总体不足。全国碳排放交易体系的建立需要明确的法律规则,维护交易的可预期性和稳定性。在我国减排的国内外压力日益增大的背景下,建设全国碳排放交易市场成为我国减排和推进绿色低碳发展的一项重要的制度创新,也是推动实现碳达峰目标与碳中和愿景的重要政策工具。《碳排放权交易管理办法（试行）》于2020年12月25日由生态环境部通过，自2021年2月1日起施行。中国碳排放权交易市场上线交易于2021年7月16日正式启动，标志着全球规模最大的碳市场就此成立。其第一个履约周期为当年全年，纳入发电行业重点排放单位2162家，覆盖约45亿吨二氧化碳排放量。中国碳市场的碳排放权注册登记系统由湖北省牵头建设、运行和维护，交易系统由上海市牵头建设、运行和维护，数据报送系统依托全国排污许可证管理信息平台建成。[1]全国碳排放交易机制的运行，有助于带动绿色技术创新和产业投资，为处理好经济发展和碳减排的关系提供了有效的工具。

总之，在气候变化挑战面前，人类命运与共，各国休戚相关。中国政府高度重视应对气候变化工作。在国际层面上，中国积极推动气候治理的团结合作，维护以《联合国气候变化框架公约》及其《巴黎协定》为核心的多边体系，注重团结发达国家和发展中国家共同应对气候危机，不断提升应对气候变化的雄心和目标——更新国家自主贡献。在国内层面上，面对涉及经济、能源、环保和社会生活多方面的气候变化问题，宏观上目标清晰，制定应对气候变化的国家战略和规划，以实现"双碳"目标（2030年前碳达峰、2060年前碳中和）为指引，贯彻绿色低碳创新发展理念，指导国内经济社会系统性的行动；[2]在立法上推进全国性法规和地方试点立法相结合，制定或修改相应的国内立法，为应对气候变化的减缓和适应行动提供法律依据和法律的指引；具体政策上"多管齐下"，采取低碳试点、节能减排降耗、构建全国碳市场等具体措施，减缓温室气体的排放、提升适应气候变化的能力，以切实落实中国在气候变化领域的承诺和义务，展示负责任大国形象和践行中国对全球应对气候变化的责任担当。

---

〔1〕 刘少华："碳排放权交易，中国大步踏出自己的路"，载《人民日报（海外版）》2021年8月3日，第6版。

〔2〕 安军靖："'双碳'目标是可持续发展的内在要求"，载《学习时报》2021年10月13日，第A3版。